Martin Balluch

Der Hund und sein Philosoph

Plädoyer für Autonomie
und Tierrechte

Über den Autor

Martin Balluch, geboren 1964 in Wien, studierte Philosophie, Mathematik und Astronomie und arbeitete zwölf Jahre als Universitätsassistent in Wien, Heidelberg und Cambridge. Seit 1997 ist er beim *Verein Gegen Tierfabriken* engagiert und im Zuge eines 14-monatigen Prozesses in den Jahren 2010–2011 wegen Bildung einer angeblich kriminellen Organisation im Tierschutz zu Österreichs bekanntestem Aktivisten avanciert. Im Jänner 2012 erhielt er den internationalen Myschkin-Preis für Kultur und Ethik in Paris. Im Promedia Verlag sind von ihm bisher erschienen: »Widerstand in der Demokratie. Ziviler Ungehorsam und konfrontative Kampagnen« (Wien 2009) sowie »Tierschützer. Staatsfeind. In den Fängen von Polizei und Justiz« (Wien 2011, 2. Auflage 2014).

Inhaltsverzeichnis

Vorwort

Vor genau 10 Jahren habe ich meine Dissertation in Philosophie an der Universität Wien zu Tierrechten verfasst. Es war mir ein großes Anliegen, dieses Thema in einer seriösen und wissenschaftlichen Weise in die akademische Welt zu tragen. Wenig gab es damals zu diesem Komplex an den Universitäten zu hören. Doch vieles hat sich seitdem getan. Mittlerweile sind die Human-Animal-Studies etabliert und Tierrechte sind in der Philosophie und auch in der Biologie kein Fremdwort mehr.

Im Jahr 2008 schlug eine Gruppe maskierter Personen mitten in der Nacht die Türe zu meiner Wohnung ein, hielt mir im Bett Schusswaffen an den Kopf und strahlte mich mit Scheinwerfern an. Es war die Polizei. Ich sei verdächtig, Chef einer kriminellen Organisation zu sein, die eine Tierrechtsrevolution plane. Für 105 Tage verschwand ich im Gefängnis. Meine Dissertation, die mittlerweile sogar in Buchform erschienen war, wurde bei der Hausdurchsuchung beschlagnahmt. Letztlich wurde ich wegen ihr sogar angeklagt, Vordenker für kriminelle TierschützerInnen zu sein.

Heute bin ich endgültig rechtskräftig in allen Punkten freigesprochen. Lange nach diesem Urteil gab man mir die letzten beschlagnahmten Gegenstände zurück, darunter meine Dissertation. Sie brachte auch das Rektorat der Uni Wien dazu, mir ein allgemeines Redeverbot in ihren Räumlichkeiten aufzuerlegen. Auf meine Anfrage hin wurde mir mitgeteilt, ich sei ein Sicherheitsrisiko. Wenn ich sprechen würde, könne nicht garantiert werden, dass meine ZuhörerInnen nicht zu randalieren beginnen.

Was für einen Sprengstoff müssen meine Gedanken denn haben, um zu solchen Reaktionen zu führen? Oder haben die Mächtigen in unserer Gesellschaft so viel zu verlieren, wenn wir Tiere ernst nehmen und ihre Autonomie respektieren würden? Als ich das Gefängnis verließ, nahm ich mir vor, wieder einen Hund aus einem Tierheim bei mir aufzunehmen. So lange in einer Zelle zu sitzen machte mir bewusst, wie schrecklich es ist, unschuldig seiner Freiheit beraubt zu werden. Ich fand meinen neuen Freund Kuksi im Tierparadies Schabenreith in Oberösterreich. Er war 2 Monate davor an einer Autobahnraststation ausgesetzt worden. Für uns beide begann ein neues Leben.

Das ist mehr als 6 Jahre her. Wir sind sehr eng zusammengewachsen und unzertrennlich. Unsere Freundschaft hat mich dazu inspiriert, dieses Buch zu schreiben. Im täglichen Zusammenleben ist es mir selbstverständlich, dass Kuksi fühlt und denkt und autonom handelt. Wie könnte das irgendjemand bestreiten?

Als Naturwissenschaftler habe ich zusätzlich zu unseren persönlichen Erlebnissen auch viele Fakten zusammengetragen, um Kuksis Forderung nach Autonomie in unserer Gesellschaft umfassend vorbringen zu können. Immanuel Kant, so hieß es in einer Vorlesung über Tierethik an der Veterinärmedizinischen Universität Wien im Jahr 2008, habe zurecht behauptet, dass Tiere nur Sachen seien. Und er war einflussreich, unser Zivilrecht ist bis heute nach seinen Gedanken formuliert. Dieses Buch stellt Kants Sittenlehre in Zweifel und nützt seine Argumentationsweise, um auch für Tiere Rechte und einen Personenstatus zu fordern. Ich denke, mit dem heutigen Wissen über Tiere ist diese Schlussfolgerung unumgänglich.

Ich hoffe, dieses Buch hat eine nachhaltige Wirkung. Aber keine, die mir neuerliche Verfolgung durch die Behörden einbringt.

Wien, im August 2014
Martin Balluch

Editorische Anmerkung:

Ich habe mich bemüht, meine Standpunkte anhand von meinen eigenen, lebensnahen Beobachtungen mit Kuksi und Hiasl zu verdeutlichen. Dennoch war es unumgänglich, auf eine Vielzahl an Literatur aus diversen Wissenschaftsbereichen zurückzugreifen, um meine Argumente zu untermauern. Deswegen werden in diesem Buch etliche ForscherInnen und AutorInnen genannt, die vielen LeserInnen unbekannt sein dürften. Nicht in allen Fällen wurde deren Herkunft und Disziplin angeführt, sondern nur das Erscheinungsjahr ihrer Veröffentlichung in Klammer hinter den Namen gesetzt. Ich hoffe, diese (notwendige) wissenschaftliche Nomenklatur trübt nicht den Leseeindruck. Am Ende dieses Buches habe ich alle erwähnten Werke angeführt, sodass sich die/der interessierte LeserIn weiter in die Thematik vertiefen kann.

Danksagung

Mein Dank gilt zu allererst meinem lieben Hund Kuksi für seine Freundschaft und Liebe, und seine unendliche Geduld während des Schreibens dieses Buches. Ich freue mich schon auf viele Wochen und Monate mit dir in der Wildnis!

Ich möchte mich auch bei Estella Kubek bedanken, die mich unterstützt und aufgebaut hat. Vielen Dank für die wertvollen Kommentare zu den einzelnen Kapiteln.

Danke auch an Paula Stibbe, die mir Hiasl vorgestellt und das Kapitel über ihn kommentiert hat.

Dank an unsere Menschenaffen Hiasl und Rosi für die gemeinsame Zeit und ihre Freundschaft, obwohl sie mehr als genug Gründe gehabt hätten, Menschen zu hassen.

Bedanken will ich mich zudem bei Birgit Deutsch und der Tierarztpraxis Hirschstetten in Wien, die uns durch die dramatischen Monate der Chemotherapie von Kuksi begleitet und dabei viel geholfen haben.

Danke an Eberhart Theuer und Stefan Traxler für die Hilfe beim gemeinsam ausgefochtenen Sachwaltschaftsprozess für Hiasl, sowie an Eva-Maria Maier, Stefan Hammer, Volker Sommer und Signe Preuschoft für ihre hervorragenden Gutachten.

Vielen Dank an den Promedia Verlag für seine Unterstützung und an Stefan Kraft für das Lektorat.

Mein Dank gilt auch dem VGT als meinem Arbeitgeber, dass er mir das Schreiben des Buches ermöglicht hat.

Danke an Kurt Kotrschal, der mir das Wolf Science Center gezeigt und mich durch seine Vorträge zu diesem Buch inspiriert hat.

Vielen Dank an alle WissenschaftlerInnen, die sich in nicht-invasiver Forschung für Hunde und Schimpansen interessieren, insbesondere jene, die dafür ihre Zeit im Dschungel verbringen. Es ist keine Selbstverständlichkeit, dass sie ihr wertvolles Wissen weitergeben.

Und nicht zuletzt möchte ich mich bei all jenen bedanken, die sich für Tiere und Tierschutz engagieren, oder die ihr Leben auf eine pflanzliche Ernährung umgestellt haben. Ihr gebt mir die Hoffnung, dass es eines Tages doch zu einem fundamentalen Umdenken der Menschheit gegenüber Tieren und zu einer Multi-Spezies-Gesellschaft kommt!

Einleitung

Ich liebe die Natur. Und damit meine ich nicht, dass ich gerne durch städtische Parks gehe, Bücher über Naturschutzgebiete lese oder auf ausgetretenen Pfaden klassische Berggipfel besteige. Nein, ich kann nicht leben, ohne immer wieder in die Wildnis zu gehen, so oft es sich ausgeht. Und ich suche möglichst unberührte Wälder, die keine menschlichen Spuren zeigen, ich verlasse Wege und weiche Berghütten aus. Ich gehe in die Arktis in Nordskandinavien oder verbringe Wochen in den Wäldern der Südkarpaten. Der innere Drang in der Natur zu sein ist so groß, dass ich um die 100 Tage pro Jahr aus meinem beruflichen und sozialen Alltag abzweige, um die Wälder, die Berge oder die Tundra zu betreten. Einen Besuch kann man das schon fast nicht mehr nennen, es ist eher ein Nach-Hause-Kommen. Jeden Tag, den ich nicht in der Natur verbringe, empfinde ich als einen verlorenen Tag.

Eigentlich, hätte ich gedacht, ist dieses Verlangen für einen Primaten wie mich das Normalste auf der Welt. Für das Erklettern von Bäumen sozusagen gemacht, d. h. evolutionär adaptiert, ist zu erwarten, dass ich das dringende Verlangen verspüre, es auch tun zu wollen. Und tatsächlich geht es mir so. Einmal durfte ich für einige Wochen am europäischen Kernforschungszentrum CERN bei Genf arbeiten. Das Erste, was ich bei meiner Ankunft tat, war, einen Baum im Campus zu erklettern. Jener Wissenschaftler, der mich gerade durch das Gelände führte, schaute sehr verwirrt drein. Aber von meinem Standpunkt aus verstehe ich überhaupt nicht, wie man ohne Bäume zu erklettern, ihre Rinde zu riechen, auf ihren Ästen zu liegen und ihre Strukturen mit den Händen zu greifen, leben kann. Ich könnte es nicht, wie ich nur zu gut in meiner Zeit im Gefängnis am eigenen Leib verspürte. 105 Tage wurde ich – unschuldig, wie später auch das Gericht bestätigte – in Untersuchungshaft genommen. 105 Tage Beton und Neonlicht, keine einzige grüne Pflanze, nicht einmal im Gefängnishof. Das war für mich die schlimmste Zeit meines Lebens.

Doch zumindest unter den Menschen meiner sozialen Umgebung liege ich mit diesem Verlangen außerhalb der Norm. Ich werde es zwar nie begreifen, aber den meisten anderen Menschen scheint die Natur im Sinne einer Lebenswelt für sie kaum abzugehen. Das konnte ich an jenen Personen beobachten, mit denen ich die verschiedenen Zellen während meines Gefängnisaufenthalts teilte. Kaum jemand, der, wie ich, am mangelnden Zugang zur Natur litt. Die Wildnis war für sie hauptsächlich negativ konnotiert, als etwas Kaltes, Unwirtliches, Unangenehmes, Mühsames, Nasses, Ungeschütztes. Dagegen wurde die warme Zelle als ein vergleichsweise angenehmer Ort erlebt. Als ich das einzige Mal in meinen 105 Tagen Aufenthalt aus der Gefängnisbibliothek drei Bücher zum Lesen bekam, die alle von der Wildnis handelten, stellte mein Zellennachbar voller Überzeugung fest, dass er lieber hier eingesperrt sitze, als auf 80 Grad nördlicher Breite im Franz-Josef-Land in einer winzigen Hütte zu wohnen. Mir ging es genau umgekehrt.

Dieses Natur-Defizit-Syndrom (Louv 2008) begegnet mir aber auch außerhalb der Gefängnismauern auf Schritt und Tritt. Viele Menschen zieht es überhaupt nicht in die Natur, sie sind mit einem Bildband oder einem Film darüber zufrieden. Andere gehen gerne wandern, aber nur auf breiten Wegen ohne Mühsal, maximal von Hütte zu Hütte. Und jene, die außerhalb der touristischen Bereiche unterwegs sind, scheinen die Berge mehr als Sportgerät statt als ihren Lebensraum zu betrachten. Touren sind nur interessant, wenn sie auf schwierige Gipfel, über Gletscher, vereiste Wasserfälle oder senkrechte Felswände führen. Im Wald zu wandern und dort tagelang zu verbleiben, im Dickicht ohne Wege, im Zelt ohne Hütte, ist ein Minderheitenprogramm.

Der Hauptgrund dafür dürfte in der Bequemlichkeit liegen. Wenn man ohne Schutz im Regenguss steht, lernt man ein Dach über dem Kopf so richtig zu schätzen, wenn die Insekten beißen, wirkt die Abschottung von der Natur durch dichte Fenster ideal, wenn in der Hitze die Wasserquelle ausbleibt, ist ein Wasserhahn ein Segensbringer, und wenn man durchs Dickicht kriecht, träumt man von einem asphaltierten Weg. Doch das ist zu kurz gedacht. Wer alle diese Errungenschaften der Zivilisation besitzt, schätzt sie nicht mehr. Kein Wunder, dass im luxuriösen Umfeld die Depression grassiert.

Ich möchte meinen Körper spüren. Ich will vom Regen nass werden, vom Dickicht zerkratzt und von Wasser- und Nahrungsmangel herausgefordert. Die stechenden Insekten brauche ich nicht unbedingt, aber für das Erleben der Wildnis nehme ich sie gerne in Kauf. Tatsächlich fühle ich mich pudelwohl, wenn ich im Regen ohne Zelt und Schlafsack am Waldboden die Nacht verbringe, oder im Schneesturm eine Schlafhöhle grabe. Dann erst bin ich am Leben, alles andere wirkt eher wie eine Fantasie, wie eine Seifenoper im Fernsehen.

Dieser Zugang zur Natur eröffnet mir aber auch einen anderen Blickwinkel auf Lebewesen. Kein Wunder, wenn Menschen von ihrem Sofa aus die Tiere im Wald, die sie am Fernseher sehen, als grundsätzlich anders empfinden. Hier Kultur, dort Natur. Sie selbst könnten ohne technische Hilfen gar nicht überleben, die Tiere da draußen wirken hingegen wie geschaffen für ein Überleben in der Wildbahn. Wie schnell entsteht so der Eindruck einer unüberbrückbaren Kluft, die eine völlige Andersbehandlung rechtzufertigen scheint.

Wenn ich dagegen im Regen im Wald liege, begegnet mir der Fuchs in Augenhöhe. Er und ich haben die gleichen Probleme, und die sind ganz andere, als diese Wesen auf ihren Sofas hinter Doppelglasscheiben vor dem Fernseher beschäftigen. Wir haben Hunger, diese anderen müssen eher darauf achten, nicht zu dick zu werden, wir bekämpfen die Kälte, diese anderen haben das Problem, durch zu viel Heizen das Klima zu zerstören, wir überlegen uns, wie wir die nächsten Stunden weiterkommen, diese anderen langweilen sich zu Tode und suchen verzweifelt irgendwelche Formen der Unterhaltung, um die Zeit totzuschlagen. Kein Wunder, dass von meinem Blickwinkel aus der Unterschied zwischen Mensch und Tier völlig verschwimmt.

Ich bin ein Wildtier. Müsste ich mich entscheiden, auf welcher Seite ich stehe, dann für den Wald, als Tier unter Tieren. Und das ist ein tiefes, inneres Gefühl, kein intellektuell erarbeitetes Weltbild, keine rationale Absage an die Zerstörungswut und Gewalt in der Gesellschaft und kein Wegschieben meiner Verantwortung für das, was die Menschheit in der Natur angerichtet hat. Letzteres ist es ja, was mich immer wieder dazu bringt, in die Städte zurückzukehren. Die Überreste von Urwald und unberührter Natur sind zu klein geworden, als dass ich mich dort verkriechen könnte und so tun, als hätte es die letzten 20.000 Jahre Menschheitsgeschichte nicht gegeben.

Von jenen Menschen, die, wie ich, die Wildnis suchen, denken allerdings die meisten wie der Abenteurer und vielfache Buchautor Nicolas Vanier. Er schwärmt nicht nur von den PelzjägerInnen, die mit Metallfallen Wildtieren auflauern, um ihre Felle zu verkaufen, sondern er ist ebenso auf seine 2-jährige Tochter stolz, wenn sie knöcheltief im Blut eines erschossenen Elchs steht und dabei keinerlei empathische Regung zeigt. Mitgefühl sei etwas für die Weichlinge in der Zivilisation, so Vanier, draußen in der Wildnis würden andere Gesetze gelten, da heiße es töten oder getötet werden, da sei Mitleid hinderlich und eine fehlende Anpassungsleistung an die Gegebenheiten. Seltsam nur, dass er diese Ansicht nicht auf Menschen in der Wildnis ausdehnt. Entweder diese sind auch Wildtiere, und rechtfertigen so ihre Gewalt gegenüber Tieren, dann müsste es aber auch vertretbar sein, den nächsten Wanderer zu erschlagen, um an seine Reserven zu kommen. Oder die Menschen stehen außerhalb dieses Geschehens und damit außerhalb der Gesetze der Wildnis, wie Vanier sie begreift. Demzufolge sind ihre Grundrechte zu respektieren, aber dann können sie auch nicht das Recht des Stärkeren bemühen, um ihre Blutspur durch die Natur zu begründen. Entweder das Eine oder das Andere.

Die Wildnis als Ort der rohen Gewalt nimmt im menschlichen Denken eine politische Funktion ein. Am bekanntesten ist vermutlich die Betonung des angeblichen Schreckens des Naturzustandes in Thomas Hobbes' *Behemoth*, in dem der Kampf aller gegen alle dargestellt wird und nur durch eine staatliche Zivilisation überwunden werden kann. Vom »survival of the fittest« und »nature red in tooth and claw« schreibt auch Richard Dawkins in seinem Buch *The Selfish Gene* (Dawkins 1976). Und der wegweisende deutsche Philosoph Immanuel Kant (1724–1804) sieht sogar eine moralische Verpflichtung des Menschen darin, sich von der Natur loszusagen und in der menschlichen Gemeinschaft zu organisieren, um Freiheit erst zu ermöglichen. Die Wildnis sei ein ständiger Kampf ums Überleben, grausam, brutal, kurzlebig. Heute merken wir diese feindliche Einstellung zur Natur daran, dass Nutztiere in Tierfabriken weggesperrt und Haustiere, wie Hunde, aus immer größeren Bereichen der Gesellschaft verdrängt werden. Das bürgerliche Bedürfnis nach Sauberkeit, im physischen wie im psychischen Sinn, umfasst eine Distanzierung von Tieren, eine Abgrenzung der Zivilisation von der Natur.

Mein Erlebnis in der Natur ist ganz anders als die Schilderungen von Kant und Hobbes vermuten lassen. Von den unzähligen Tagen, die ich draußen verbracht habe, kann ich jene Vorfälle, in denen ich Gewalt und Leid sah, an den Fingern einer Hand abzählen. Wie oft beobachtete ich Gämsenherden friedlich grasen, Steinbockkinder fröhlich spielen, Bärenfamilien durchs Unterholz streifen, Füchse in der Sonne liegen, Dachse im Boden wühlen und Raben im Paarflug durch die Luft rauschen. Keine Gewalt, sondern schiere Lebensfreude, soziale Beziehungen, Vertrauen, Kooperation. Die tägliche Aktivität der Wildtiere wirkt befriedigend, symbiotisch und partnerschaftlich. Das Sozialleben ist fast ausschließlich friedlich, die Kämpfe zwischen Steinböcken oder Hirschen sind ritualisiert und haben in meiner Erfahrung immer ohne Verletzungen geendet.

Jonathan Balcombe geht in seinem lesenswerten Buch *Second Nature* (Balcombe 2010) auf diese Aspekte ein. Er meint, die Darstellung der Gewalt in der Natur sei in Dokumentarfilmen, die die öffentliche Meinung bestimmen, total übertrieben, sie würden sich auf blutrünstige Szenen fokussieren, weil diese mehr Aufmerksamkeit erregen. In Wirklichkeit aber ist die Anzahl der Raubtiere in Ökosystemen viel geringer als die ihrer potenziellen Opfer, sodass solche Szenen im Durchschnitt sehr selten sind. Und es träfe hauptsächlich ganz junge Tiere, oder kranke bzw. alte. Fitte Erwachsene könnten sich sicher fühlen und seien bei der Flucht ihren Raubtiergegnern generell überlegen. Viele Tiere würden in der Natur sehr alt werden, so etwa Eisbären mit einem Alter von bis zu 32 Jahren und Narrwale mit stattlichen 115 Lebensjahren.

Sozial lebende Arten bekommen wenige Kinder, kümmern sich aber um diese intensiv. Und oft wurde beobachtet, dass kranke und behinderte Tiere überleben können, weil ihre Familien und Gruppen ihnen helfen. De Waal (2013) berichtet von einem Rhesusaffenmädchen mit Down-Syndrom, das in seiner Gruppe wildlebender Primaten nicht nur toleriert, sondern auch gefüttert und gepflegt wurde. Und in den Japanischen Alpen wurde ein körperlich schwer behinderter Makake gesichtet, der kaum gehen und schon gar nicht klettern konnte, aber ein langes Leben führte und fünf Kinder großzog. Ohne die Hilfe seiner sozialen Umgebung wäre das nie möglich gewesen. Die Populationskontrolle geschieht durch mangelnde Fruchtbarkeit bei geringerem Nahrungsangebot, oder durch eine Re-Absorption des Fötus im Bauch der Mutter, viel seltener durch Gewalt. Parasiten haben sich evolutionär zu einem symbiotischen Zusammenleben mit ihrem Wirtstier entwickelt, weil sie mit dem Tod ihres Wirts selbst sterben müssten. Aus dem Umstand, dass viele Tiere, wie der Pfau, Extravaganzen entwickeln, kann man ableiten, dass ihnen das Überleben normalerweise leicht fällt. Die Tiere in der Wildnis stünden nicht ständig im Überlebenskampf, meint Balcombe, sondern haben auch viel freie Zeit für Spiel und Sozialleben. Friedliche Kooperation statt Gewalt bestimme das Geschehen.

Ich sehe das auch so. Auch meine Einstellung gegenüber anderen Tieren in der Natur ist durch Mitgefühl bestimmt und das ist keine Kulturleistung, sondern eine natürliche, weit verbreitete Veranlagung. Einmal wanderte ich als Alpinlehrwart mit einem zahlenden Gast nach erfolgter Durchsteigung einer Kletterroute über eine Hochebene. Als wir über einen Bergrücken kamen, trafen wir auf ein großes Gämsenrudel, das, durch unser überraschendes Auftauchen erschreckt, in alle Himmelsrichtungen auseinander lief. Rasch zogen wir uns hinter einen Felsen zurück, um nicht weiter zu stören. Von dort aus konnten wir die Gämsen beobachten. Ein Kind war durch den Vorfall von seiner Mutter getrennt worden. Es lief laut rufend von einer zur anderen Gämse, fand sich aber nicht zurecht. Die Mutter, auf der anderen Seite des Hanges, schrie und suchte ebenfalls verzweifelt. Wir beide, meine Begleiterin und ich, hatten spontan ein starkes Mitgefühl mit Mutter und Kind und waren zutiefst erleichtert, als sie sich wieder vereinten. Wer könnte sich solchen Gefühlen schon verschließen?

Es gibt noch eine andere Seite meines Lebens, die Mathematik und die Philosophie. 12 Jahre lang habe ich als Universitätsassistent für mathematische Physik an den Universitäten von Wien, Heidelberg und Cambridge gearbeitet. Meine Dissertation in Philosophie wurde auch in Buchform herausgeben (Balluch 2005). Dabei handelt es sich um eine tierethische Analyse mit Mitteln der Mathematik und auf Basis naturwissenschaftlicher Erkenntnisse.

Dieser abstrakt-intellektuelle Zugang zur Welt komplementiert mein unmittelbares Naturerleben.

So kam ich auch in Berührung mit Immanuel Kant, der als zentraler Philosoph der Aufklärung bis heute die Diskussion über Ethik dominiert. Das Zivilrecht, das das Zusammenleben der Menschen in unserer Gesellschaft und ihr Verhältnis zu Tieren regelt, basiert auf seinem Gedankengut. Er hat sich das Verdienst erworben, eine von der Religion unabhängige Metaphysik zu entwickeln bzw. zu entdecken. Doch er hatte keinerlei Naturerfahrung, zeit seines Lebens kam er aus Königsberg nicht heraus. Ich behaupte, das unmittelbare Erleben der Wildnis kann Impulse liefern, die die künstlich-kalte Mensch-Tier-Dichotomie bei Kant zu überwinden helfen. Für Kant war die Natur etwas, was der Mensch transzendieren muss, um zu sich selbst zu finden. Ich plädiere dafür, das wilde Tier in uns wieder zu finden, und sich nicht davor zu fürchten. Es ist nicht durch Gewalt, sondern durch Kooperation und Mitgefühl bestimmt.

Für Kant stand die Freiheit des Menschen im Mittelpunkt seiner Metaphysik der Sitten. Moralisches Handeln hieß für ihn, die Autonomie aller anderen nach Möglichkeit zu respektieren. Kants Ethikkonzeption ist nicht daran orientiert, das Leiden von Menschen zu minimieren, ganz im Gegensatz dazu, wie beim Tierschutz gegenüber Tieren vorgegangen wird. Die autonome Entscheidung ist im Prinzip zu beachten, selbst wenn sie mehr Leid bedeutet. Doch einen Menschen zu berauben oder zu töten, um vielen anderen zu helfen, ist grundsätzlich ausgeschlossen. In heutigen Gesetzen ist diese Moral in Form von Grundrechten verankert, die vor einem utilitaristischen Umgang schützen sollen. Darunter sind im Wesentlichen die Rechte auf Leben, körperliche Freiheit und Unversehrtheit zu verstehen. Sie spannen das Recht auf, die eigene Autonomie ausleben zu können.

Aber auch bei meiner Betrachtung der Natur ist Autonomie der zentrale Begriff. In der Pelzfarm werden Wildtiere, wie Nerze und Füchse, in Drahtgitterkäfige gesperrt. Man versorgt sie dort mit ausreichend Nahrung und Trinkwasser und sie sind vor anderen Raubtieren geschützt. Sie müssen nicht jagen gehen und könnten den ganzen Tag zufrieden herumliegen. Doch die Pelztiere brechen, wenn sie es können, aus ihren Käfigen aus. Sie versuchen alles, um in Freiheit zu gelangen. Sie beißen sich durch die Gitterstäbe oder sie laufen überraschend davon, wenn der Käfig geöffnet wird. Im Waldviertel in Niederösterreich lebt bereits seit Generationen eine Population amerikanischer Nerze, die ursprünglich aus Pelzfarmen stammen. In England haben sich die aus Pelzfarmen entflohenen Nerze bereits so etabliert, dass sich die Tradition entwickelt hat, sie mit speziellen Hunderudeln zu jagen.

Durch ihre Flucht stimmen die Pelztiere aus den Farmen mit ihren Füßen ab, für Autonomie statt einem »bequemen Leben«. Sie wollen lieber den Stress der Freiheit in der Wildnis erleben, lieber hungern müssen, verfolgt werden, dem Regen ausgesetzt sein usw., als im Käfig vor sich hin zu vegetieren. Ich kann diese Einstellung nachvollziehen. Auch ich setze mich lieber den Unannehmlichkeiten und Gefahren der Natur aus, als am Sofa zu liegen, wobei natürlich das Leben eines Menschen in der Zivilisation mit dem eines Pelztiers in Farmkäfigen nicht zu vergleichen ist. Aber ich klettere lieber in der Felswand, mit allen Risiken, die damit verbunden sind, als mich im geschützten Haus zu langweilen. Mir ist intuitiv Autonomie wichtiger als Bequemlichkeit und Schutz.

Und damit dürfte ich nicht alleine dastehen. Die Frauenbewegung, insbesondere um 1900 und ab den 1950er- bis zu den 1990er-Jahren, forderte ebenfalls Autonomie. Die Frauen waren vielleicht durch ihre Ehemänner gut versorgt und mussten nicht einer Lohnarbeit nachgehen, aber sie konnten weder über ihr eigenes Leben, noch über die Politik im Land bestimmen. Die Forderung der Frauenbewegung bestand darin, Autonomie zu bekommen, aber im Gegenzug für ihren eigenen Unterhalt zu sorgen und sich in der Gesellschaft eigenständig durchsetzen zu müssen. Es mag mühsamer sein, für sich selbst gerade zu stehen, aber das ist die Voraussetzung für Freiheit und Autonomie. Und heute ist weithin anerkannt, dass diese Ziele der Frauenbewegung berechtigt waren.

Bei meinen Wildniseskapaden haben mich über Jahrzehnte hinweg immer wieder Hunde begleitet. Ich habe bei ihnen dieselbe Leidenschaft und dasselbe Feuer gespürt, wie in mir. Was aber die Wildnis in der Begleitung von Hunden auszeichnet, ist, dass wir uns dort als Gleiche begegnen können. Zwei autonome Wesen, die aufeinander Rücksicht nehmen, aber grundsätzlich gleichberechtigt sind. In der Natur sind uns Menschen die Hunde in vieler Hinsicht überlegen. Hatten sie in ihrer Jugend ausreichend Freiheit, um ihre Persönlichkeit zu entfalten, brauchen sie uns in der Wildnis nicht mehr. Hier können sie für sich selbst sorgen und sogar, umgekehrt, uns beraten und helfen. Deshalb sind meine Touren durch die Arktis mit meinem Hundefreund der Ausgangspunkt in diesem Buch, um mich einer Neudefinition des Mensch-Tier-Verhältnisses zu nähern.

Autonomie bei Hunden? Für viele Menschen ist das ein Widerspruch. In der städtischen Welt führt man Hunde an der Leine, hängt ihnen einen Beißkorb um und gibt ihnen Kommandos. Hunde müsse man kontrollieren, sie seien potenziell gefährlich. Und insbesondere auf der Straße könne man ihnen nicht vertrauen, die Verkehrsregeln würden ihre beschränkte Intelligenz übersteigen. Seltsam, leben doch insbesondere in den Außenbezirken der Städte überall Marder, Füchse und sogar Dachse, ohne dass sie ständig überfahren werden. Wer solche Ansichten und einen Hund hat, dem bzw. der würde ich dringend empfehlen, einmal in die Wildnis zu gehen. Eine Woche lang mit dem Zelt ohne menschliche Spuren unterwegs zu sein wird diese Meinung ändern. Hunde sind in Wahrheit unglaublich selbstständig und, wenn gut sozialisiert, sehr kooperativ und friedlich. Es ist nicht notwendig, sie zu kontrollieren oder ihnen einE RudelführerIn zu sein. Hunde sind sozial eher wie Menschen, sie wollen in egalitären Gruppen leben und selbst entscheiden können, schließen sich aber gerne der Meinung erfahrener Individuen an. So jedenfalls funktionieren Wolfsrudel und Menschenfamilie.

Für Menschen, die der Natur und den Tieren völlig entfremdet sind, wirken Hunde manchmal bedrohlich, wie tickende Zeitbomben. Mangels Sprache sei es nicht möglich herauszufinden, was in ihnen vorgeht. Abgesehen davon hätten Tiere keine Moral und wären deshalb unberechenbar. Besser, sie werden möglichst aus der menschlichen Gesellschaft ausgesperrt. Zumeist reduziert man sie in der Wahrnehmung zu instinktgetriebenen Robotern oder zu behavioristischen Reiz-Reaktions-Maschinen. Hunden sei jederzeit jede Gewalttat zuzutrauen.

Auch bei dieser Denkweise würde ich einen Besuch in der Wildnis empfehlen, um die Realität zu erfahren. Weder handeln Menschen nur rational und vernünftig, noch sind Hunde völlig irrational und unvernünftig. Wenn ich mit meinem Hundefreund in der Wildnis unterwegs bin, verstummt bald die Stimme in meinem Kopf. Ich denke, ohne zu sprechen – wie die Hunde auch. Entscheidungen, in welche Richtung wir als nächstes weitergehen, wo wir unseren Lagerplatz aufschlagen oder welche Route durch die steilen Felsen die sicherste ist, werden ohne Worte getroffen. Abgesehen davon kommunizieren wir ständig und verstehen uns sehr gut. Die Hundeseele ist für mich keine fremde Welt, zumeist kann ich sehr klar nachfühlen, was mein Freund gerade empfindet und umgekehrt. Wir können uns blind aufeinander verlassen. In der Natur wird uns letztlich klar, dass wir gar nicht so verschieden sind.

Aus diesem Zugang heraus ergibt sich ein ganz anderes Weltbild. Die Aufklärung hat den Menschen in den Mittelpunkt gestellt und es ist zweifellos ein großartiger Fortschritt, alle Menschen als Gemeinschaft aufzufassen. Doch die Gemeinsamkeit wurde durch die Abgrenzung von den Tieren erkauft, zu deren Leidwesen. Wir müssen uns fragen, ob dieses »wir« nicht erweiterbar ist, ob nicht neben multiethnischen Gesellschaften auch echte Multi-Spezies-Gesellschaften eine Zukunftsoption wären, die die Lebensqualität aller Beteiligten erhöht. Mein Buch will dieser Frage nachgehen.

KAPITEL 1:
Kuksi und ich

Wir waren schon länger in der skandinavischen Tundra nördlich der Baumgrenze unterwegs, jetzt haben wir uns für eine ausgiebige Rast auf das kurze Gras gelegt. Alles ist ruhig und entspannt, kein Schlechtwetter in Sicht, es ist angenehm kühl. Plötzlich kommt die Sonne hinter den Wolken hervor und brennt auf uns herab. Diese unmittelbare Hitze weckt mich und ich hebe den Kopf. Direkt neben mir liegt Kuksi und macht genau dasselbe. Wo ist der nächste Schatten, denke ich mir, und sehe etwa 20 Meter entfernt einen größeren Felsblock. Also stehe ich auf, Kuksi genauso. Ich gehe direkt auf den Felsen zu und Kuksi, wie auf Kommando, neben mir her. Im Schatten angekommen lege ich mich wieder nieder und Kuksi macht gleichzeitig genau dasselbe. Kuksi ist mein Hundefreund, mit dem ich schon seit Tagen in der Wildnis unterwegs bin.

Die Hitze wurde zum Problem, ich suchte gedanklich eine Lösung und fand sie im Schatten des Felsens. Kuksi ging es nicht nur gleich, er hat genauso und ebenso schnell das Problem auf dieselbe Weise gelöst. Sonne und Schatten mögen simple Dinge sein, aber sie machen das Leben aus. In der Natur erlebe ich ständig, wie ähnlich Kuksi und ich empfinden. Es ist für mich selbstverständlich, dass er denkt und entsprechend handelt. Dafür brauchen wir beide keine Sprache.

Spät am Abend stelle ich das Zelt auf. Kuksi wandert derweil davon, wie er es von unserem abendlichen Lager aus gerne tut. Als ich fertig bin, sehe ich ihn in der mitternächtlichen Sonne auf einem Hügel einige Hundert Meter entfernt sitzen und in die Landschaft schauen. Er scheint den Blick in die Weite zu genießen. Ich folge ihm. Oben angekommen setze ich mich neben ihn. Von hier aus kann man kilometerweit in die schier unendliche Ebene schauen, überall liegen Seen, in denen sich tiefliegende Wolken spiegeln, die, wie in der Arktis typisch, purpurrotes Sonnenlicht reflektieren.

Auf Kuksi und mich wirken Ruhe und Stille dieser Gegend stark ein. Als wäre die Zeit stehen geblieben. Da stupst mich Kuksi mit seiner feuchten Nase an. Ich streichle ihn über die Stirn. Wir zwei gehören zusammen, nichts kann uns trennen. Er legt seinen Kopf auf meinen Oberschenkel, seine Nähe gibt mir die Sicherheit, nicht alleine auf dieser Welt zu sein. Was haben wir beide schon alles gemeinsam erlebt!

Rückblick

Ich hatte bereits zwei Jahrzehnte mit Hunden zusammengelebt, bevor ich Kuksi traf. Mein erster Hundefreund war Hassan, ein kohlrabenschwarzer Schäferhund. Wir verstanden uns großartig. Als er noch jung war, sollte ich mit ihm die Hundeschule besuchen. Damals hieß es, dass Hunde instinktiv die Menschen beherrschen wollen würden und deshalb müsse man sie dominieren und unterdrücken. Ich musste Hassan an der kurzen Leine nehmen, laufend »Sitz!« und »Fuß!« brüllen, und ihn an der Leine reißen, wenn er nicht gehorchte. Mit meinen damals 16 Jahren schien mir das schon völlig absurd. Im täglichen Leben gingen wir ganz anders miteinander um.

Obwohl mir dieses Verhalten zutiefst zuwider war, und ich selbst im Gymnasium und gegenüber dem Elternhaus Autorität verabscheute, hielt ich mich in der Hundeschule an diese Vorgaben. Hassan tolerierte das eine Weile. Doch dann sprang er an mir hoch und riss mich an den Haaren. Ich schaute ihm ins Gesicht und er schien zu fragen, warum ich mich so seltsam benehme. Ich musste ihm recht geben. Das war das letzte Mal, dass ich einen Hund zu dominieren versuchte.

Später kam Max zu mir, ein Mischlingshund aus dem Wiener Tierschutzhaus. Dort soll er zwei Pfleger gebissen haben, aber bei meiner Partnerin und mir entwickelte er sich zu einem sozial völlig verträglichen, durch und durch liebenswürdigen Wesen. Auf Schreie und Drohgebärden reagierte er aggressiv, offenbar hatte er in der Vergangenheit damit schlechte Erfahrungen gemacht, aber solange man freundlich mit ihm umging, war er eine Seele von einem Hund. Im Sommer 2007 starb er im Alter von 13 ½ Jahren an einer sogenannten Magenumdrehung. Nach der Notoperation blieb er noch 8 Tage am Leben, doch sein Körper hatte nicht mehr die Kraft, sich zu regenerieren. Letztlich fiel er ins Koma und wachte davon nicht mehr auf.

So traurig sein Tod für mich war, so sehr bin ich doch erleichtert, dass er nicht mehr miterleben musste, was kurze Zeit später geschah. Die Polizei hatte, ohne dass wir davon wussten, eine Sonderkommission gegen den Tierschutz gegründet und leitete in den frühen Morgenstunden des 21. Mai 2008 eine Großoperation ein. An 23 verschiedenen Adressen quer durch ganz Österreich, so auch bei mir, schlugen maskierte BeamtInnen die Türen ein, stürmten teilweise mit gezogenen Schusswaffen ins Haus und zerrten die überraschten Menschen nackt aus ihren Betten. Wäre Max da noch am Leben gewesen, hätte man ihn möglicherweise erschossen. In diesen Dingen kannte er keine Kompromisse, Menschen, die ihn bedrohten und anschrien, hätte er wahrscheinlich angegriffen. Und selbst wenn er diese Polizeiaktion überlebt hätte, wären wir danach für 105 Tage getrennt gewesen, da ich unmittelbar ins Gefängnis in Untersuchungshaft musste.

Nach meiner Freilassung war mir deutlich bewusst geworden, was es heißt, unschuldig eingesperrt zu sein. Daher wollte ich wieder einen Hund aus dem Zwinger im Tierheim befreien und bei mir aufnehmen. Bei meinem Besuch im Tierparadies Schabenreith in Oberösterreich wurden mir fünf Hunde gezeigt, die gerade aus dem Tierheim Wels gebracht worden waren. Einer davon hatte den Namen Habakuk erhalten. Das Tierparadies ist für seine exzentrische Namensgebung bekannt. Habakuk war gerade einmal 10 Monate alt, ein undefinierbarer Mischling mit definitiv etwas Bracke, vielleicht Schäferhund und, laut einem behandelnden Tierarzt, auch ein bisschen Rottweiler in seinen Genen. Der Großteil seines Fells war schwarz, am Bauch dagegen »semmelweiß«, wie sich eine Wachebeamtin am Landesgericht später ausdrückte. Jemand hatte ihn auf einer Autobahnraststation angebunden und einfach stehen gelassen. Dabei sah er so entzückend aus mit seinen Schlappohren, so dass ich ihn sofort ins Herz schloss.

Vom Tierparadies aus unternahmen ein Freund und ich mit allen fünf Hunden zunächst einmal einen Testspaziergang. Kurz darauf holte ich Kuksi, wie ich ihn nun nannte, für eine mehrtägige Tour im nahegelegenen Waldviertel ab. Wir waren 4 Menschen und 5 Hunde und wanderten gemeinsam fast eine ganze Woche lang durch Wälder und Wiesen und an zahlreichen Seen vorbei. Kuksi und ich verstanden uns auf Anhieb hervorragend. Er achtete sehr darauf, was ich gerade tat und hielt sich meistens in meiner Nähe auf. Seltsamerweise wollte er damals noch nicht schwimmen. Mittlerweile ist er eine echte Wasserratte, oft schwimmen wir eine Stunde lang und mehr am Stück gemeinsam herum. Selbst in der Nordsee sind wir schon durch die hereinbrechenden Wellen gesprungen und haben das Wasser genossen. Bei einer Rast im Wald legte Kuksi zum ersten Mal vertrauensvoll seine Schnauze auf meinen Schoß. Ich hatte mich verliebt.

Bald zog Kuksi bei mir ein und als Einstandswanderung durchquerten wir Anfang November 5 Tage lang das Hochschwabgebirge in der Obersteiermark von West nach Ost. Natürlich war er sehr aufgeweckt und an allem interessiert und lief jeder Tierspur hinterher, sodass ich alle Hände voll zu tun hatte, ihn von seinen Jagdgelüsten abzuhalten. Er war schließlich noch ein Kind und völlig unerfahren. Unsere zweite Nacht verbrachten wir am im Schafwald versteckten Teufelssee bei Minusgraden auf etwa 1100 Meter Seehöhe. Ich lag im Schlafsack, er neben mir auf dem Boden. Bis dahin war ich immer nur mit langhaarigen Hunden unterwegs gewesen, denen bei keiner Witterung kalt wurde. Aber Kuksi war kurzhaarig und nichts gewöhnt. Er fror wie ein Schneider. Ich nahm ihn zu mir in den Schlafsack. Durch unsere vielen Touren in den nächsten Jahren wurde er aber, wie ich, abgehärtet und ist heute sehr kälteresistent. Vorigen Winter kletterten wir bei -15 °C in einem Schneesturm über 4 Stunden lang weit über der Baumgrenze durch Fels und Eis. Sein Fell war zwar mit Graupeln überzogen, aber sonst völlig intakt. Weder mir noch ihm war zwar richtig warm, doch dennoch begeisterte die Tour uns beide.

Da Kuksi bei unserem Kennenlernen noch sehr jung war, stellte sich die Frage, ob eine Art von Erziehung nötig wäre. Eine auf Dominanz basierende Hundeschule kam für mich sowieso nicht in Frage. Doch ich ließ mich breitschlagen, mit ihm einen Kurs für gewaltfreie Hundeerziehung zu besuchen. Dort wurde mir gelehrt, ich solle ständig mit einem Sack voller Leckerlis herumlaufen und jene Verhaltensweisen, die mir gefallen, positiv verstärken, und alles, was mir auf die Nerven geht, ignorieren. Die Grundlage dieser Vorgangsweise ist die Konditionierung auf Basis des Behaviorismus. Das Verhalten des Hundes wird dabei auf Reiz-Reaktionen reduziert. Die Befehle sollen möglichst emotionslos erfolgen, damit sie identisch reproduzierbar bleiben. Den Hund darf man nicht eng umarmen und liebevoll drücken, weil ihn das stressen würde, und unter Stress könne er nicht konditioniert werden. Steckerlwerfen ist verboten, das würde ebenfalls nur zu Stress führen.

Auch diese Schule brach ich nach drei Besuchen ab. Es schien mir nach jahrelanger Erfahrung mit Hunden völlig lebensfremd, nicht auf emotionale Kommunikation mit meinem Hund zu setzen, ihn durch Konditionierung einer Gehirnwäsche zu unterziehen und nach meinem Willen zu formen. Ich sehe meine Aufgabe im Zusammenleben mit einem jungen Hund vielmehr darin, ihm zu helfen, seine eigene Persönlichkeit zu entwickeln. Er soll möglichst viele eigene Erfahrungen machen und selbstständig handeln können, um ein Selbstvertrauen zu bekommen, das ihn befähigt, die Probleme des Lebens zu lösen. Bei Menschen nennt man das eine nicht-direktive Erziehung.

Als ich jung war, dominierte auch unter den Menschen noch der Behaviorismus. Meiner Mutter wurde beigebracht, sie solle Kinder, die schreien, in ihrem Bettchen in einen Nebenraum stellen und die Türe schließen. So würde man ihnen das Schreien abgewöhnen. Heute lernen wir in der Hundeschule, dass man Hunde, wenn sie bellen, ignorieren soll. Beides scheint mir völlig unmenschlich. Wenn Kinder schreien oder Hunde bellen, haben sie ein Problem und wollen sich mitteilen. Sie brauchen unsere Aufmerksamkeit. Und die steht ihnen zu, schließlich sind wir ihre SozialpartnerInnen.

Kuksi wurde nie auf Kommandos konditioniert. Er wurde aber auch nie bestraft. Und dennoch kann ich ihn bitten zu kommen, oder nicht wegzulaufen, und sich an unsere sozialen Regeln zu halten. Nicht-direktiv heißt keineswegs, Hunde oder Kinder verwahrlosen zu lassen, im Gegenteil. Wenn ich ihnen nichts befehlen kann, muss ich viel mehr auf sie eingehen und mit ihnen gleichrangig kommunizieren. Wenn ich Kuksi bitte zu kommen, wird er das auch tun, außer, er hat wichtige andere Angelegenheiten zu erledigen. Er muss das Gefühl haben, dass meine Bitten Sinn machen. Unsinnige Befehle ignoriert er. Und er hat recht damit. Er ist längst kein Kind mehr.

Die Vorstellung, ein Hund (oder Kind) würde aus Angst vor Strafe meine Regeln beherzigen oder meinen Anweisungen folgen, finde ich erschreckend. Was für ein Verhältnis zwischen uns wäre das? Wie kann es Vertrauen geben, wenn man Angst haben muss? Insofern ist ein Durchsetzen von Regeln durch Strafdrohung für mich von vornherein ausgeschlossen. Trotzdem kann ich natürlich Grenzen setzen, kann sagen, dass ich dieses oder jenes nicht mag. Der Hund lernt die sozialen Regeln des Zusammenlebens einfach dadurch, dass er sehr aufmerksam die Gefühle seiner Bezugsmenschen beobachtet. Deshalb ist es wichtig, diese Gefühle auch zu zeigen, und zwar nicht nur, wenn man lustig und fröhlich ist, sondern auch, wenn man sich verletzt fühlt oder wütend wird. Hunde interessieren sich nicht nur dafür, was wir tun, sondern vor allem dafür, was wir fühlen. Davon abhängig entwickeln sie ein Verständnis für richtiges oder falsches Handeln im Sinne der Gemeinschaft.

Auf diese Weise ist Kuksi zu einem sozial sehr kompetenten Wesen geworden. Es ist fast unmöglich, mit ihm zu streiten. Und das gilt nicht nur für uns zwei, sondern auch für seine Begegnungen mit anderen Hunden. In der Stadt sind wir immer ohne Leine unterwegs. Die meisten Menschen mit Hund, die auf uns zukommen und uns sehen, zerren ihre Tiere auf die andere Straßenseite, als ob jeden Moment ein Kampf auf Leben und Tod ausbrechen würde. In Wahrheit hat Kuksi noch nie mit irgendeinem Hund ernsthaft gekämpft, fast alle Begegnungen verlaufen völlig friedlich. In Ausnahmefällen wird geknurrt, die Haare stellen sich auf und man trennt sich dennoch ohne Verletzung. Ich bin davon überzeugt, dass die Leine erst für eine Spannung zwischen den Hunden sorgt, die gar nicht nötig wäre.

Als ich Kuksi mit dem Auto vom Tierparadies abgeholt habe, musste er nach den ersten Kurven bereits erbrechen. Bei Menschenkindern ist das auch oft so. Wenn sie sich langsam an das Autofahren gewöhnen, wird es besser. Genauso bei Hunden, heute kann ich mit Kuksi 3700 Kilometer bis nach Nordschweden fahren und er erbricht nicht mehr. Im Gegenteil, er verfolgt den Straßenverlauf und das Geschehen draußen oft sehr genau. Kommt eine Kurve, lehnt er sich in Erwartung der Zentrifugalkraft nach innen und beweist damit, dass er genau weiß, was eine Straße ist und dass das Auto darauf fährt.

Eine Gebirgsregion in Ostösterreich besuchen wir besonders oft, das ist quasi unser Revier. Auf der Fahrt dorthin, wird Kuksi bereits unruhig und kann seine freudige Erwartung nicht mehr verbergen. Ganz offensichtlich erkennt er durch die Fensterscheiben des Autos, wo wir sind. Und das ist beeindruckend, weil wir zu diesem Zeitpunkt noch 20 Kilometer und mehr von unserem Zielort entfernt sind. Allein mit den Augen kann er gewisse Aspekte der Landschaft wiedererkennen, die ihm im Gedächtnis geblieben sind und ihm anzeigen, wo er gerade ist. Auch in dieser Hinsicht unterscheidet er sich kaum von uns Menschen.

Unser Zusammenleben

Für unser Zusammenleben haben wir uns gemeinsam Regeln erarbeitet, an die wir uns freiwillig halten. Kuksi hat die Regel beigetragen, dass es unhöflich von mir ist, ihm nichts von meinem Essen anzubieten, wenn er selbst gerade keines hat.

Viele Menschen haben den Eindruck, Hunde seien regelrechte Fressmaschinen und würden alles essen, was sie kriegen können. So stimmt das auf keinen Fall. Am meisten aufs Essen versessen sind Hunde meiner Erfahrung nach, wenn sie sonst wenig zu tun haben und ihnen langweilig ist. Auch im Gefängnis war das Essen für meine Mitgefangenen der Höhepunkt des Tages und wurde daher ausgiebig zelebriert. Wenn man nichts zu tun hat, bleibt einem nicht viel Anderes übrig.

Kuksi ist sicher mehr an Essen interessiert als alle Hunde, die bisher mit mir zusammengelebt haben. Trotzdem bleibt er aber wählerisch. Obst nimmt er nur in größerer Menge zu sich, wenn wir viele Tage in der Wildnis unterwegs sind. Sein Appetit auf Gemüse beschränkt sich auf wenige Bissen, mit Ausnahme von Melanzani und Erbsen, die ihm offensichtlich schmecken. Zu Tofu, Gluten und Fleisch sagt er selten nein. Hat er aber auf unseren Wanderungen Aas gefunden und sich einmal satt gegessen, dann lehnt er oft 24 Stunden oder länger jedes weitere Nahrungsangebot ab. An manchen Tagen isst er von sich aus gar nichts. Und wenn ich ihm fünf seiner geliebten Müslisticks in seinen Napf lege, teilt er sie sich über den ganzen Tag auf und isst sie nicht auf einmal.

Eine weitere Regel, die Kuksi bei uns eingeführt hat, betrifft den Beißkorb. Unter normalen Umständen verwende ich dieses Utensil nie, allerdings ist es in öffentlichen Verkehrsmitteln in Wien vorgeschrieben und wird auch kontrolliert. Daher legen wir vor Betreten der U-Bahn einen Beißkorb an. Kuksi bleibt dabei ruhig und lässt sich das Ganze ohne Widerrede gefallen. In der U-Bahn erträgt er die Umstände in stoischer Ruhe, kaum aber haben wir sie verlassen, bleibt er stehen und fordert, dass ich den Beißkorb herunternehme. Sollte ich dem nicht sofort nachkommen, stößt er mich heftig und schmerzhaft mit seiner Schnauze, bis ich reagiere. Diese Regel beachte ich daher sehr genau.

Eine weitere Regel zwischen uns ist, dass er keine Tiere jagen soll. Da er offensichtlich viele seiner Gene mit Bracken teilt, also Jagdhunden, würde man erwarten, dass ihm das schwerfällt. Doch das Gegenteil ist der Fall, er jagt überhaupt nicht. Kürzlich sahen wir wieder einmal ein Reh auf einer Wiese. Kuksi, ohne Leine wie immer, lief etwa 20 Meter auf das Reh zu, sodass dieses flüchtete, schnüffelte ein bisschen herum und kam von sich aus zurück, ohne dass ich nur ein Wort von mir gab. Das Reh seinerseits entfernte sich nur auf kurze Distanz, blieb stehen und begann wieder ruhig in voller Sichtweite von uns zu grasen. Kuksi ignorierte es fortan.

Als wir einmal in einen Garten kamen, liefen dort zu unserer Überraschung zwei zahme Kaninchen frei herum. Kuksi sprintete auf sie zu, ich schrie voller Verzweiflung und sah schon vor dem geistigen Auge das Blut spritzen, doch nichts dergleichen geschah. Zwar sprangen die Kaninchen verängstigt in der Gegend herum, doch Kuksi beobachtete sie lediglich, schnüffelte ein bisschen, und ließ sie vollkommen unversehrt.

Kuksi hat anfänglich Tiere getötet, einmal eine Maus und in einem Lemmingjahr in Skandinavien mehrere dieser Nager. Ich habe ihm damals mein Missfallen und meine Verzweiflung darüber mitgeteilt. Es scheint ihm nun wichtiger zu sein, mich nicht emotional zu verletzen, als einer etwaigen Jagdpassion nachzugeben, die aber nie sehr groß bei ihm ausgeprägt war.

Wir kommunizieren emotional, sowohl durch den Tonfall, als auch durch die Körpersprache. Wie gut das funktioniert, habe ich in seinen jungen Jahren in den Bergen erlebt. Wir gingen auf der Hochebene eine Felswand entlang, die keine 5 Meter neben uns senkrecht ins Tal abbrach. Der Rand war immer wieder mit großen Schneewechten überwachsen. Unbekümmert ging Kuksi einmal auf eine dieser Schneewechten hinaus. Insbesondere im Frühjahr können sie aber leicht abbrechen und zahlreiche Menschen haben so schon ihren Tod gefunden. Ich schrie daher voller Entsetzen auf und Kuksi, wie vom Blitz getroffen, kehrte sofort um.

Eine ähnliche Situation erlebte ich kurz darauf mit einem jungen Mann, der sehr bergunerfahren war und ebenso auf eine Wechte hinausgehen wollte.

Auch bei ihm schrie ich voller Entsetzen auf. Er reagierte wie Kuksi und kehrte sofort um. Auf meine Frage gab er an, aufgrund des Windes kein Wort verstanden zu haben, aber das blanke Entsetzen sei in meinem Tonfall gut wahrnehmbar gewesen und da er davon ausging, ich würde mich in den Bergen viel besser auskennen als er, hatte er mir vertraut und sofort reagiert. Ich vermute, bei Kuksi wird es ähnlich gewesen sein. Auch wenn er die genauen Worte nicht verstanden hat, so war ihm sicher aufgrund des Tonfalls klar, dass eine große Gefahr drohte. Und weil er mich als jemanden kannte, der viel Erfahrung in den Bergen hat und selten unnötig herumschreit, muss er meinen Rat für befolgenswert erachtet haben.

Das ist der Schlüssel zur Kommunikation zwischen uns. So wie ich aus seinem Verhalten und seinen Lautäußerungen ablesen kann, wie es ihm geht, so auch umgekehrt. Dafür brauche ich nicht wie ein Hund zu agieren, und er nicht wie ein Mensch. Durch unser enges Zusammenleben verstehen wir uns diesbezüglich sehr gut. Sicherlich gibt es einige Worte, denen Kuksi explizit einen Sinn geben kann, wie »Wursti«, »Stocki« oder »Schnüffelspiel«. Aber im Wesentlichen reagiert er auf den Tonfall und meine Körpersprache. Das hat nicht nur den Vorteil, dass man eine graduelle Variation vermitteln kann, die sich im gesprochenen Wort so nicht abbilden lässt, die Körpersprache ist auch viel ehrlicher. Wenn ein Mensch vor Angst schlottert und mir aber sagt, er fürchte sich nicht, weiß ich, welche Botschaft ich ernst nehme.

Natürlich können wir auch streiten. Einmal trat sich Kuksi einen Reißnagel ein und schrie auf. Ich kam und schaute mir seinen Fuß an. Als ich zugriff, um den Nagel zu entfernen, knurrte und schnappte Kuksi auf mich hin. Zwar verletzte er mich nicht, aber ich erschrak dennoch – und Kuksi ebenso. »Spinnst Du?«, sagte ich aufgebracht zu ihm, beruhigte mich aber rasch, weil deutlich war, wie sehr er litt und vor Schmerzen Angst hatte. Also redete ich ihm gut zu, drehte ihn langsam zur Seite und näherte mich vorsichtig dem Nagel. Dann riss ich ihn mit einem Zug heraus. Kuksi jaulte zunächst, kam aber zu mir und stupste mich mit der Nase an und leckte meine Hand. Ein klares Signal, dass er sich wieder versöhnen wollte.

Ich habe ihn auch schon manchmal ungerechtfertigt angeschrien, wenn ich aus Gründen, die nichts mit ihm zu tun hatten, wütend war. Er zeigt mir unter Umständen einige Stunden die kalte Schulter. Ähnlich reagiert er, wenn ich ihn bei jemandem anderen alleine lasse, etwa, weil ich einige Tage auf eine Konferenz gehen muss, zu der er nicht mitkann. Auch kommt es manchmal vor, dass er, wenn ich zurückkomme, statt mich fröhlich zu begrüßen, mit den Zähnen in die Luft schnappt und mich ignoriert. Um mich wieder mit ihm zu versöhnen, entschuldige ich mich dann. Dafür krieche ich auf allen Vieren auf ihn zu und stupse ihn leicht an. Wenn er mir vergeben hat, drückt er seinen Kopf an mich oder schleckt meine Hand und ist danach so freundlich wie eh und je.

Kuksi hat auch Verständnis für meine Kletterleidenschaft. Wenn wir zu einer Felswand oder zu einem Klettersteig wandern, sage ich ihm, dass ich einige Zeit unterwegs sein werde und er bleibt – natürlich ohne angehängt zu sein – alleine zurück, und das unter Umständen mitten in der Wildnis. Für ein soziales Lebewesen ist es bedrohlich, alleine gelassen zu werden. Nicht so für Kuksi in diesem Fall und daher bin ich mir sicher, dass er die Umstände genau versteht. Oft läuft er auch, wenn möglich, um die Felswand herum und auf der anderen Seite hinauf, um mich oben nach der Kletterei zu begrüßen. Wenn das nicht möglich ist, wartet er zum Teil mehrere Stunden in aller Ruhe. Ist ihm der Platz zu unangenehm, steigt er auch einige Hundert Meter in den angrenzenden Wald ab, um mir bei meiner Rückkehr entgegenzulaufen. Selbst im tiefen Winter sucht er sich einen Platz und wartet auf mich. Ich bin immer wieder beeindruckt, wie wenig ihn das irritiert.

Wie gut er auch kompliziertere Botschaften dieser Art versteht, bewies Kuksi einmal in meinem Büro. Ich wollte nur kurz in ein Geschäft auf der anderen Straßenseite einkaufen gehen, er war aber das Stiegenhaus zwei Stockwerke bis zur unteren Eingangstür mit mir mitgekommen. Ich sagte ihm, er solle wieder ins Büro zurückgehen, ich werde gleich nachkommen. Und sofort drehte er um und lief wieder hinauf. Ein Kontrollanruf kurz darauf bestätigte, dass er von selbst wieder in die Büroräume gegangen war und dort auf mich wartete.

So ist es auch für mich möglich, ihn zu fragen, was er will. Beim Spazierengehen ist er meistens dabei, doch wenn ich vorhabe, nicht zu gehen, sondern zu laufen, bleibt er auch durchaus zu Hause. Wenn wir mit dem Fahrrad unterwegs sind, benütze ich einen Hundebuggy als Anhänger, in den er einsteigen kann, wenn er will. Ich bleibe stehen und frage ihn, und es kann durchaus passieren, dass er einsteigt, während er an anderen Tagen viele Kilometer neben dem Rad herlaufen mag.

Eine besondere Form von gemeinsamer Beschäftigung ist das Spiel. Es kann auf verschiedene Weisen geschehen, aber zum Spiel wird es erst dadurch, dass wir zusammen die Regeln bestimmen und dass alles, was wir spielerisch tun, nicht ernst gemeint ist. Im Spiel können wir kämpfen, uns beißen, heftig festhalten oder am Boden rollen. Dabei knurrt Kuksi und fletscht die Zähne, dass ich mich fürchten könnte. Doch immer wieder zeigt er mit seinem charakteristischen Spielgesicht bzw. seinem Spielblick, dass es nicht ernst gemeint ist. Die Spielaufforderung ist eindeutig und unübersehbar. Da gehört die Körperposition mit dem Kopf am Boden und dem Hinterteil in der Höhe genauso dazu wie die rechts und links ausgestreckten Vorderpfoten, das rasche Drehen im Kreis und die spezielle Mimik. Wir laufen uns nach, zerren beide an einem Stocki oder kämpfen handfest, immer wieder unterbrochen durch einen Spielblick von beiden Seiten, der bestätigen soll, dass wir weiterhin spielen. Und das bedeutet, dass man sich auch einmal schwächer stellt, als man ist, und im Kampf verlieren kann.

Eine Sonderform des Spiels ist das Schnüffelspiel. Dass Hunde eine wesentlich bessere Riechleistung als Menschen haben, ist keine Neuigkeit, doch Kuksi dürfte auch unter Hunden ein Ausnahmetalent sein. Er gibt mir 5 Minuten Vorsprung, die ich dafür nutze, durch Wald, Wiesen und Bäche zu laufen. Dann folgt er mir auf meiner Spur. In kürzester Zeit hat er mich eingeholt, ist er doch in der Lage, im vollen Galopp meinen Geruch nicht zu verlieren. Dass dieses Schnüffeln eine große, bewusste Denkleistung erfordert, ist ersichtlich. Einmal legte ich meine Spur auf eine Forststraße, lief gute 20 Meter wieder auf derselben Spur zurück und sprang von dort aus in einen Bach, dem ich wenige Meter folgte, um auf der anderen Seite den steilen Wald hinauf zu gehen. Oben versteckte ich mich hinter einem Baum. Kuksi kam, wie gewohnt, im vollen Galopp daher und lief die Spur auf der Forststraße entlang, Plötzlich war sie nicht mehr da. Also ging er zurück, nahm die Spur wieder auf – und verlor sie prompt wieder. Da jaulte er laut und lief noch weiter zurück. Diesmal schnüffelte er sehr vorsichtig und langsam. Wo ich von der Forststraße in den Bach gesprungen war, blieb er länger stehen und untersuchte die Umgebung. Dann querte er auf die andere Seite des Baches und lief dort auf und ab, bis er meine Spur gefunden hatte und wenig später bei mir ankam!

Kuksi und Wildtiere

Die Begegnung mit Wildtieren ist immer aufregend. Doch sie kann ins Auge gehen. Männliche Steinböcke sind mächtige Gesellen, gut und gern 80 Kilogramm schwer und mit riesengroßen Hörnern versehen. Sie haben wenig Angst vor Menschen, solange sie nicht bejagt werden. Einmal stießen Kuksi und ich auf eines dieser Exemplare im felsdurchsetzten Gelände oberhalb der Baumgrenze. Mein Hundefreund lief auf den Steinbock zu. Dieser blieb ruhig stehen, senkte plötzlich die Hörner und griff Kuksi an. Der versuchte nun im wilden Zickzack seinen Verfolger abzuschütteln. Der Steinbock kam aber immer näher und stieß Kuksi letztlich sogar mit den Hörnern kräftig an. Der bekam es nun endgültig mit der Angst zu tun und flüchtete zu mir. Ich ergriff einen Stein und warf ihn dem hinter Kuksi anstürmenden Steinbock vor die Füße, doch der blieb unbeeindruckt. Rasch sprang ich hinter einen Latschenbusch, Kuksi direkt zwischen meinen Beinen. Der Steinbock stand auf der anderen Seite und fixierte mich mit seinen dunklen Augen, keine 2 Meter entfernt. Seine breiten Nasenlöcher blähten sich auf, ein furchterregender Anblick. Der Steinbock begann um die Latsche herumzugehen, Kuksi und ich wichen auf die andere Seite aus, sodass die Pflanze immer zwischen uns und dem Angreifer blieb. Dann ging der Steinbock in die andere Richtung und das Spiel wiederholte sich gegengleich. Schließlich, nach schier einer Ewigkeit, gab der Steinbock auf und ging im vollen Bewusstsein seiner Überlegenheit langsam von dannen. Als er 50 Meter entfernt war, verließen Kuksi und ich den schützenden Latschenbusch und flüchteten Hals über Kopf Richtung Tal.

Doch Kuksi hatte seine Lektion gelernt. Als wir Jahre später eine steile Wiese nach unten gingen, standen zwei männliche Steinböcke gerade so, dass sie den einzigen Durchgang für uns blockierten. Kuksi und ich zögerten und wogen die Situation ab. Doch wir hatten keine andere Möglichkeit. Daher gingen wir langsam und dicht beinander auf die Steinböcke zu. Kuksi hatte keine Lust auf Eskapaden und blieb einen Meter vor mir, behielt aber die beiden im Auge. Als wir nur noch 5 Meter entfernt waren, schnaubten sie ganz wild. Ich begann beruhigend auf sie einzureden, Kuksi stand stockstill. Da die beiden Kerle keine Anstalten machten, über uns herzufallen, gingen wir vorsichtig weiter. Tatsächlich, nichts geschah. Gnädigerweise ließen sie uns unbehelligt passieren, wichen dabei aber keinen Meter zurück.

Doch manchmal enden solche Begegnungen nicht so glimpflich. Im Frühjahr balzt der Auerhahn. Dieser Vogel ist zwar ziemlich groß, hat einen beeindruckenden Schnabel und nicht minder furchteinflößende Krallen, doch man merkt ihm in seiner Unbeholfenheit, vor allem im Flug, die Verwandtschaft zu den Hühnern an. Unter normalen Umständen würde man nicht meinen, sich vor diesen Tieren fürchten zu müssen. Doch wer einen Hahn einmal dabei gesehen hat, wie er seine Hühner verteidigt, weiß, was in diesen Tieren steckt. So auch im Auerhahn, der noch viel größer ist als ein Hahn, und vor allem während der Balz aggressiv werden kann. Kuksi und ich streunten nichtsahnend eines Tages bei einer Wanderung an der Baumgrenze entlang. Plötzlich hörten wir ein verräterisches Klicken. Ein Auerhahn, dachte ich sofort, und tatsächlich konnte man ihn in einiger Entfernung die spärlichen Bäume hindurch wahrnehmen. Kuksi bemerkte ihn auch, nahm aber wenig Notiz. Der Hahn stand charakteristisch mit dem Kopf nach oben gedreht, zeigte seine knallroten Augenlider, und klickerte immer wieder, ein faszinierendes Schauspiel. Dabei hüpfte er aber näher und näher, bis mir die Distanz zu gering wurde und ich Kuksi aufforderte, rasch mit mir fortzugehen.

Doch da hatten wir die Rechnung ohne diesen Hahn gemacht. Rauschend erhob er sich in die Lüfte, flatterte in einem Bogen um uns herum und landete direkt vor mir. Ich erschrak und hob meine Stöcke zur Verteidigung. Pfauchend öffnete er seinen Schnabel und schoss auf mich zu. Da kam mir Kuksi zu Hilfe. Wie ein schwarzer Pfeil raste er an mir vorbei und sprang den Vogel direkt an. Dieser hob die Krallen beider Füße und hielt Kuksi auf Distanz. Mit wildem Geschrei waren sie im Kampf förmlich erstarrt. Ich rannte daraufhin ein paar Schritte auf den Auerhahn zu und schrie dabei und klatschte in die Hände. Dieser Angriff von zwei Seiten war dem Hahn dann doch zu viel und er erhob sich mit schwerem Flügelschlag erneut in die Lüfte, um nicht mehr wiederzukehren. Kuksi hatte mir mit seinem mutigen Einsatz sicher einige Verletzungen erspart und dabei selbst etwas abbekommen. Als wir wenig später einen Birkhahn beim Balztanz beobachteten, waren wir froh, dass diese Tiere deutlich kleiner sind.

Manchmal bleiben die Wildtiere auch wie Schatten außer Sichtweite, aber deutlich spürbar. Im März in den Südkarpaten stießen wir auf die frische Spur eines Wolfsrudels und beschlossen, ihr zu folgen. Auf dem Schnee einer Wiese war zu sehen, dass es sich um 13 Einzeltiere handelte, ein sehr großer Verband. Es war einfach, auf ihren Fersen zu bleiben, waren die Spuren doch viel zu deutlich, um sie zu verlieren. Wir sahen die Stelle, an der sie ein Wildtier getötet und gegessen hatten, wir trafen immer wieder auf ihren Kot, in dem noch Knochen und vor allem Haare von Paarhufern zu finden waren und wir konnten ihre Spiele im Schnee nachvollziehen. Die Wölfe zogen quer durch den Wald, ohne Wolfsbau und Jungtieren. Dafür war es offenbar noch zu früh im Jahr.

Fünf ganze Tage lang folgten wir der Spur. Die Wölfe hatten uns sicher bemerkt. Eines Morgens sahen wir anhand ihrer Spuren, dass sie in der Nacht bis auf 50 Meter zum Zelt gekommen waren, um zu sehen, wer sie da belästigt. Ebenfalls auffällig war, dass sie nie heulten, während Kuksi und ich auf anderen Touren schon öfters Wolfsgeheul gehört hatten, sogar von drei Rudeln gleichzeitig.

Wölfe sollen Hunde töten, wenn sie sie antreffen. Tatsächlich gibt es in den Südkarpaten viele Streunerhunde, aber keine im Wald. Dort trauen sie sich offenbar nicht hin. Vielmehr leben sie an den Straßen oder in der Nähe der Berghütten, wo sie sich Essensreste von Menschen erwarten. Kuksi geht sonst öfters abends, wenn das Zelt schon steht, alleine in den Wald. Diesmal machte er das aber nicht. Wenn er in Wolfsgebieten in der Nacht plötzlich bellend aus dem Zelt läuft, um irgendwen, den ich weder hören noch sehen kann, zu vertreiben, fürchte ich immer ein bisschen um ihn. Doch in den fünf Tagen auf der Spur des Wolfsrudels machte er nichts dergleichen. Er blieb völlig ruhig. Er musste die Nähe der Wölfe gerochen haben.

Wildtiere zu riechen ist übrigens auch uns Menschen möglich. In England engagierte ich mich gegen die Fuchsjagd und lernte dabei auf den sehr deutlichen Geruch von Füchsen zu reagieren. Die Adeligen dort jagen seit dem 18. Jahrhundert Füchse mit Hundemeuten, weil diese Tiere einen so eindeutigen Geruch ausströmen, dass es den Hunden leicht fällt, ihm zu folgen. Ist ein Fuchs in den letzten 10 Minuten an einer Stelle vorbeigekommen, können auch wir Menschen ihn riechen. Aber nicht nur das, auch Hirsche und Bären können wir mit unserer Nase wahrnehmen. Der scharfe Wildtiergeruch ist nicht zu verkennen. Einmal krochen Kuksi und ich in den Südkarpaten durchs Dickicht und vernahmen deutlich Bärengeruch. Ich hielt inne und sah, dass auch Kuksi stillstand. Plötzlich hörten wir in unmittelbarer Nähe ein schweres Tier durchs Unterholz brechen und davonlaufen.

Bei einer unserer Touren saßen wir um 22 Uhr am Zelt, ein Lagerfeuer loderte. Über Nacht geben wir im Bärengebiet unsere mitgebrachte Nahrung in einen luftdichten Behälter und hängen diesen in acht Meter Höhe an einen Baum. Doch in diesem Moment waren wir noch am Kochen. Plötzlich hörten wir lautes Rascheln im nahen Gebüsch. Kuksi spitzte die Ohren und stellte sich zwei Meter vor mich hin. Ein riesiger Bär kam aus dem Buschwerk hervor, keine 10 Meter von uns entfernt, mit einer Schulterhöhe wie ein Esel und einer Kopfgröße wie ein mittlerer Rucksack. Kuksi schlug sofort Alarm, bellte wie besessen und trampelte dabei mit den Vorderpfoten auf den Boden. Mutig wagte er es mit seinen 30 Kilogramm den gut zehnmal so schweren Bären herauszufordern. Dieser erschrak, hielt für einen Moment inne, um die Situation abzuwägen, drehte aber ab und lief davon. Das ohrenbetäubende Gebell von Kuksi hatte ihn in die Flucht getrieben.

Wir sind schon vielen anderen Wildtieren begegnet, darunter Wildschweinen, Elchen, Rentieren, Moschusochsen und sogar einem Vielfraß. Kuksi verhielt sich immer vernünftig. Die Moschusochsen sind für ihre Aggression bekannt, doch Kuksi gab ihnen dafür keinen Anlass. Er hielt sich still in der Distanz verborgen, während ich näher kroch und die Tiere fotografierte. Schlangen gegenüber hat Kuksi erst Respekt lernen müssen, einmal biss ihn eine, zum Glück keine Giftschlange, in die Pfote. Tagelang war die Vorderpfote angeschwollen und er musste humpeln. Bei Kreuzottern, denen wir schon oft begegnet sind, wäre das nicht so glimpflich abgelaufen. Mittlerweile ist Kuksi vorsichtiger.

In der Arktis sah ich einmal, wie Raubmöwen, vielleicht um ihr Gelege zu verteidigen, einen Polarfuchs aus der Luft angriffen. Dasselbe passiert regelmäßig, wenn sie Kuksi sehen. Diese Attacken aus der Luft hören erst auf, wenn Kuksi ganz nah bei mir bleibt. Kühe auf der Weide sind ebenfalls bekannt dafür, angesichts von Hunden sofort zum Angriff über zu gehen. Und diese Tiere sind nicht zu unterschätzen! Nicht selten müssen Kuksi und ich uns in einem solchen Fall verteidigen oder einfach in die Latschen flüchten. Einmal übrigens auch vor einem röhrenden Hirsch, der auch mir als Menschen gegenüber keine Zurückhaltung zeigte.

Kuksi ist im Umgang mit Kühen sehr geschickt, er hält sich da an mich. Zunächst versuchen wir beide sie völlig zu ignorieren. Kommen sie trotzdem her, gehen wir freundlich auf sie zu und sprechen sie an. Steigert das nur ihre Aggression, wollen wir sie durch lautes Bellen oder Schreien und Scheinangriffe auf Distanz halten. Kuksi ist darin so geschickt wie der beste Hirtenhund. Und wenn auch das nichts hilft, flüchten wir beide Hals über Kopf.

Das Problem dabei ist nur, dass die Kühe schneller sind als ich. Und 600 Kilogramm Lebendgewicht im vollen Galopp zu stoppen ist gar nicht so einfach, weder für uns, noch für die Kühe selber. Übrigens sind auch manchmal einige Jungstiere darunter, regelrechte Heißsporne, die man nicht unterschätzen sollte.

Erst vor einigen Wochen kamen wir über einen Hügel und standen plötzlich mitten unter ca. 50 Rindern, sowohl Kühen als auch Stieren, weitab von jedem Wanderweg. Sofort begannen sie auf uns zu zu traben. Da es keine Möglichkeit gab, zu entkommen, lief Kuksi bellend auf sie hin und ich schwang schreiend meine Wanderstöcke durch die Luft, um sie zu vertreiben. Das rief aber noch weitere Kühe im Umkreis auf den Plan und in Kürze hatten sie uns eingekreist und eine Kuh rammte mich sogar mit ihrem Kopf. Da war guter Rat teuer. Kuksi und ich standen Rücken an Rücken, um uns ein Wald von Hörnern und lautes Gemuhe. In unserer Verzweiflung sprangen wir in einen Latschenbusch der Größe einer Scheibe mit 2 Meter Radius. Kuksi und ich steckten zwischen den Zweigen, die gerade einmal 1,5 Meter hoch waren, eingekreist von einer immer aggressiver werdenden Meute. Bald begannen die Kühe heftig untereinander zu streiten, als ob sie für das Vorrecht kämpften, uns als erste zertrampeln zu dürfen.

Eine geschlagene Stunde standen wir in unserem winzigen Latschenfleck. Kuksi versuchte einmal auszubrechen, rann kreuz und quer zwischen den Kuhbeinen durch – mir blieb dabei fast das Herz stehen – und kehrte letztlich unversehrt aber auch unverrichteter Dinge zurück. Also mussten wir abwarten.

Langsam wurde es dunkel. Die Kühe machten keine Anstalten das Interesse zu verlieren, sie hatten Zeit. Doch die Stimmung unter ihnen beruhigte sich. Ich redete freundlich auf sie ein.

Dann, ein Plan. Ich schlug Kuksi vor, er solle allein zurückbleiben und ich würde versuchen mich ca. 50 Meter zu einem größeren Latschenfeld durchzuschlagen. Dann könnte er nachkommen und wir hätten die Chance, zwischen all diesen Latschenflecken und Bäumen hindurch zu entkommen. Gesagt getan, ich schritt an den Rand des Latschenbuschs. Ein Blick zurück auf Kuksi, er schaute mich vertrauensvoll an, blieb aber sitzen. Er hatte völlig verstanden, was meine Intention war. Ich sprach ihm noch Mut zu, sagte ihm, ich werde ihn ganz sicher nicht alleine lassen – und ging mitten durch die Kühe hindurch. Die reagierten zunächst überrascht und verwirrt, ich konnte rasch Boden gut machen. Nach ca. 20 Metern hatten sie sich aber gefangen und die Eifrigste begann mit gesenktem Kopf und langen spitzen Hörnern auf mich zu zu laufen. Nun drehte ich mich um, ging rückwärts, hob aber meine Stöcke und schlug der angreifenden Kuh mehrmals fest auf den Kopf. Als sie dadurch immer noch nicht abgeschreckt war, fuchtelte ich ihr mit den beiden Stöcken direkt vor den Augen herum, sodass sie diese schließen musste und mich nicht sehen konnte. Das nützte ich, um einen Haken zu schlagen und wieder einige Meter weiter zu kommen. Letztlich sprang ich in die ersten Latschenbüsche des nächsten Feldes und war gerettet. Nun die schwerste Aufgabe: wie konnte ich Kuksi da heraus bekommen?

Ich ließ mir Zeit. Etwa fünf Kühe belagerten meinen Busch, die restlichen waren zwischen mir und Kuksi verteilt, einige standen noch um Kuksis Latschenfleck herum. Ich wartete gut 10 Minuten, Kuksi bewegte sich nicht. Dann gab ich Kuksi das Signal, zu laufen, und sprang mit lautem Geschrei aus dem Gebüsch, schwang meine Stöcke und griff die Kühe vor mir an, um sie abzulenken. Im Augenwinkel sah ich, wie Kuksi auf einer Seite aus seinem Latschenfleck herauslaufen wollte, aber mitten auf eine Kuh traf und sofort wieder umkehrte. Nun versuchte er es auf der anderen Seite seines Busches, fand einen Meter Platz und schoss zwischen den Kühen durch. »Lauf!, lauf!«, schrie ich, sodass die Kühe alle auf mich blickten, bevor ich wieder in die Latschenbüsche sprang, in eine Gasse zwischen den Büschen tauchte und selbst davon lief. Kuksi war viel schneller als die Kühe und so gelang es ihm in einem großen Bogen selbst unversehrt in das Latschenfeld zu gelangen, soviel konnte ich noch wahrnehmen, dann sah ich nichts mehr außer Latschen und musste mich konzentrieren nicht zu stürzen. Keine 30 Meter weiter kam Kuksi von der Seite in meine Latschengasse und wir liefen zusammen, so schnell ich konnte, weiter. Von Kühen war nichts mehr zu sehen, aber das hinderte uns nicht, weiter und weiter zu laufen, bis wir durch den schütteren Bergwald zum steileren Abhang kamen und mit voller Geschwindigkeit hinunterschossen. Nun waren wir gerettet.

Doch eine Wildtierbegegnung wird mir immer besonders in Erinnerung bleiben. Kuksi und ich gingen am Stadtrand von Wien, wie immer ohne Leine, unseres Weges, als plötzlich ein Fuchs in hohem Bogen über den Zaun eines Gartens sprang. Kuksi lief ihm entgegen und der Fuchs rannte zunächst ein paar Sprünge weg, besann sich aber eines Besseren und blieb stehen. Kuksi und ich waren beide überrascht, konnte es sich um Tollwut handeln? Kuksi näherte sich dem Fuchs zaghaft, doch dieser zeigte keine Aggression. Schließlich waren sich die beiden so nahe, dass sie sich mit der Schnauze berührten. Nach einigen Sekunden drehte der Fuchs ab und trabte in aller Seelenruhe schnurstracks in seinen Bau. Kuksi und ich blieben verwundert zurück.

Fünf Tage ohne Rucksack

Eines Tages beschloss ich, ohne Rucksack fünf Tage und vier Nächte durch die Wildnis zu marschieren. Alles, was ich mitnahm, musste ich in der Hand tragen oder an mich binden. Natürlich hatte ich Bergschuhe, eine Hose mit vielen Taschen, in die ich einige Stück Tofu, Nüsse, Trockenfrüchte und etwas Hundenahrung stopfte, sowie eine Jacke, die ich mir um die Hüfte schlang und deren Taschen ebenfalls mit Essensvorräten gefüllt wurden. Dann ging ich los, Kuksi an meiner Seite.

Zunächst einmal mussten wir einen Bergrücken überqueren, doch für die Nacht wollte ich wieder in den Wald kommen. Meiner Erfahrung nach ist es für mich leicht möglich, eine Nacht ohne Schutz durch Zelt oder Schlafsack zu überstehen, wenn ich im Wald bleibe und es nicht gerade Winter ist.

Kuksi macht sich nichts aus Pilzen, deswegen hilft er mir auch nicht, sie zu suchen. Anders aber bei Heidelbeeren. Als ich zum ersten Mal vor ihm diese kleinen süßen Früchte aß, kam Kuksi ganz nahe zu mir her und beobachtete mich genau. Dann schnappte er mit seinem großen Mund den Heidelbeerbusch und streifte einige Beeren ab, die er gleich verschlang. Offenbar schmeckte ihm das, seither habe ich ihn immer wieder beim Heidelbeeressen beobachtet. Als ich nun am ersten Tag meiner Tour rastete, war Kuksi nirgends zu sehen. Kurze Zeit später kam er und hatte deutlich blau gefärbte Lippen: Heidelbeeren! Da ich ja in diesen fünf Tagen jede Nahrung brauchen konnte, die mir die Natur bot, folgte ich ihm sofort und tatsächlich brachte er mich zu einem großen Heidelbeerfeld.

Wasser ist natürlich auch eine Notwendigkeit in der Wildnis, insbesondere wenn man keinen Behälter dafür mithat, wie ich in diesem Fall. In den Kalkbergen ist Wasser eher knapp, im Granit dagegen fließt es an allen Ecken und Enden ins Tal. An heißen Tagen lässt Kuksi kaum eine Quelle aus, ohne seinen Durst zu löschen. Manchmal entdeckt er das Wasser zuerst und macht mich darauf aufmerksam, manchmal sehe ich es und zeige es ihm. Er kann besser hören, ich weiter sehen, wir ergänzen uns großartig.

Bei Wanderungen in der Wildnis ist Kuksi oft längere Zeit hindurch für mich nicht zu bemerken. Er läuft irgendwo durchs Dickicht oder hundert Meter vor mir her, und im Wald ist er aus meinem Blickfeld. Deshalb nehme ich immer wieder durch einen bestimmten Ruf Kontakt auf. Kuksi reagiert darauf, indem er mir entgegen geht und sich zeigt. Merkt er an meinem Verhalten, dass er gesehen wurde, dreht er wieder ab, ansonsten kommt er noch näher her. Umgekehrt kann auch Kuksi mich rufen. Eine spezifische Art zu bellen sagt mir, dass er nicht weiß wo ich bin und ich melde mich dann bei ihm. Es ist wichtig, sich in der Wildnis nicht aus den Augen zu verlieren.

Bei unserer Wanderung gingen wir einen Wassergraben entlang, er auf der einen, ich auf der anderen Seite, bis der Graben unversehens immer schroffer und tiefer wurde. Da war es aber schon zu spät und wir konnten nicht mehr auf dieselbe Seite gelangen. Also gingen wir weiter, zwar in Sichtweite, aber dennoch getrennt. Nach einer Stunde war der Graben bereits sehr breit und 100 Meter tief und ich wurde unruhig. Kuksi schien auch nicht glücklich und wie er eine Möglichkeit sah, lief er den Graben hinunter, querte den Bach und kam zu mir herauf. Es beruhigte mich sehr, wieder mit ihm zusammen zu sein.

Als es dunkel wurde, ging ich ohne Licht noch weiter durch den Wald. Je später wir uns niederlegen, desto kürzer die Nacht. Im Dunkeln verlieren wir uns natürlich noch leichter und da ich einige Zeit lang nichts mehr von Kuksi gehört hatte, rief ich ihn. Kein Laut. Wo war er nur? Es raschelte irgendwo in meiner Nähe, dann Stille. Ich nannte in die Dunkelheit hinein fragend seinen Namen. Keine Reaktion. Ich versuchte es noch einmal. Plötzlich spürte ich eine leichte Berührung am Bein. Da saß er, neben mir im Dunklen, von mir unerkannt, und machte mich auf seine Präsenz aufmerksam, indem er mich mit der Tatze anstieß. Sein so deutliches »hier bin ich, neben dir«, erfüllte mich mit tiefer Zuneigung. Ich setzte mich neben ihn und drückte ihn an mich. Seine Augen sind in der Dunkelheit ja so viel besser als meine.

Kurz darauf legten wir uns schlafen. Ich suchte eine mit altem Laub gefüllte Vertiefung. Neben mir grub Kuksi im Boden und entfernte alle Steine und härteren Äste. Auch im Schnee richtet er sich solche Schlafgruben her. Das scheint zwar eine Instinkthandlung zu sein, aber wer einmal ohne Unterlage im Wald geschlafen hat, wird den Sinn dieses Verhaltens gut nachvollziehen können. Auch ich wollte nicht auf Steinen liegen.

Am nächsten Tag zogen kurz nach Mittag schwarze Wolken auf, ein Wärmegewitter kündigte sich an. Wer Blitz und Donner schon einmal im Gebirge erlebt hat, wird diesen Naturgewalten gegenüber viel Respekt aufbringen.

Kuksi kennt Gewitter. Wir hatten einst die österreichische Packalpe gemeinsam überquert, einen langen Rücken oberhalb der Baumgrenze mit wilden Steilabbrüchen auf beiden Seiten, ohne Fluchtmöglichkeit. Und tatsächlich überraschte uns ein Gewitter mitten am Weg. Wir duckten uns in eine Doline. Ich hatte damals einen Biwaksack mit und schlüpfte hinein. Kuksi wollte der Aufforderung, ebenfalls in den Sack zu kriechen, nicht folgen. Doch krachte es schon in unmittelbarer Nähe und mit einem Satz war Kuksi bei mir im Biwaksack gelandet. Dennoch waren die Blitzschläge beängstigend laut und rings um uns herum in großer Nähe. Dann begann es zu hageln. In solchen Situationen kann man nur still hocken und hoffen, dass einem nichts geschieht. Nach kurzer Zeit war das Drama aber vorbei. Ich hob den Deckel unseres Sackes und alles war weiß geworden, auch auf uns lagen mehrere Zentimeter tief Hagelkörner.

Dieses Erlebnis hat bei Kuksi offenbar einen nachhaltigen Eindruck hinterlassen, seitdem fürchtet er sich, wie ich, vor Gewitter. Bei unserer Tour wurde nun der Himmel völlig schwarz. Diese Wärmegewitter sind ein unheimlicher Anblick. Wir drückten uns in das dichteste Dickicht und schon ging es los. Kuksi drängte sich an mich und bald standen wir in einem kübelartigen Regenguss. Doch auch dieses Gewitter ging bald vorbei, aber ich war waschelnass und musste eine ungeschützte Nacht im Freien verbringen.

Hunde können ganz nass werden und in kürzester Zeit wieder auftrocknen. Das Hundefell lässt sich durch Schütteln weitgehend von Wasser befreien. Ein nackter Mensch würde auch nicht lange nass bleiben, das Problem ist nur die Kleidung. Und wenn diese einmal nass ist, gibt sie den Rest der Nacht Kälte ab. Doch ich musste mir keine Sorgen machen. Als Schlafplatz legte ich mir einige Äste zurecht und Kuksi kuschelte sich an mich. So war mir auch in dieser Nacht weitgehend warm.

Am nächsten Tag schien wieder die Sonne. Zum Essen war noch Einiges da, hatte ich doch Pilze, Erdbeeren, Heidelbeeren und Himbeeren gefunden, und den Speiseplan mit ein paar wilden Karotten, Löwenzahn und Brennnesseln aufgebessert. Kuksi ist ein Langschläfer, er wollte noch liegenbleiben. Ich richtete uns unterdessen ein kleines Frühstück. Kuksi musste mit ein paar Nüssen vorliebnehmen, aber am Vortag hatte er einen Kadaver gefunden und sich daran gütlich getan. Was unsere Ernährung auf dieser Wanderung betraf, war die Sache bei mir komplizierter.

Zu Mittag wurde es so heiß, dass wir bei einem See haltmachten. Kuksi ist eine Wasserratte, er liebt es zu schwimmen. Kuksi ist dabei so schnell, dass ich Probleme habe, mitzuhalten. Nachdem wir ein bisschen am Strand geplanscht hatten, überquerten wir das Gewässer. Kuksi schwamm dabei dicht neben mir, die untergehende Sonne spiegelte sich in seinen Augen. Unser Atemrhythmus war synchronisiert. Diese Tage sind ein Geschenk, sie machen das Leben lebenswert.

Wochenlang außerhalb der Zivilisation

In Nordskandinavien sind wir bis zu 15 Tage ununterbrochen unterwegs, bevor wir wieder Nahrung aufstocken müssen. Für diese Zeitspanne trage ich mit Zelt, Kocher und unser beider Essen mehr als 35 Kilogramm auf dem Rücken. Dafür können wir uns bis zu 50 Kilometer oder mehrere Tagesreisen von den nächsten menschlichen Spuren entfernen und ganz in der Wildnis sein.

Das größte Problem so weit von der Zivilisation sind die Flüsse. Es ist lebensgefährlich, sie zu überqueren, außer an wenigen Stellen, z. B. nahe der Quelle. Die Flussläufe geben entsprechend vor, wo wir gehen können. Kuksi ist sehr gut darin, von Stein zu Stein zu springen und so die ärgsten Stromschnellen zu umgehen. Doch manchmal ist trotzdem Schluss. Dann nehme ich ihn in die Arme und trage ihn über den Fluss. Er lässt sich nur sehr ungern aufheben und tragen, wie jeder Hund, der etwas auf sich hält, doch in solchen Fällen scheint er völlig zu verstehen, wie notwendig es ist. Ohne Widerrede bleibt er ganz ruhig und vertraut mir. Bisher zurecht.

Ähnlich verhält sich das bei steilen Stellen in den Bergen, die mit einer Leiter überwunden werden, oder, in der Wildnis, wenn eine kurze überhängende Stelle passiert werden muss. Auch dann ist Kuksi ganz ruhig und lässt sich tragen. Dabei kann er sehr gut klettern. Im Weittal im Hochschwab gibt es mehrere Felsstufen mit senkrechten Kletterstellen, die er überwinden kann. Kuksi hat ein sehr gutes Gefühl, ab wann es gefährlich für ihn wird. Kuksi hat eine ganz spezielle Mimik bei schweren Kletterstellen. Er konzentriert sich oft eine Minute lang und klettert schließlich zielsicher nach oben. Faszinierend da zuzusehen. Es ist unglaublich, wie sicher sich Kuksi an Stellen im Fels bewegen kann, an denen ich mich fürchte, insbesondere, wenn sich Schotter auf den Felsplatten befindet oder die Steine feucht sind. Aber auch dünne Grate in schwindelnder Höhe, oder umgestürzte Bäume, die über einen Graben queren, meistert er mit schlafwandlerischer Sicherheit. Da habe ich vollstes Vertrauen zu ihm.

Der österreichische Verhaltensforscher Kurt Kotrschal weist auf die Verschmelzung des Bioms zweier Lebewesen hin, die, wie Kuksi und ich, lange Zeit eng zusammenleben. Das Biom ist die Welt der Mikroben, die sich überall an und in unserem Körper befinden. 90 % der Zellen an uns sind nicht wirklich wir selbst, sondern Kleinstlebewesen, die einen eigenen Mikrokosmos von Trillionen von Bakterien bilden. Lebt man eng zusammen, stimmen sich die jeweiligen Mikrobenwelten aufeinander ab. Oft bedeutet das eine positive Bereicherung, das Immunsystem wird gestärkt. Aber nicht nur Krankheitsanfälligkeit und Gesundheit, sondern auch Verhalten und Psyche werden durch das Biom mitbestimmt, sowie die Fähigkeit, gewisse Nahrung zu verdauen, und die körperliche Fitness. Die enge Verbundenheit von Kuksi und mir geht über ein bloßes Gefühl der Gemeinsamkeit weit hinaus.

Kuksi und ich halten unsere Schlafplätze im weiten Umkreis von Fäkalien sauber. In den vielen Jahren unserer gemeinsamen Touren wurde diese Regel nie gebrochen. Interessant dabei: Wenn ich für diesen Zweck den Zeltplatz verlasse, schließt sich mir Kuksi zunächst an, bevor er weiß, um was es geht. Wenn er es bemerkt, begibt er sich sofort wieder zum Zelt zurück. Er versteht die Umstände und bewahrt in gewisser Weise meine Intimsphäre.

Sowohl in den Karpaten als auch in den Alpen treffen wir immer wieder auf Hunde, die sich uns für einen oder mehrere Tage anschließen. In Rumänien sind es Streunertiere, die an den Wanderrouten und auf Parkplätzen warten. In den Alpen handelt es sich um Hunde, die zu einem Bauernhof gehören, aber ihre Freiheit nutzen. Kuksi hat bisher noch nie einen solchen Hund vertrieben, auch nicht, wenn wir alle drei zusammen aßen. Selbst die Nächte verbringen diese Hunde zuweilen mit uns, Kuksi und ich in unserem Zelt, der jeweilige Hund davor, um uns am nächsten Tag weiter zu begleiten, sogar bis auf die Gipfel hoher Berge. Zweifellos wissen diese Hunde ganz genau, wo sie sich bewegen, und könnten jederzeit wieder nach Hause finden.

Kuksi und ich haben ein bevorzugtes Wandergebiet, das wir mindestens 30 Mal pro Jahr besuchen. Das ist sozusagen unser Revier. Kuksi hat diese ganze Gegend in seinem Gehirn abgespeichert und findet von jedem Ort direkt zu unserem Basislager. Ich habe das getestet und ihn an verschiedenen Stellen gebeten mich zurückzubringen. Zweifellos arbeitet Kuksi mit mentalen Karten und einer räumlichen Vorstellung, die beeindruckend ist.

Wenn wir zu einer Stelle kommen, die ein senkrechtes Wandstück enthält und daher für Kuksi schwierig zu bewältigen ist, und ich von meiner Warte aus erkennen kann, welcher Weg für ihn leichter wäre, kann ich ihm das durch Handzeichen mitteilen. Er schaut nicht nur in die Richtung, in die ich zeige, sondern er folgt auch dem von mir angedeuteten Weg. Kommen wir Monate später an derselben Stelle vorbei, erinnert er sich sofort an die einfachste Variante, wie diese Schwierigkeit zu umgehen ist.

Aber Kuksi kann auch mir Zeichen geben. Einmal kletterten wir über einen sehr schmalen und steilen Waldgrat, der einen Bergrücken mit dem anderen verbindet. Wenn wir gemeinsam unterwegs sind, gehen einmal er und einmal ich voraus. Diesmal lief er etwa 20 Meter vor mir und kam plötzlich zurück. Er stellte sich quer vor mich hin und schaute mich dabei so charakteristisch an, wie er es immer tut, wenn er umdrehen will. Ich verstand nicht, warum er umkehren wollte. »Bist Du schon müde?«, fragte ich ihn, konnte mir das aber nicht vorstellen. Also stieg ich über ihn hinweg und ging weiter. Keine 20 Meter später endete der Grat abrupt in einer 5 Meter hohen Felsstufe, auch links und rechts zogen die Felsen so steil hinab, dass man nicht weiterkonnte. Tatsächlich mussten wir umdrehen und genau an der Stelle, an der Kuksi mich aufgehalten hatte, einige Meter hinunter queren und so die Steilstufe umgehen.

Wenn wir schließlich nach langer Tour zu unserem Auto zurückkehren, weigert sich mein Freund oft ins Auto zu steigen. So gerne er mitfährt, wenn es in die Berge geht, so sehr will er die Wildnis nicht mehr verlassen. Diese Weigerungen können ziemlich dramatisch sein. Nicht, dass er mich anknurren würde, nein. Aber er setzt sich 20 Meter weit weg und rührt sich überhaupt nicht mehr, so oft ich ihn auch auffordere zu kommen. Meistens warte ich mit ihm und versuche ihm zu erklären, dass wir leider zurück müssen. Ab und zu lässt er sich erweichen und steigt von selbst ins Auto ein. Doch manchmal muss ich ihn tragen. Dann leistet er passiven Widerstand und wird ganz schlaff. Ein berührender Protest einer Hundeseele, die die Freiheit in der Wildnis für keinen Tag missen will.

Kuksi in der Stadt

100 Tage im Jahr in der Wildnis bedeuten 265 Tage im Jahr in der Stadt. Und dort verschieben sich alle Verhältnisse. Kuksi wird plötzlich in jeder Hinsicht von mir abhängig. Das beginnt schon mit der Nahrung, die für ihn selbstständig in der Stadt nur in beschränktem Maß zu finden ist. Zwar gibt es von Autos überfahrene Tiere oder Reste nächtlicher Besuche von Betrunkenen beim Würstelstand, doch hier muss ich aufpassen, dass er nichts zu sich nimmt, das ihm schaden könnte. Viele Hunde sind an verschlucktem Plastik gestorben und manche unserer Mitmenschen legen vorsätzlich Gift aus, um Haustiere zu töten. Trotzdem möchte ich ihm möglichst viel Autonomie lassen, er soll essen

können, was zwar schwer verdaulich ist, ihn aber nicht umbringt. Ich bin diesbezüglich viel mehr auf der Hut als draußen in der Natur.

In der Stadt meldet sich Kuksi auch, wenn er defäkieren oder urinieren muss, er kann das nicht mehr alleine erledigen, wir müssen ja vor die Türe gehen. In einer Hundeschule wurde sogar gelehrt, dem Hund den Befehl »Mach schnell!« beizubringen, um auf der Stelle zu koten. Damit verschwindet das letzte bisschen Würde des Stadthundes.

Spaziergänge in der Stadt sind möglich, aber im Gegensatz zum Besuch in der Wildnis zeitlich stark beschränkt und wesentlich weniger interessant für Kuksi. Abgesehen davon herrscht überall Leinenpflicht, die im Gegensatz zur Wildnis auch ab und zu kontrolliert wird. An der Leine aber fühlt sich Kuksi ganz anders. So geschehen mit einem Kollegen von mir im Büro. Die beiden waren öfters pro Woche miteinander auf der Straße unterwegs. Nach vielen Monaten sprachen wir einmal über Kuksis Verhalten und der Kollege meinte, das größte Problem sei, dass Kuksi alle anderen Hunde anfalle. Ich war total perplex. Seit vielen Jahren bin ich mit ihm unterwegs, immer ohne Leine, und noch nie hat Kuksi einen ernsthaften Streit mit einem anderen Hund ausgetragen. Des Rätsels Lösung: der Mann ging mit Kuksi stets an der Leine. Und da verhält er sich komplett anders. Wenn er nicht zu den anderen Hunden hinkann, bellt er, ebenso die anderen Hunde, und schon entsteht der Eindruck, die Leine würde ein Massaker verhindern.

Wie sich ein braver Hund in der Zivilisation zu verhalten hat, wurde mir beim Besuch am Klopeinersee in Kärnten bewusst. Am Strand liegt alle paar Meter eine Menschengruppe mit Sonnenschirm und Badetuch. Mitten drin Kuksi und ich. Er springt auf und schießt verspielt zwischen die Menschen los. »Komm zurück!«, ruf ich ihn, »bitte setz Dich her!« Er duckt sich auf die Vorderpfoten nieder, das Hinterteil in der Höhe, weil er spielen will, und schaut verschmitzt, bringt mir ein Stocki. »Nein, das geht jetzt nicht«, sag ich. Er bellt voll Übermut. »Bitte sei ruhig«, ruf ich. Er springt ins Wasser. »Nein, nein«, sag ich, »komm bitte raus, Hunde dürfen da nicht hinein.«

Zwei Sonnenschirme weiter liegt ein Golden Retriever schon seit Stunden auf der Seite. »So ein braver Hund«, sagt die Frau daneben und lächelt stolz. Ein braver Hund in der Zivilisation ist offenbar ein komatöser Hund. Ich fürchte, bei solchen Menschenansammlungen gilt das auch für Kinder.

Ist es nicht normal und gesund, wenn ein Hund viel Energie hat? Zeigt es nicht Lebensfreude, wenn er spielen will? Wie muss er sich fühlen, wenn ich ihn dauernd ermahne, bis er sich Koma-ähnlich verhält?

In der Natur würde er mit mir jetzt herum hüpfen, würde im Zickzack über die Wiese schießen, würde durch den See schwimmen. Eine ketzerische Frage geht mir durch den Kopf: was, wenn ich meinen Hund jetzt einfach gewähren lasse? Wenn ich ihn tun lasse, was er will, ohne einzugreifen? Ich kann garantieren, dass er keinem Menschen etwas antäte. Vielleicht würde er zum nächsten Hund laufen und ihn schnuppernd begrüßen und ihn zum Spielen auffordern. Vielleicht würde er ein paar Sonnenschirme weiter den Mann bitten, ihm auch etwas von dessen Keksen zu geben. Vielleicht würde er dem Kind da drüben ein Stocki vor die Füße legen und es mit seinem unnachahmlichen Spielgesicht zum Wurf auffordern. Und warum, um alles in der Welt, soll mein Hund unter all diesen Menschen mit Sonnencreme auf der Haut, die sich Öllackenartig auf dem See spiegelt, nicht auch ins Wasser gehen?

Oft denke ich mir, eine Welt, in der Hunde – gut sozialisierte Hunde – herumlaufen können und sich in Eigenregie mit den Menschen und anderen Hunden arrangieren, wäre viel farbiger, viel schöner. Kann man sich unter solche Menschentrauben begeben und erwarten, dass man nicht durch andere gestört wird, und seien es Hunde? Wer die Einsamkeit und Stille sucht, ist am Badestrand an der falschen Adresse.

In Linz ging ich mit Kuksi ohne Leine durch die Fußgängerzone. Wir kamen an einem Museum vorbei, die Eingangstür war offen. Kuksi marschierte, warum auch immer, einfach an der Kassa vorbei in den Ausstellungsraum hinein. Ich konnte gerade noch sehen, wie er dort zwischen den BesucherInnen herumlief, dann wandte ich mich ab. Kuksi ist erwachsen, die Suppe, die er sich da eingebrockt hat, soll er selbst wieder auslöffeln. Ich kenne diesen Hund nicht. Doch nichts geschah. Nach wenigen Minuten kam Kuksi unbehelligt wieder heraus und wir gingen weiter.

Das Hauptproblem in der Stadt für Hunde, so möchte man meinen, ist der Autoverkehr. Kuksi und ich haben uns in seiner Jugend viel mit einem sicheren Verhalten auf der Straße beschäftigt. Zum ersten Mal ließ ich ihn in einem Park in Graz unkontrolliert zwischen Autostraßen von der Leine. Zwar hatte ich Angst um ihn, aber gleichzeitig bereits ein großes Vertrauen. Kaum war er frei, schoss er davon und lief im vollen Galopp einen großen Bogen. Ich sagte kein Wort. Überall am Rande der Wiese fuhren Autos in flottem Tempo vorbei. Kuksi begrüßte einige Hunde, spielte mit ihnen, respektierte aber den Straßenrand völlig. Ich hatte mir umsonst Sorgen gemacht. Von da an ließ ich auch im Stadtverkehr die Leine zunehmend weg. Heute kann ich mit ihm durch den dichtesten Verkehr gehen, sogar erst über die eine Fahrbahn, die Autos der anderen Straßenseite abwarten, und die andere Fahrbahn kreuzen. Alles ohne Leine. Er hat die Straße wirklich im Griff.

Vor einigen Jahren musste ich mich am Knie operieren lassen. Für mehrere Monate war es mir nicht möglich, zu gehen. Kuksi und ich verbrachten diese Zeit in einem kleinen Häuschen am Stadtrand von Wien mit einem relativ großen Garten. Dort konnte er ins Grüne und ich hoffte, dass das sein Bedürfnis nach Natur und Gassigehen halbwegs befriedigen würde. Nachdem ich ihn aber das erste Mal in den Garten gelassen hatte, kam er auf mein Rufen nicht mehr zurück. Als ich unter großer Mühe nachsah, war er nirgends zu finden. Er hatte den Garten durch ein Loch im Zaun verlassen.

Bevor ich mir noch groß Sorgen machen konnte, bellte es an der Haustüre. Kuksi stand davor und huschte wie selbstverständlich an mir vorbei, als ich die Tür öffnete, um zu seiner Trinkschüssel zu gelangen. Von da an ging Kuksi jeden Abend alleine auf Wanderschaft. Dabei ist dieses Haus von Straßen umgeben, keine zwei Gassen weiter gibt es sogar eine Hauptstraße. Doch Kuksi ließ sich dadurch nicht irritieren. Einmal schaute ich aus dem Fenster und sah ihn einige Gassen weiter aus einer Nebenstraße kommen, brav am Gehsteig. Er trabte einfach entlang, überquerte einmal die Fahrbahn und blieb schließlich vor unserer Haustüre stehen. Um sich bemerkbar zu machen, bellte er dabei ganz charakteristisch kurz und wartete, hineingelassen zu werden. Bis zu 4 Stunden am Stück war er in dieser Zeit alleine unterwegs und nie gab es einen Zwischenfall.

Später, als ich mit ihm in derselben Gegend spazieren gehen konnte, erkannte ich, wie gut er sich dort zurecht fand. Er huschte in die Gärten, sprang auf den Mistkübel und über den Zaun in den nächsten, und konnte mich, der ich am Gehsteig ging, praktisch durch die Gärten hindurch begleiten. Auf der gesamten Runde bekam ich ihn nur ab und zu zu Gesicht.

Noch etwas später konnte ich wieder Rad fahren. Er war bereits so vertrauenserweckend sicher im Umgang mit der Straße, dass ich ihn gewähren ließ und einfach auf dem Radweg losfuhr. Tatsächlich lief er neben mir auf dem Gehsteig her, mit den parkenden Autos zwischen uns. Am Straßenübergang wartete er, bis ich hinüberfuhr oder die Menschen losgingen, an die er sich anschloss. Wechselte mein Radweg die Straßenseite, querte er auf den gegenüberliegenden Gehsteig. Manchmal waren sogar fahrende Autos zwischen uns, während wir auf diese Weise gemeinsam durch die Stadt zogen. Ich war fasziniert. Ohne ihn auch nur ein bisschen zu trainieren, hatte er mit seinem Verständnis des Straßenverkehrs die Fähigkeit erworben, mich neben meinem Fahrrad zu begleiten. Bisher ist es dabei noch nie zu einer gefährlichen Situation gekommen.

Wie weitgehend er mit Straßen zurechtkommt, ist an seiner variablen Vorgehensweise zu erkennen. Er bleibt nicht immer grundsätzlich an jedem Gehsteigrand stehen. Nein, ist eine Straße leer und verlassen, läuft er über die Fahrbahn hin und her, als wären wir im Grünen. Im dichten Stadtverkehr dagegen bleibt er von selbst stehen und wartet, bis ich aufgeschlossen habe, bevor er direkt neben mir die Straße überquert. Dabei rufe ich ihn eigentlich nie, wenn wir zusammen auf der Straße unterwegs sind. Er macht alles von selbst.

Wenn wir von den Bergen auf eine Bundesstraße stoßen, wird deutlich, wie ernst er diese Sache nimmt. Solche Straßen ohne Gehsteig, auf denen die Autos mit 110 km/h daher schießen, überquert er prinzipiell nur im Galopp. Und müssen wir sie eine Strecke entlang verfolgen, bleibt er so eng an mir dran, als hätte ich ihm befohlen, bei Fuß zu gehen. Auf der Straße ist das beste Verhalten nicht per blindem Versuch und Irrtum zu lernen. Der Hund hat nur eine Chance, nur ein Leben. Umso bemerkenswerter, dass Kuksi offenbar durch Imitation von mir und eigene gedankliche Schlüsse die Sache in den Griff bekommen hat. Ich denke, Kuksi hat die Gefahr, die von der Straße ausgeht, verstanden und verhält sich dementsprechend.

Als ich auf einem Filmfestival in Berlin war, ließ ich Kuksi bei einer Freundin in Wien zurück. Sie ging mit ihm am Vormittag in einem Wohngebiet ohne Leine spazieren. Wie es so seine Art ist, lief er offenbar durch ein Loch im Zaun in einen Garten der Wohnhausanlage hinein – und an anderer Stelle wieder heraus. Seine Begleiterin begann ihn zu suchen und den Garten bzw. die gesamte Wohnhausanlage zu umrunden. Und wie ich Kuksi kenne, kam er irgendwo aus dem Garten heraus und suchte seinerseits diese Frau, womöglich an einer Stelle, an der er vorausberechnet hatte, dass sie dort sein müsste. Aber dort war die Freundin nicht oder nicht mehr. Und so ging er offenbar nach Hause. Allerdings, und das ist auch sehr bemerkenswert, nicht in irgendeinem Sinne zu mir, sondern dorthin, wo er die letzten Tage verbracht hatte.

Er hat allem Anschein nach dieses Haus tatsächlich gefunden und einfach vor der Haustüre laut zu bellen begonnen. Auch das halte ich für eine beeindruckend intelligente Idee. Die Wohnungsnachbarin öffnete daraufhin die Tür und Kuksi lief nach ihren Angaben anstandslos in die fremde Wohnung hinein und legte sich in die Küche. Dann rief diese Frau meine Freundin an, um ihr von dem Vorfall zu erzählen. Diese war zum Zeitpunkt des Anrufs noch dabei, Kuksi zu suchen. Man kann sich ihre Erleichterung vorstellen!

Im Winter

Der Winter ist für mich die schönste Zeit im Gebirge. In dieser Jahreszeit sind selbst ansonsten immer wieder von Wanderern frequentierte Bergregionen menschenleer und der Schnee deckt als gnädiger Schleier alle Narben menschlicher, vor allem forst- und jagdwirtschaftlicher Tätigkeit zu. Im winterlichen Wald wirken selbst die hässlichen, 6 Meter breiten und mit Schotter unterlegten Forststraßen, als würden sie zur Natur dazugehören. Und die Berge erscheinen doppelt so hoch.

Im Winter lebe ich auf. Schnee ist so unheimlich schön, in all seinen Facetten. Er kann leicht und pulvrig sein, sodass man tief darin versinkt und ihn dabei gar nicht spürt. Oder er ist bretthart mit einer Harschschneedecke überzogen. Oder er ist nass und zäh, sodass jede Bewegung darin wie mit Bleigewichten erschwert ist. Ich vermute meine Faszination mit den winterlichen Bergen hängt mit ihrer Einsamkeit zusammen. In den Schigebieten und Wintersportregionen herrscht gerade in dieser Jahreszeit der große Trubel, aber wie einsam sind die Berge abseits dieser Zentren, insbesondere in Ostösterreich! Die Hütten haben geschlossen, nur noch die Winterräume sind zugänglich. Der Winter in den Bergen, insbesondere die langen Nächte, ist die Zeit der Stille.

Und so gehe ich natürlich gerne mit Kuksi im Winter in die Berge. Ich habe dabei warme Kleidung an und Schi an den Füssen, damit ich über den Schnee gleite. Kuksi muss ohne künstliche Hilfe auskommen. Um nicht zu versinken, spreizt er seine Zehen. Als ich einmal einer Hundetrainerin von meinen vieltägigen Winterschitouren mit meinem Hund erzählte, meinte sie spontan, das sei Tierquälerei. Der Hund würde durch den Tiefschnee sehr gestresst, weil er sich so anstrengen müsse. Ich würde daneben mit meinen Schi gut zurechtkommen und egoistisch nur auf mich selbst schauen.

Ich bin immer wieder verblüfft, was gutmeinende Menschen alles für Tierquälerei halten! Ich denke, wir, die wir für ein anderes Wesen Verantwortung tragen, müssen sehr darauf achten, nicht zu viel von uns und unseren Wünschen und Ängsten in unsere Hunde hinein zu interpretieren. Viel besser ist es, auf unsere Hunde zu hören und darauf zu schauen, wie sie reagieren, was sie uns sagen, was für Bedürfnisse und Wünsche sie artikulieren.

Diese Hundetrainerin geht nie in die Berge, im Sommer nicht und im Winter schon gar nicht. Für sie ist die Vorstellung allein schon ein Horror. Die Mühsal im tiefen Schnee zu stapfen, und auch noch kalte Nächte im Zelt! Wie leicht fällt es da, dem Hund so etwas nicht zumuten zu wollen. Natürlich betrifft mich das umgekehrt genauso: nur weil ich die winterlichen Berge liebe, muss mein Hund das noch lange nicht. Doch im Gegensatz zur Hundetrainerin habe ich ihn gefragt.

Ich denke an unsere drei Tage mit Zelt und Schi in der Schneewüste des Toten Gebirges zurück. Die Nächte natürlich eiskalt, überall viele Meter Tiefschnee, dazu fast zwei Tage lang ein permanenter Schneesturm, white out, wenn der dichte Nebel mit dem strukturlosen Schnee verschmilzt und man nicht mehr weiß, wo oben und unten ist. Gefällt Kuksi so etwas? Ja, eindeutig Ja! Wer ihn da draußen in der Wildnis erlebt hat, wird mir zustimmen müssen. Ich gehe sogar so weit zu behaupten, nichts freut ihn mehr. Im Gegensatz zu uns Menschen sind Hunde über Jahrmillionen der Evolution an Winter angepasst. Sie stehen mit ihren bloßen Füssen im Schnee und frieren nicht, weil sie die Körpertemperatur in ihren Beinen absenken können. Das Schneestapfen kann zwar auch für sie mühsam werden, aber sie sind viel leichter und gehen auf allen Vieren. Ohne Schi bewege ich mich im grundlosen Tiefschnee auch auf allen Vieren, das habe ich mir abgeschaut. Kuksi ist ein Kurzhaarhund und trotzdem ist er begeistert bei jedem Wetter mit mir unterwegs, ohne die geringsten Probleme. Und er ist der dritte Hund, mit dem ich ein Hundeleben lang solche ausgedehnten Wintertouren unternehme und alle haben sie mit gleicher Begeisterung aufgenommen.

Wir sind wir wieder im tiefen Schnee unterwegs. Anfänglich hält der Harschdeckel noch, doch Kuksi beginnt einzubrechen. Sofort schaut er zu mir her. Als ich das merke, wird mir so richtig bewusst, wie sehr er sich an mir orientiert. Er kennt mich als erfahrenes Wildtier und möchte daher wissen, was er tun soll, wenn er ein Problem hat, etwa, wenn er in den Schnee einbricht. So kommt er zu mir herüber und geht in meiner Spur, die ich mit meinen Schi ziehe. Jetzt bricht er nicht mehr ein und das Gehen ist für ihn viel weniger anstrengend.

Im dichten Wald ist der Schnee weicher und nicht überfroren, jetzt läuft Kuksi wieder voraus. Auf unserer Spur ist ein Baum unter der Schneelast umgefallen. Für Kuksi kein Problem, er kriecht einfach unten durch. Als ich den Baum erreiche, bleibt mir auch nichts anderes übrig. Ich entledige mich der Schi und robbe am Bauch durch den Tiefschnee. Als ich auf der anderen Seite des Baums hervorkomme, sehe ich Kuksis entsetztes Gesicht. Wie ein Wilder rast er auf mich zu, packt mich mit den Zähnen am Kragen und zerrt mich mit all seiner Kraft unter dem Baum hervor. Zunächst bin ich verdutzt, doch als ich heraußen ankomme und Kuksi sich langsam beruhigt, wird mir klar, was hier passiert ist. Kuksi hatte offensichtlich den Eindruck, der Baum sei auf mich gestürzt und hätte mich unter sich begraben! Er wähnte mich in Gefahr und kam mir sofort zu Hilfe. Er zog mich unter dem Baum hervor, um mich zu retten. Ich bin tief gerührt.

Später ziehen wir unsere weite Spur über der Baumgrenze in einem felsigen Südkar. Die Sonne brennt auf uns nieder und der Schnee wird weich und feucht. Bei der Abfahrt läuft Kuksi voraus. Mein Gewicht löst aber plötzlich einen Schneerutsch aus, der sich langsam zur Lawine entwickelt. Und sie rauscht direkt auf Kuksi zu! Er hat keine Chance, auszuweichen, und wird unmittelbar von ihr erfasst. Sofort fahre ich so rasch es geht hinter ihm her. Ich sehe seinen jetzt so zerbrechlich wirkenden Leib wieder aus der Lawine auftauchen und erneut in den Schneemassen verschwinden. Mir bleibt das Herz vor Entsetzen stehen. Ich muss mir unbedingt merken, wo er zuletzt zu sehen war, um ihn zu suchen und, wenn nötig, auszugraben. Da kommt er noch einmal an die Schneeoberfläche. Im Gegensatz zu trockenen Pulverschneelawinen ist die Nassschneevariation viel langsamer, fast gemächlich, aber deshalb nicht weniger gefährlich. Kuksi wird jetzt auf einen Felsen zugetrieben und klammert sich daran fest. »Halt Dich an!«, schrei ich in Verzweiflung, dicht hinter der Lawine. Kuksi droht noch für einen Moment fortgerissen zu werden, kann sich aber auf den Felsen ziehen und ist gerettet! Ich bleibe neben ihm stehen und schließe ihn in meine Arme. Das war knapp. Nicht auszudenken, wenn ihm etwas passiert wäre!

Ich habe immer wieder Firmen angeschrieben, die Lawinensuchgeräte für Menschen produzieren, ob es auch so etwas für Hunde geben könnte. Im Jahr 2012 produzierte die Firma Pieps tatsächlich ein Hundelawinensuchgerät. Es kann nur senden und hat keine Suchfunktion, und funktioniert auf einer anderen Frequenz als die menschlichen Versionen. Das deswegen, so steht im dazugehörigen Handbuch, damit die Bergrettung im Notfall nicht aus Versehen einen Hund statt einem Menschen ausgräbt. Wie dem auch sei, ab jetzt ist Kuksi immer mit einem eigenen Lawinensuchgerät ausgestattet in den winterlichen Bergen unterwegs.

Im Spätherbst waren wir wieder in unserem Revier. Auf einem Sattel in 1550 Meter Seehöhe befindet sich eine Felsnase, die weit in ein Kar hinausreicht. Das ist unser Ziel für heute. Kuksi ist begeistert weit vorne unterwegs, ich stapfe im tiefen Schnee hinterher. Diesmal ist der Winter schon Ende November gekommen. Langsam wird es düster, große Flocken fallen dicht vom Himmel. Da vorne, im fahlen Licht, die Felsnase. Als ich hinkomme, sitzt Kuksi schon oben und schaut in die Landschaft.

Da wird mir ganz warm ums Herz. Es ist so wunderschön, dieses Wesen zum Freund zu haben. Und was wir zwei alles schon durchgemacht haben! Vier Jahre war Kuksi alt, als ich einen Knoten in seinem Nacken entdeckte. Die Tierärztin nahm eine Gewebeprobe und bald bekamen wir Gewissheit: Kuksi hatte Lymphknotenkrebs! Ohne Behandlung, so die Statistik, blieben ihm 3 Monate Lebenszeit, mit einer Chemotherapie sterben die betroffenen Hunde aber im Mittel auch nach 11 Monaten.

Ohne zu zögern, entschieden wir uns für die chemische Behandlung. Monatelang musste sich Kuksi giftige Chemikalien in die Blutbahn tropfen lassen, doch er ertrug alles tapfer und in stoischer Ruhe. Spürte er, dass wir ihm helfen wollten? Die Tierärztin war äußerst bemüht und liebevoll, ihre Praxis kam uns finanziell entgegen. Die Behandlungskosten beliefen sich auf 8000 Euro. In den insgesamt 12 Monaten Chemotherapie zeigte Kuksi lediglich dreimal kurz Nebenwirkungen der Chemikalien. Die Behandlung verlief erfolgreich, 3 Jahre später ist er noch immer krebsfrei.

Nach seiner Heilung ging ich mit Kuksi und einem Bergbauern, der seine Tiere wesentlich besser als konventionell hält, eine Schitour. Als er von den Behandlungskosten erfuhr, war er perplex. Wie kann man 8000 Euro für einen Hund ausgeben? Wäre es da nicht besser, das Tier einzuschläfern und zehn andere um dieses Geld aus den Tierheimen zu retten?

Wäre es nicht besser, das eigene Kind zu töten, statt es im Krankheitsfall teuer zu behandeln, und das Geld lieber zur Rettung hungernder Kinder in Afrika einzusetzen? Was für eine absurde Frage. Bei meinen Kindern und meinen besten Freunden schaue ich nicht auf den Preis, ich rette sie mit allen Mitteln, die mir zur Verfügung stehen. Kuksi ist für mich unendlich viel wert und mit Geld nicht aufzuwiegen. Es erstaunt mich sehr, dass man das anders sehen könnte.

Mittlerweile bin ich bei Kuksi auf der Felsnase angekommen. Wie schön, dass es ihn gibt. Sein Fell ist von Schneeflocken übersät. Er sitzt ganz ruhig und schaut in den weiten Bogen des Kars hinaus, in die Wälder da unten und die schroffen Felshänge. In dem Dämmerlicht mit den dicken Schneeflocken ist diese Winterlandschaft für mich ein Anblick, der mein Herz berührt. Kuksi scheint es nicht anders zu gehen. Wie unendlich schön, dieses Wunder gemeinsam zu erleben.

KAPITEL 2:
Kuksi, wissenschaftlich gesehen

Für den im 17. Jahrhundert wirkenden französischen Philosophen und Mathematiker René Descartes galten Tiere lediglich als Biomaschinen. Sein zentrales Argument ist, dass sie nicht sprechen und deshalb nicht denken können. Selbst heute findet man dieselben Vorbehalte in der wissenschaftlichen Literatur. Um intentional zu handeln, braucht man einen Wunsch und eine Überzeugung über die Umwelt, wie dieser Wunsch erfüllt werden könnte. Eine Überzeugung sei aber im Wesentlichen ein Satz: etwas ist auf eine Weise. Wer keine Sprache habe, der sei auch zu keinen Überzeugungen und daher zu keinem intentionalen Handeln fähig. Als Handlungsantriebe bleiben nur noch Affekte, die sich aus der jeweiligen genetischen Disposition oder als Reiz-Reaktion ergeben. Descartes ging davon aus, dass Tiere nur durch Instinkte und Reflexe angetrieben werden. Dafür braucht es keine bewusst erlebten Gefühle und keinen Verstand. Tiere wurden zu gefühllosen Automaten degradiert.

Kuksis Intentionen

Kuksi liegt auf der Wiese, plötzlich kommt die Sonne hervor und Kuksi wird heiß. In ihm entsteht der Wunsch, sich abzukühlen. Er schaut auf und sieht einen großen Felsblock. Er hat die Überzeugung, dass dieser Felsblock einen Schatten wirft und dass der Schatten kühler wäre, als direkt in der Sonne zu liegen. Deswegen steht er auf und geht in den Schatten. Kuksi hatte einen Wunsch, Kuksi hatte eine Überzeugung, wie dieser Wunsch erfüllt werden könnte, und Kuksi handelte mit der Intention, seinen Wunsch auf Basis dieser Überzeugungen zu befriedigen.

Am Anfang des ersten Kapitels habe ich diese Situation beschrieben. Da ich zur gleichen Zeit dasselbe gefühlt und aller Wahrscheinlichkeit nach Gleiches gedacht habe, kann ich aus meiner eigenen Introspektion bestätigen, dass das die beste Erklärung für das gezeigte Verhalten war. Ich dachte auch nicht in einem Satz: »Dort ist ein Stein, da gibt es einen Schatten, da will ich hingehen«. Die Gedanken waren nichtsprachlich. Und wenn zwei so nahe verwandte Wesen wie Kuksi und ich in derselben Situation auf dieselbe Weise reagieren, ist der naheliegendste Schluss, dass unsere mentalen Vorgänge, die unseren Handlungen zugrunde lagen, ebenfalls gleich waren. Man nennt das eine psychologische Interpretation des Verhaltens, die Unterstellung mentaler Zustände. Ich denke, es wäre unmöglich, mit Kuksi eine so enge Beziehung einzugehen, wie ich das tue, ohne ihn psychologisch zu interpretieren und ihm mentale Zustände zu unterstellen. Erstaunlich ist vielmehr, dass es immer noch PhilosophInnen gibt, die die Richtigkeit dieses Zugangs bestreiten.

Umgekehrt behandelt Kuksi auch mich als intentional handelndes Wesen. Eine soziale Gemeinschaft kann gar nicht auf eine andere Weise entstehen. In Kapitel 1 habe ich geschildert, wie wir manchmal streiten, dann eine zeitlang aufeinander nicht gut zu sprechen sind und uns ignorieren, uns aber zuletzt wieder versöhnen. Dieses Verhalten hätte keinen Sinn, wenn nicht die gegenseitige Annahme jeweils psychologischer Zustände im anderen bestünde. Für Kuksi sind meine Emotionen und Intentionen so wichtig wie seine für mich. Er hat eine hohe soziale Intelligenz und kann aus den feinsten Nuancen meiner Körpersprache mehr über mich herauslesen, als mir oft selbst bewusst ist.

Der US-amerikanische Moralphilosoph David DeGrazia (2009) teilt Selbstbewusstsein in ein körperliches, ein soziales und ein introspektives ein. Körperlich ist der Umstand, dass dem betreffenden Wesen bewusst ist, dass es selbst Hunger oder Angst hat, und dass dieser oder jener Teil seines Körpers zu ihm selbst gehört. Dabei geht es um die Trennung zwischen der eigenen Existenz und dem Rest der Welt. Ich habe schon früher (Balluch 2005) dafür argumentiert, dass jedes Bewusstsein im Kern dieses Selbstbewusstsein umfasst. Bewusstsein ist dabei die Fähigkeit, subjektiv etwas zu empfinden, in der einfachsten Form: Hunger oder Zahnschmerzen zu haben. Bewusstsein ist der Umstand, dass es sich irgendwie anfühlt, man selbst zu sein.

Natürlich ist Kuksi bewusst, dass er es selbst ist, den Hunger plagt. Er isst ja danach auch selbst. Und er kann zwischen seinem Körper und dem anderer unterscheiden. Kuksi erkennt zweifellos seinen Geruch als seinen eigenen wieder. Kuksi hat definitiv ein körperliches Selbstbewusstsein. DeGrazia würde das auch so sehen.

Das soziale Selbstbewusstsein umfasst die Fähigkeit, seine eigene Rolle in der Gemeinschaft zu verstehen. Kuksi schützt und tröstet mich, hilft mir, wenn er der Meinung ist, ich bin in Not, und freut sich, wenn ich fröhlich bin. Er ist ein durch und durch soziales Wesen, das sich ganz wesentlich als Teil einer Gemeinschaft begreift. Darüber hinaus kann Kuksi imitieren, was ein Verständnis von sich selbst als handelndem Subjekt voraussetzt. Kuksi hat definitiv ein soziales Selbstbewusstsein. Ich vermute, DeGrazia würde auch an diesem Punkt zustimmen.

Bleibt noch das Selbstbewusstsein im introspektiven Sinn, ich bezeichne es als erweitertes Selbstbewusstsein (Balluch 2005). Dafür muss das Lebewesen in der Lage sein, über seine eigenen mentalen Zustände zu reflektieren, auch Metakognition genannt. DeGrazia sieht diese Bedingung erfüllt, wenn einem Wesen bewusst ist, was es weiß und was nicht. Bei Verhaltensexperimenten wurde Ratten (Foote und Crystal 2007) eine große Belohnung gegeben, wenn sie bei einem kurzen Ton einen gewissen Hebel und bei einem langen einen anderen drücken. Betätigten sie aber den falschen, geschah gar nichts. Sie hatten aber noch die dritte Option: einen Hebel zu drücken, wenn sie sich nicht sicher waren. Dann erhielten sie in jedem Fall eine geringe Belohnung. Je nach der persönlichen Einschätzung ihres eigenen Wissens konnten sie eine große Belohnung einheimsen oder riskieren leer auszugehen, oder auf Nummer sicher gehen und »keine Ahnung« drücken. Bei den Versuchen stellte sich heraus, dass die Ratten bei Tönen, die schwierig einzuschätzen waren, ihre Unwissenheit erkannten und entsprechend reagierten. Die Autoren schlossen, Ratten würden über Metakognition verfügen, nach DeGrazia ein introspektives Bewusstsein haben. Wenn Ratten das können, dann Kuksi vermutlich ebenfalls. Allerdings habe ich ihn auf eine derartige Selbsteinschätzung nie getestet.

Im täglichen Zusammenleben könnten aber eine Entschuldigung und das Gefühl, etwas falsch gemacht zu haben, ein Hinweis auf diese Art von Selbstbewusstsein sein. Wenn Kuksi mich versehentlich oder aufgrund großer Schmerzen, die er gerade erlebt, beißt, tut ihm das nachher leid. Aus Angst vor mir wird er jedenfalls nicht entschuldigend reagieren, weil ich ihn grundsätzlich nie strafe. Die Entschuldigung und die Versöhnungsgeste sind deutlich zu sehen. Nachdem er mich versehentlich gebissen hat, wie in Kapitel 1 beschrieben, ziehe ich mich zurück und schmolle. Zuerst beruhigt er sich und einige Zeit später kommt er in einem ganz charakteristischen, zögerlichen Gang zu mir. Dann stupst er mich mit der Nase an und leckt meine Hand.

Ähnlich verhält er sich, wenn er eine unserer Regeln gebrochen hat, etwa beim Spiel zu wild geworden ist. Dann schaut er schuldbewusst und entschuldigt sich später auch. Zwar wird in der Literatur immer wieder bezweifelt, dass Hunde zu einem Schuldgefühl in der Lage seien (Lorenz 1998), aber dieser Zweifel wird damit begründet, dass sie sich vor Strafe fürchten würden. Wie gesagt, in unserem Fall kann das nicht zutreffen, weil sich Kuksi weder vor mir fürchtet, noch je bestraft worden ist. Er hat die Regeln unseres sozialen Zusammenlebens verstanden und fühlt sich unwohl, wenn er sie bricht, aber nicht aus Angst, sondern weil er ungern sozialen Unfrieden schafft, wie die meisten sozialen Wesen. In jedem Fall bedeutet das aber, dass Kuksi sich bewusst ist, eine Regel gebrochen zu haben. Und damit könnte man auch bei ihm von introspektivem Bewusstsein sprechen. DeGrazia würde vermutlich nicht zustimmen, er sieht diese Fähigkeit am ehesten bei Primaten erfüllt. Ob er die Rattenversuche kannte?

Einen anderen Hinweis auf Selbstbewusstsein bei Kuksi entnehme ich seinem Humor, der als reflexives Gefühl gilt, das auf Bewusstseinszustände rekurriert. Beim Autofahren steckt Kuksi am liebsten seine Schnauze aus dem Fenster. Insbesondere im Stadtverkehr macht er sich einen offensichtlichen Spaß daraus, Menschen auf der Straße, wie RadfahrerInnen, zu erschrecken. Er wartet, bis er mit ihnen auf gleicher Höhe ist, und bellt sie aus unmittelbarer Nähe an. Seinem Gesicht ist die diebische Freude anzusehen, wenn seine Opfer vor Schreck zusammenzucken. Eine andere Form von Humor ist Teil eines Spiels. Kuksi legt ein Stocki vor meine Nase und tut so, als würde er sich nicht mehr dafür interessieren. Kaum bücke ich mich aber, nimmt er es blitzschnell in den Mund und läuft davon. Nachdem er mich ein paar Mal umkreist hat, legt er das Stocki wieder hin und das Spiel beginnt von Neuem. Offensichtlich freut es ihn sehr, mich auf diese Weise reinlegen zu können.

Für Kuksi ist es von größter Wichtigkeit, dass ich, wenn ich mit ihm spiele, auch bei der Sache bin. Sollte ich beim Stocki-Werfen telefonieren oder beim spielerischen Raufen mit anderen sprechen, wird er zunehmend ungeduldig und bricht das Spiel unter Umständen auch ab. Dass ihm mein Bewusstseinszustand, in diesem Fall meine innere Anteilnahme an unserem Spiel, wichtig ist, belegt, dass er von einem Bewusstseinszustand bei mir ausgeht, mein Verhalten psychologisch interpretiert und mich als handelndes Subjekt und nicht als Objekt wahrnimmt. Ginge es nur um die Handlung per se, müsste Stocki-Werfen Stocki-Werfen sein, egal was ich dabei denke. Ist es aber nicht und daraus ist eine Intentionalität und ein gewisses Selbstbewusstsein seinerseits ableitbar.

Diesbezüglich interessant ist auch, dass ihm ein Streit zwischen mir und einer anderen Person sehr wichtig ist. Dabei greift er sofort ein und bellt. Ist das Klima bereits feindselig, aber noch keine offene Aggression ausgebrochen, setzt er sich manchmal einfach direkt vor mich hin und sieht die andere Person unverwandt an. So wird es dieser Person unmöglich, mich verbal anzugreifen, ohne sich gegen ihn zu wenden, weil er mich ja quasi verdeckt. Diese Art von Friedensstiftung ist erstaunlich erfolgreich, wir kennen sie auch von Deeskalationstaktiken bei öffentlichen Protesten.

Dass er meine Intentionen deuten kann, entnehme ich auch dem Umstand, dass er von sich aus ausweicht, etwa am Sofa ein bisschen zur Seite rückt, wenn ich mich hinsetzen oder vorbeigehen will. Zwar hat er generell das Gefühl, dass derjenige unter uns, der später kommt, dem ersten auszuweichen hat, doch macht er mir trotzdem immer wieder Platz, ohne dass ich ihn dazu auffordern würde, allein schon, weil er mich kommen sieht. Manchmal, wenn er an einem Aas, das er gefunden hat, lange isst, müssen wir aus anderen Gründen weitergehen, bevor er fertig ist. Ein halbes Dutzend Mal ist es bereits vorgekommen, dass ich ihn bat, mir sein Aas zu geben, um es in einem Sack zu verstauen, für ihn mitzutragen und ihm am Ende des Tages wieder zu geben. In allen Fällen hat er mich auf meine Bitte hin lange angeschaut, am Augenrollen war zu sehen, wie intensiv er nachdenken musste, dann aber seine Esslust gezähmt und mir das Aas überlassen. Das ist insofern bemerkenswert, weil er sicher weder aus Angst handelte, noch aufgrund von Konditionierung, hatte er doch das Leckerli bereits für sich und gab es bereitwillig her, ohne dafür kompensiert zu werden.

Dass Kuksi auch über sein eigenes Handeln reflektiert, zeigt mir ein Experiment, das ich einige Male wiederholt habe und immer funktioniert. Wenn ich einfach immer das nachmache, was er gerade tut, gähnen, die Tatzen in einer gewissen Weise halten, sich kratzen usw., wird er langsam ärgerlich. Das zeigt, dass er völlig versteht, dass ich ihn nachahme, was wiederum nur möglich ist, wenn er sich bewusst ist, was er gerade tut.

Gefühl und Mitgefühl

Für Darwin (1871/2002) waren Gefühle bei Tieren eine Selbstverständlichkeit. Doch seine »Kränkung der Menschheit« (Freud 1917) konnte nur dadurch überwunden werden, dass man den Menschen von der Krone der Schöpfung zur Krone der Evolution hochstilisierte. Die Verhaltensforschung zu einer psychologischen Wissenschaft zu machen, unternahm der Behaviorismus mit seinem Reiz-Reaktions-Modell, das die Psychologie analog zur Physik messbar werden ließ. Die operante Konditionierung wurde zu einer Technologie, die Kontrolle und Formung von Verhalten versprach. Der Behaviorismus hat zusammen mit dem Positivismus im 20. Jahrhundert Bewusstsein und Ethik aus dem wissenschaftlichen Diskurs entfernt (Rollin 2013) und das Gefühl der Tiere wurde als inexistent erklärt. Der niederländische Verhaltensforscher de Waal (2013) zitiert den Behavioristen B. F. Skinner von 1953, Emotionen seien nur eine Fiktion.

Mit Donald Griffin (1976) wurde langsam ein neues Zeitalter in der Verhaltensforschung eingeläutet, das letztlich auch durch die Neurowissenschaften Bestätigung fand. Heute ist allgemein anerkannt, dass Tiere bewusst leiden, allerdings werden ihnen noch immer komplexe Gefühle, wie Empathie, abgesprochen. Noch 2008 wurde in einer Vorlesung über Tierethik an der Veterinärmedizinischen Universität Wien jede Fähigkeit zu Mitgefühl bei Tieren geleugnet.

De Waal (2013) unterscheidet dagegen drei Ebenen von Empathie. Die erste ist jene der »emotionalen Ansteckung«. Grundlage dafür sind Spiegelneuronen, die Anfang der 1990er-Jahre im Gehirn von Makaken gefunden wurden. Diese Neuronen feuern sowohl, wenn das Wesen, in dessen Gehirn sie sich befinden, selbst Gefühle ausdrückt, als auch, wenn es die gleichen Gefühle in anderen, vorzugsweise gut bekannten oder verwandten Tieren, identifiziert. Als Konsequenz wirkt eine traurige oder lustige Stimmung ansteckend, aber man erlebt auch direkt die Schmerzen oder die Freude anderer Wesen mit. Nach de Waal sind diese Spiegelneuronen ebenso für die Fähigkeit zu imitieren von zentraler Relevanz, weil sie auch Bewegungen sozusagen spiegelgleich nachempfinden lassen. Sieht ein Tier ein anderes die linke Hand heben, so feuern die entsprechenden Spiegelneuronen und die Handlung wird als jene eines Subjekts erkannt, das die linke Hand hebt. Erst wenn das Tier die Handlung eines anderen auf diese Weise in eine entsprechende eigene übersetzen kann, wird Imitation möglich.

Spiegelneuronen sind mittlerweile auch bei Hunden nachgewiesen (Berns 2013, siehe Kapitel 4). Man kann sie etwa daran erkennen, dass Gähnen ansteckend wirkt. Ich habe es bei Kuksi ausprobiert. Dreimal vor ihm gegähnt und er fängt auch damit an. Die Spiegelneuronen feuern. Im *New Scientist* vom 16. März 2013 wurde berichtet, dass Menschenkinder erst ab dem Alter von 5-6 Jahren beim Gähnen anderer selbst zu gähnen beginnen, und dass das ihre Fähigkeit zu Selbstbewusstsein und einem Verständnis der Bewusstseinszustände anderer bestätige. Kuksi kann mithalten, bei ihm liegt die erste Empathieebene nach de Waal vor.

Die zweite Empathieebene geht über das bloße Mitfühlen hinaus und umfasst die Sorge um das Leid anderer. Die Fähigkeit dazu zeigt sich durch Trösten. Kuksi reagiert sehr stark darauf, wenn ich traurig bin. Er ist sonst nicht sehr an Kuscheln interessiert, aber wenn ich mich nicht wohl fühle, macht er eine Ausnahme. So lag ich eines Tages mit Kuksi im Dunkeln im Wald und war aufgrund verschiedener Umstände sehr unglücklich. Plötzlich spürte ich Kuksi, wie er sich an mich drückte und seinen Kopf auf meine Brust legte. Statt eigenständig herumzulaufen und die Gegend zu erkunden, wie er das sonst unter diesen Umständen tun würde, legte er sich zu mir und schaute mir ins Gesicht. Ich empfand seine Nähe jedenfalls als tröstend und es würde mich sehr wundern, wenn sie nicht so gemeint gewesen war.

Die dritte Empathieebene nach de Waal umfasst die aktive Hilfe. Voraussetzung dafür ist nicht nur, das Leid anderer zu fühlen und sich um sie zu sorgen, sondern auch noch ihre Notsituation zu erkennen und zu wissen, wie ihnen geholfen werden könnte. In Kapitel 1 habe ich mehrere solcher Vorfälle mit Kuksi geschildert. Als er mich unter einem umgestürzten Baum liegen sah, lief er sofort zu mir her, verbiss sich in den Kragen meiner Winterjacke, und zog mich mit aller Kraft hervor und in Sicherheit. Bei Kuksi kann ich alle drei Empathieebenen identifizieren.

Als wir aus unserem kleinen Gartenhäuschen, das wir während meiner Knieoperation bezogen hatten, delogiert wurden, zeigte Kuksi seine Trauer in beeindruckender Weise. Wir mussten mehrmals mit einem Klein-LKW vorfahren, um alle Möbelstücke und sonstigen Einrichtungen zu entfernen. Zuletzt war das Haus völlig kahl und leer. Kuksi blickte immer verlorener um sich. Dann kam der Abschied. Ich ging mit Kuksi zu unserem Auto und sagte ihm, dass wir nie wieder hierher zurückkehren könnten. Da weigerte er sich, einzusteigen. Plötzlich drehte er um und lief noch einmal in den Vorgarten und setzte sich auf die Türschwelle unseres ehemaligen Häuschens. Sein Blick und sein ganzer Körperhabitus drückte deutlich seine Trauer aus. Ich war auch sehr unglücklich, hatten wir uns an diesem Ort doch so wohl gefühlt. Also setzte ich mich neben ihn. Geschlagene 15 Minuten saßen wir schweigend nebeneinander, beide vermutlich in die Erinnerungen an diese Zeit vertieft. Zweifellos geschieht diese Trauerarbeit bei mir ohne Sprache. Ich sehe keinen Grund, warum Kuksi nicht auch durch wiederholte Erinnerungen ein trauriges Erlebnis verarbeiten sollte. Dass es diese Verarbeitung in Form von Träumen gibt, ist allen Menschen klar, die schon einmal schlafende Hunde gesehen haben. Immer wieder beginnen sie im Schlaf zu bellen, zu knurren, zu jaulen oder zu weinen und dabei bewegen sich die Augen unter den Lidern charakteristisch hin und her. Beim Menschen wird die Schlafphase daher als REM- oder »rapid eye movement«-Phase bezeichnet. Die Analogie ist überzeugend, ganz offensichtlich ist Kuksi zu Erinnerungen in Form mentaler Bilder fähig.

Nach 15 Minuten jedenfalls stand Kuksi plötzlich und ohne Vorwarnung auf, ging hinaus zum Auto und setzte sich auf die Rückbank. Dieses Kapitel war für ihn abgeschlossen.

Kuksi ist das eifersüchtigste Wesen, das mir je begegnet ist. Sein Anspruch auf mich ist rührend, selbst eine harmlose Umarmung durch eine andere Person löst bei ihm lautes Bellen und Anspringen aus. Er möchte sich sofort zwischen uns drängen. Ihm geht es dabei definitiv nicht um Nahrung, deren Quelle er bedroht sehen oder von der er vielleicht meinen könnte, er müsse sie in Zukunft teilen. Auch das gemeinsame Wandern ist davon unberührt, es hat ihn noch nie gestört, wenn sich viele Menschen oder Hunde daran beteiligen. Es scheint sich einfach um das Gefühl zu handeln, dass er meine Liebe mit niemandem teilen will. Voraussetzung dafür ist aber, von dieser Liebe auszugehen, sie als solche zu empfinden. Und dafür muss er mich als handelndes Subjekt mit einem gewissen Bewusstseinszustand, nämlich ihn zu lieben, begreifen. Und nicht nur das, er setzt sich mit mir in Beziehung. Damit wird nach Roberts (2009) die Eifersucht zu einer propositionalen, quasi-sprachlichen Emotion.

Einmal kam ich aus einem Supermarkt mit einem großen Stück Tofu für Kuksi. Er liebt diese Leckerbissen. Ich brach ihm ein Stückchen nach dem anderen ab und hielt sie ihm hin. Mit großer Begeisterung schnappte er danach, bis er dabei meinen Finger erwischte. Nichts Ernstes, und da ich seine Begeisterung verstand, sagte ich kein Wort. Ich schüttelte lediglich kurz meine Hand und sagte »Au!«. Das nächste Stückchen Tofu nahm Kuksi nun mit allergrößter Zärtlichkeit, ohne mich auch nur im Geringsten mit seinen Zähnen zu berühren. Trotz seiner Begeisterung für den Tofu hielt er sich bewusst zurück, weil er mich nicht mehr verletzen wollte.

Dieser Vorfall ist deshalb interessant, weil er den Behaviorismus und sein Erklärungsmodell der Reiz-Reaktion in diesem Fall widerlegt. Durch die ständige Gabe von Leckerlis müsste ich Kuksis Schnappen positiv verstärkt haben. Auch als er mich biss, gab ich ihm sofort wieder eine »Belohnung«, ohne ihn auch nur im Geringsten negativ zu konditionieren. Mein Handschütteln und meine kurze Lautäußerung waren nicht einmal auf ihn gerichtet. Dennoch änderte er vollständig sein Verhalten. Die einfachste Erklärung dafür scheint zu sein, dass Kuksi mich als Subjekt und nicht als Reiz wahrnimmt. Seine Reaktionen basieren nicht auf angelernten Reflexen, sondern auf einem Verständnis meiner psychischen Situation und dem Umstand, dass ihm wichtig ist, dass es mir gut geht und ich keine Schmerzen habe. Im täglichen Leben mit Kuksi scheint mir diese psychologische Interpretation seines Verhaltens selbstverständlich zu sein.

Das zeigt sich auch darin, wie sehr Kuksi darauf achtet, wohin ich schaue. Er folgt meinem Blick und versucht festzustellen, was mich gerade interessiert. Kommt hinter ihm eine aggressive Kuh gelaufen und er sieht das Entsetzen in meinem Gesicht und meine Blickrichtung, wird er sich umdrehen, um den Grund für meine Emotion zu erfahren. Ihm ist definitiv bewusst, ob ich etwas sehe bzw. bewusst anschaue und erkenne, oder nicht.

Denken ohne Sprache

Peter Carruthers, ein US-amerikanischer Philosoph, meint, nicht nur denken, sondern überhaupt Bewusstsein sei ohne Sprache nicht möglich. Das deshalb, weil einen Gedanken zu haben impliziert, auch über diesen Gedanken nachdenken zu können, und für dieses Denken höherer Ordnung müsste der Gedanke abstrakt ausdrückbar sein, dies gehe nur mit Sprache. Ohne Sprache kein Denken und kein Bewusstsein. Unter Sprache wird dabei ein abstraktes Konstrukt verstanden, dessen Elemente inhaltliche Bedeutung haben, zu neuen Bedeutungen kombinierbar sind und diese Kombinationen Regeln (einer Syntax) genügen. Nach der Definition von Carruthers verfügen nur Menschen über eine Sprache.

Bermudez (2003) teilt zwar diese Ansicht, billigt Tieren aber sehr wohl ein Bewusstsein zu. Für ihn existieren nicht-sprachliche Gedanken auf verschiedene Weise:

- Durch Bilder: So könnte man sich rein mental vorstellen, einen Kasten in die Lücke zwischen Bett und Fenster zu schieben, und dadurch die Frage lösen, ob er hineinpasst, ohne ihn tatsächlich anzugreifen.
- Durch Hineinversetzen in andere: Die Vorhersage über das Verhalten anderer wird dadurch möglich, dass man sich einfach in ihre Position versetzt und vorstellt, wie man an ihrer statt reagieren würde.
- Versuch und Irrtum in Gedanken: Wenn man ein Problem nicht versteht, probiert man blind alle denkbaren Lösungswege aus und beobachtet die Ergebnisse. Dieser blinde Versuch-und-Irrtum-Weg könnte auch nur mental in der Vorstellung durchexerziert werden.
- Analogieschluss: Statt kausale Zusammenhänge zu erkennen und daraus Schlüsse zu ziehen, kann man auch eine Situation mit einer anderen assoziieren, die man in der Vergangenheit bewältigt hat und die auf gewisse Weise analog strukturiert wirkt.
- Komplexe körperliche Fertigkeiten: Gewisse Tätigkeiten durch Übung zu perfektionieren ist eine kognitive Leistung, die keiner Sprache bedarf.

Doch diese Gedanken sind nach Bermudez rein wahrnehmungsbezogen. Auf ihrer Basis würden lediglich Handlungen beschlossen, die sich besser anfühlen, die aber nicht durch bessere Konsequenzen begründet werden. Die psychologische Interpretation von Handlungen nicht-sprachlicher Wesen, so Bermudez, lasse sich aber nur aufrechterhalten, wenn man den Tieren eine non-verbale Protologik zubillige, die über obige Denkweisen hinausgeht. Diese Protologik zeichnet sich dadurch aus, ohne Abstraktionen auszukommen. Eine protologische Verneinung gibt es nur dann, wenn die Verneinung selbst auch existiert, so wie bei »wenig« als »nicht viel«. Bermudez (2003) gibt noch eine Reihe weiterer protologischer Operationen dieser Form an, die es seiner Ansicht nach einem nichtsprachlichen Wesen ermöglichen, rational zu denken.

Damit sei es aber dennoch unmöglich, Gedanken über Gedanken zu haben. Jede Proposition sei sprachlich, jede bewusst gedachte Proposition ein Satz. So würde der Wunsch, einen Wunsch zu haben, oder die Überzeugung, von etwas überzeugt zu sein, und damit die logische Implikation, zwingend von Sprache abhängen und sei weder Tieren noch vorsprachlichen Menschenkindern zugänglich. Tiere könnten nicht der Meinung sein, jemand anderer habe diesen oder jenen Bewusstseinszustand und werde deshalb in Zukunft entsprechend reagieren.

Lurz (2007) lehnt diese Ansicht aus theoretischen Gründen ab und sieht sehr wohl die Möglichkeit nichtsprachlicher Gedanken über Gedanken. Fitzpatrick (2009) fasst Versuche mit Primaten der letzten Jahre zusammen und kommt zu dem Schluss, damit wäre nachgewiesen worden, dass sie die Gedanken anderer verstehen können. Andere AutorInnen haben weitere nichtsprachliche Denkkonzepte, wie Karten, Diagramme oder sprachanaloges Denken (»language of thought«) vorgeschlagen (Camp 2009), mit denen logische Implikationen ohne Sprache möglich seien.

Es wäre sehr erstaunlich, würde die Sprache eine zentrale Rolle im Denken selbst spielen. Sprache ist ein Kommunikationsmittel von Gedanken (Balluch 2005), nicht zwingend der Gedanke selbst. Laut Bermudez (2003) ist die menschliche Sprache erst vor etwa 35.000 Jahren entstanden. Die menschliche Art Homo sapiens gibt es schon deutlich länger, der Neandertaler hatte ein größeres Gehirn. Wenn der Erwerb einer Sprache einen solchen wesentlichen Unterschied ausmacht, wie konnte sie sich entwickeln, ohne dass sich die betroffenen Menschen selbst physiologisch verändert haben? Noch dazu waren die Menschen zu dieser Zeit ja bereits geographisch getrennt und es gab danach keine Vermischung zwischen jenen in Australien und jenen in Europa. Und trotzdem entwickelten sie unabhängig voneinander zur gleichen Zeit eine Sprache, die ihnen ein komplett anderes Denken ermöglicht? Mir scheint das äußerst unwahrscheinlich. Ich glaube im Gegensatz dazu, dass Sprache kontinuierlich aus Gestik und Lautäußerungen über Jahrmillionen entstanden ist.

Bei meinen wochenlangen Touren durch die Wildnis höre ich auf, in Sprache zu denken. Mir scheint trotzdem, dass ich Kuksis Bewusstseinszustände erkenne und aus Handlungsoptionen mittels logischer Implikation ableiten kann, was sie für Konsequenzen haben.

Kuksi steht vor einem felsdurchsetzten Steilhang und hält inne. Er betrachtet die verschiedenen möglichen Routen und entscheidet sich zuletzt für eine. Mir geht es in derselben Situation genauso. Vermutlich hat Kuksi, wie ich, sich bildlich vorgestellt, die verschiedenen Routen zu gehen und entschied sich für eine, die ihm am leichtesten erschien. Diese Entscheidung ist, mit einiger Erfahrung, meistens richtig und durchaus vernünftig. Sie entspricht definitiv nicht blindem Versuch und Irrtum, sondern hängt direkt mit den Gegebenheiten vor Ort zusammen. Wenn in der anstehenden Felspassage ein Überhang zu sehen ist, wird man sich keine Routen ausmalen, die darüber hinwegführen. Kuksi kann auch, wie in Kapitel 1 geschildert, durchaus beschließen, dass ihm eine Kletterei zu schwer wird und umdrehen. Dabei hat er zweifellos die Konsequenzen ins Auge gefasst, die ihm drohen. Er ist in prekären Klettersituationen sehr konzentriert und kann auch Angst bekommen, obwohl er noch nie abgestürzt ist.

Eine andere Form der gedanklichen Problemlösung ist das Verfolgen einer Spur mit der Nase. Was wie eine rein physiologische Aufgabe aussieht, stellt sich in Wahrheit als eine große kognitive Leistung heraus. Spuren können sich überlagern, unterbrochen sein, in verschiedene Richtungen führen. An seinem Zögern, an seinem bedächtigen Vorgehen und an seinen längeren Nachdenkpausen ist klar abzulesen, dass Kuksi bei Schnüffelspielen ein hochkomplexes Problem durch Nachdenken löst, das auch logische Schlüsse umfasst. Dazu ist er zweifellos nichtsprachlich in der Lage.

Gennaro (2009) erkennt an, dass nichtsprachliche Tiere Gedanken höherer Ordnung haben, Gedanken über Gedanken. Für ihn lassen sich gedankliche Konzepte nonverbal wie folgt definieren: Ein Konzept ist eine Entität, die allgemein zwischen Zuständen unterscheidet, wobei bei dieser Zuordnung Fehler durch Vergleich mit der Realität feststellbar sind und sich korrigieren lassen. Mit einer solchen praktischen Definition hat die Fähigkeit, Konzepte zu bilden, keinen Zusammenhang zu Sprache mehr.

Kuksi folgt gerne ausgetretenen Pfaden in der Wildnis, selbst wenn sie nicht markiert sind oder überhaupt nicht von Menschen stammen. Als wir kürzlich einen solchen Weg entlanggingen, trafen wir im steilen Gelände auf einen umgestürzten Baum, der quer vor uns lag und jedes Weiterkommen völlig blockierte. Ich ging als erster und begann nach unten zu queren, um den Baum zu umgehen. Aufgrund der Größe des Baumes musste ich mich dafür gut 20 Meter den Steilhang bergab bewegen. Kuksi blieb vor dem Baum stehen, wog die Situation ab, und entschied sich dann, quer durch das Geäst den Weg entlangzuklettern. Bei seiner Statur fiel ihm das viel leichter als mir. Auf der anderen Seite des Baumes musste er auf mich warten. Diese Episode ist insofern bemerkenswert, weil sie zeigt, dass Kuksi das Konzept »Weg« bilden kann. Er hat erkannt, wir würden diesem Weg folgen und ich nach unten ausweichen, weil ein Baum im Weg lag. Lässt sich sein Verhalten anders erklären, als dass er mein Problem erkannte, verstand, warum ich nach unten ging, gleichzeitig merkte, dass für ihn dieses Problem nicht bestand, und deshalb vorausschauend jene Handlungsoption wählte, die unter den gegebenen Bedingungen auch tatsächlich die Beste war? Kuksi und ich waren noch nie in unserem Leben vorher an dieser Stelle vorbeigekommen.

Kommunikation

Kuksi kann mir eine Vielfalt von Informationen mitteilen, sowohl mittels Lautäußerungen als auch durch Körpersprache. Die Kommunikation ist ohne Sprache im engeren Sinne möglich. Dabei bedeutet Kommunikation, dass Kuksi mir eine Nachricht mitteilen will und bewusst ein Zeichen setzt, das ich verstehe. Folgende Lautäußerungen sind deutlich zu unterscheiden:

- Kuksi kann in einer Weise bellen, die mir mitteilt, dass möglicherweise eine Gefahr droht. Die Töne kommen zögerlich in mittelhoher Lage.
- Ist er überzeugt, dass tatsächlich eine Gefahr vorhanden ist, hebt er den Kopf in den Nacken, streckt den Hals durch und bellt in rascher Folge in den höchsten Tönen.
- Ganz anders, wenn er mir mitteilen will, ihm sei langweilig und er möchte, dass ich mit ihm etwas unternehme. Dann bellt er laut und gleichmäßig.
- Nimmt Kuksi in der Ferne jemanden wahr, den er davor warnen will, uns nicht zu nahe zu kommen, bellt er Stakkato-artig und laut.
- Ist Kuksi verzweifelt, weil er eine Spur verloren hat, und möchte, dass ich das ändere und ihm helfe, japst er hoch und bellt sehr unregelmäßig.
- Will Kuksi mich begrüßen, wenn wir länger getrennt waren, bellt er in sich überschlagendem Ton.
- Ist er auf mich sehr böse, teilt er mir das mit, indem er mich direkt anschaut und derartig bellt, dass das Gebiss laut aufeinander schnappt.
- Hat er einen Streit mit einem Hund oder wird er unmittelbar bedroht, bellt Kuksi mit gebleckten Zähnen und zurückgezogenen Lefzen und einem charakteristischen Nachklang.
- War er auf Wanderschaft und will bei der Tür hereingelassen werden, so bellt er nur ganz kurz und in einem abgerundeten Tonfall.
- Ist Kuksi traurig, wimpert und fiept er ganz leise und hoch, und schaut mich dabei durchdringend an.
- Wartet er schon sehr lange auf mich und habe ich noch immer nicht auf seine Aufforderung, endlich spazieren zu gehen, reagiert, stöhnt er ganz dramatisch, um seinen Missmut zu zeigen.

- Will Kuksi jemandem mitteilen, dass er aufgrund dessen Verhaltens gerade wütend wird, knurrt er sehr tief.
- Eine gesteigerte Form von Ärger zeigt er mit einem besonders lauten Fauchen an.
- Fühlt sich Kuksi durch zu enges Streicheln oder Kuscheln belästigt, dann brummt er in einem langen Ton.
- Eine Steigerungsstufe dazu ist es, wenn er dieses Brummen durch einen einzelnen Belllaut unterbricht.
- Unter normalen Umständen verheimlicht Kuksi Schmerzen. Wenn man ihm aber versehentlich auf die Zehen steigt, jault er sehr laut auf, um einem das mitzuteilen.
- Beim Spiel macht Kuksi viele verschiedene glucksende, fast lachende Geräusche und lässt ein charakteristisches Bellen hören, das mir oder anderen SpielkameradInnen mitteilen soll, er ist noch immer in Spiellaune und die weiteren Aktionen von ihm sind nicht ernst gemeint.
- Unter gewissen Umständen heult Kuksi wie ein Wolf. Ist er in einer Gruppe von Hunden, die heulen, schließt er sich an. Ebenso heult er, wenn er das Glockenspiel am Linzer Hauptplatz hört. Mit mir zusammen heult er nur im Ausnahmefall. Er zeigt damit Zusammengehörigkeit.
- Wenn er von Schmerzen überrascht wird, die ihm entweder andere zufügen oder die durch einen Unfall entstehen, schreit er laut, aber anders, als wenn ich für die Schmerzen verantwortlich bin. In diesem Fall will er meine Hilfe beanspruchen.
- Kuksi kann auch sehr laut vor Freude aufjaulen, wenn er gerade besonders begeistert ist.
- Fühlt er sich unfair behandelt, gibt er ein sehr melodisches Brummen von sich, ähnlich wie ein Mensch ein Fragezeichen brummen würde.

Diese lange Liste von Lautäußerungen wird mit dem Kommunikationsmittel Körpersprache komplementiert:

- Will Kuksi auf sich aufmerksam machen, dann stellt er sich mir in den Weg und schaut mir direkt in die Augen.
- Wenn er durch eine Tür nach außen gelassen werden will, insbesondere zur Toilette, positioniert er sich in diese Richtung und blickt dorthin.
- Um zu trinken zu bekommen, führt Kuksi mich zu seinem Napf und stellt sich erwartungsvoll davor.
- Sein Zeichen für »folge mir« ist direkt vor mir vorbeizulaufen, in die Rich-

tung, in die ich ihm folgen soll, einige Schritte zu gehen und sich nur mit dem Kopf nach mir zurückzudrehen.

- Wenn Kuksi nicht mehr weitergehen will, stellt er sich mir wiederholt quer in den Weg.
- Möchte er eine Gruppe von Menschen beim Wandern zusammenhalten, läuft er direkt hinter der letzten Person vorbei und stellt sich der ersten in den Weg, um wieder zur letzten zu laufen, und diese wiederum durch eine rasche Umrundung aufzufordern, sich zu beeilen.
- Die Spielaufforderung ist unübersehbar: das Hinterteil in der Höhe und den Kopf am Boden, ein charakteristisches Spielgesicht und die Vorderbeine breit auseinandergezogen.
- Will Kuksi gestreichelt werden und sucht er Nähe, dann stupst er mich sanft mit der Nase an.
- Möchte er etwas vom Essen eines Menschen bekommen, stößt der diesen sehr unsanft mit der Nase auf den Ellenbogen. Hat der Betreffende es nicht erwartet, fliegt unter Umständen das Essen von der Gabel oder dem Löffel durch die Gegend.
- Will mir Kuksi seine Liebe zeigen, streichelt er mich seinerseits, indem er mich leckt. Das kann entweder kurz im Sinne einer Versöhnung ausfallen, oder lange und ausdauernd, um mir mitzuteilen, wie sehr er mich (wieder) mag.
- Es gibt auch die Form des leichten Anstupsens mit Nase oder Pfote, um einen Kontakt herzustellen und unsere Zusammengehörigkeit zu unterstreichen.
- Wenn er eifersüchtig wird, kann er das auch deutlich mitteilen, indem er sich physisch zwischen mich und die jeweilige Person drängt, sie anspringt und generell versucht, uns zu trennen.
- Streiten Menschen lautstark, setzt er sich manchmal dazwischen, um die beiden zu beruhigen.
- Will er nicht mitkommen oder ins Auto steigen, leistet er mitunter passiven Widerstand, indem er völlig schlaff wird und sich nicht mehr bewegt. Er kommuniziert mir damit in einer eher zurückhaltenden Weise, dass er mit meiner Entscheidung nicht einverstanden ist.
- Während des Spiels zeigt er immer wieder sein Spielgesicht, um seine PartnerInnen zu erinnern, dass das, was er gerade tut, nicht ernst genommen werden darf.
- Indem er sich vor etwas, wie z. B. das Bett, platziert, Augenkontakt sucht und den Mund öffnet, fragt er, ob er etwas darf, in diesem Fall auf das Bett springen.

Der Hund und sein Philosoph

- Zur Warnung kann Kuksi sehr böse schauen, es runzelt sich die Haut auf der Schnauze und die scharfen Eckzähne sind zu sehen.
- Will er mir die kalte Schulter zeigen, so macht er genau das: auf meine Annäherung hin dreht er sich demonstrativ auf die andere Seite.
- Wenn ich Kuksi beim Wandern nicht mehr sehe, aber wissen will, wo er ist, dann rufe ich ihn. Meistens läuft er in Richtung zu mir, bleibt stehen und schaut mich an. Gebe ich ihm ein Zeichen, dass ich ihn gesehen habe, läuft er wieder weg.
- Um bei einer Tür herein- oder hinausgelassen zu werden, kratzt er auch manchmal nur mit der Pfote.

Outtara und andere (2009) analysierten die Kommunikationsformen der Campbell-Meerkatzen und fanden sechs verschiedene Rufformen, die in sieben verschiedenen Kontextklassen angewandt wurden, wobei jede Klasse noch eine Reihe verschiedener Situationen umfasst. Damit gelten die Meerkatzen als die am besten untersuchte Tiergruppe in Bezug auf ihr Kommunikationsrepertoire. Betrachtet man Kuksis lange Liste an Kommunikationsformen, so kann er da auch schon mithalten.

Umgekehrt gibt es natürlich auch für mich viele Möglichkeiten, ihm etwas mitzuteilen. Ich habe ausprobiert, Leckerlis in Verstecke zu legen, und ihm mittels Handzeichen anzugeben, wie er sie finden kann. Für ihn ist das eine Kleinigkeit, wenn die Handzeichen eindeutig genug sind. Er schaut sofort in die Richtung, in die ich mit den Fingern zeige.

Beim Wandern bleibt er oft bei Wegkreuzungen stehen, und fragt mich, in welche Richtung ich gehen will. Wenn ich aus der Ferne mit der Hand in eine Richtung weise, ist ihm das sofort verständlich. Aber selbst eine Handbewegung, die für ihn eine mögliche Umgehung eines Problems signalisiert, versteht er rasch. In der Stadt könnte das der Fall sein, wenn Kuksi in einem Garten durch den Zaun am Weitergehen gehindert wird, ich aber etwas weiter hinten ein Loch im Zaun gesehen habe. Zeige ich ihm das mit der Hand an, wird er das Loch rasch finden.

So überquerte er eines Tages eine Straße in der Stadt und erweckte dabei für mich den Anschein, zu weit auf die Fahrbahn der Querstraße zu gelangen. Ich rief ihn lautstark und er drehte sich spontan in die Gegenrichtung um, weil er aufgrund meines Rufs vermutet hatte, dass von dort ein Auto auf ihn zu fährt.

Besonders beeindruckend fand ich aber den bereits in Kapitel 1 geschilderten Fall, in dem ich in der Lage war, ihm mitzuteilen, dass er selbstständig ins Büro zurückgehen soll, weil ich sowieso gleich wieder kommen werde. Er verstand meine verbale Mitteilung, die von einer Handgeste die Stiegen hinauf begleitet war, sofort, und reagierte wie von mir gewünscht. Wäre er der Meinung gewesen, ich würde länger weg bleiben, hätte er sich vermutlich nicht so leicht auf meine Bitte eingelassen, sondern hätte so getan, als würde er mich nicht verstehen. Wenn er andere Vorstellungen als ich hat, weil er etwa nach einem Spaziergang noch nicht nach Hause zurückgehen will, »missversteht« er mich oft.

Verstehen

Der Standpunkt des Behaviorismus lautet, dass Hunde nur auf Reize reagieren. Sie können keine Objekte wahrnehmen und keine Zusammenhänge verstehen, sondern nur konditioniert handeln, je nachdem, welche Aktivitäten von ihnen in der Vergangenheit positiv oder negativ verstärkt worden sind. In diesem Bild wird ein fremder Hund auf einen Reiz reduziert. Doch die Begegnung mit einem anderen Hund ist für einen Hund wesentlich mehr als ein bloßer Reiz. Letztere werden ausschließlich im Kleinhirn verarbeitet, das für die automatisierten Reaktionen zuständig ist. Doch bei einer Hund-Hund-Begegnung beginnt das Großhirn zu arbeiten, wie wir aus Aufzeichnungen mit Magnetresonanzscannern wissen. Der Hund erzeugt mentale Bilder. Eines dieser Bilder entsteht mittels Spiegelneuronen, die dem Hund sagen, was das Wesen ihm gegenüber gerade tut und empfindet. Andere wieder handeln davon, ob er diesen Hund kennt, wie alt er ist, welches Geschlecht er hat, wie gefährlich oder beschwichtigend er agiert usw. Das Kleinhirn mag natürlich eine Rolle spielen, wesentlich ist aber, dass auch das Großhirn eingeschaltet wird, mittels mentaler Bilder die Situation versteht und in Gedanken mögliche Handlungsweisen abwägt, um dann bewusst zu entscheiden.

Über das Reiz-Reaktions-»Lernen« mittels operanter Konditionierung hinaus lernt der Hund hauptsächlich sozial. Das soziale Lernen besteht aus (Whiten und andere 2009):

- Social Facilitation: der Hund lernt von seinen SozialpartnerInnen, unter welchen Umständen ein Verhalten eine gute Vorgangsweise ist.
- Stimulus Enhancement: der Hund lernt von seinen SozialpartnerInnen, auf welches Objekt oder welchen Ort sich eine Handlung hin orientieren könnte.
- Emulation: der Hund lernt von seinen SozialpartnerInnen, welche Zwecke sich zu verfolgen lohnen.
- Imitation: der Hund schaut sich von seinen SozialpartnerInnen Lösungsmöglichkeiten für Probleme ab, die sich ihm stellen.

Wenn ein Hund einem Reh nachläuft und auf Zuruf nicht zurückkommt, solle man, so der Behaviorismus, beim Zurückkommen ein Leckerli geben. Die operante Konditionierung bezieht sich immer auf den letzten Reiz, hier das Zurückkommen. Da wirkt sie am Stärksten. Falsch sei es, dem Hund zu zeigen, dass man sich ärgert, dann würde sich der Reiz des Zurückkommens mit der negativen Konditionierung koppeln.

Das mag für das Kleinhirn zutreffen. Aber mit seinem Großhirn kann der Hund ein soziales Geschehen sehr gut verstehen und richtig einordnen. Der Hund begreift, dass er eine soziale Regel gebrochen hat. Natürlich würde ich ihn niemals bestrafen, das würde das Vertrauen zwischen uns zerstören und seine Persönlichkeit brechen. Aber ich zeige ihm ehrlich meine Emotionen: vielleicht große Angst und Verzweiflung (ein Jäger hätte ihn erschießen oder er das Reh verletzen können), oder Ärger (weil er eine Gefahr heraufbeschworen hat). Ein gut sozialisierter Hund wird auch verstehen, dass man unter diesen Umständen nicht glücklich und fröhlich ist, nicht spielen will und ihm gegenüber emotional etwas unterkühlt reagiert. Je nach Tiefe der Verletzung kann das kürzer oder länger dauern.

Auf diese Weise, mit sozialem Lernen, hat sich Kuksi ein großes Verständnis des Straßenverkehrs angeeignet, wie in Kapitel 1 beschrieben. Würde man sein Verhalten im Straßenverkehr auf simple Regeln im Sinne von »Wenn …, dann …«-Sätzen reduzieren, ergäbe sich ein sehr kompliziertes Regelset. Da es sehr unwahrscheinlich ist, dass Kuksi durch irgendwelche Ereignisse auf dieses Set hin konditioniert worden ist, muss man davon ausgehen, dass er den Straßenverkehr im Sinne des sozialen Lernens verstanden hat.

Ich kann auf der Autobahn in eine Raststation auf die Toilette gehen, Kuksi dabei am Parkplatz neben dem Auto zurücklassen und voll darauf vertrauen, dass nichts geschieht. Er bleibt in der Nähe, passt auf, dass er nicht auf die Fahrbahn gerät, und schnüffelt ansonsten im Gras herum. Auch wenn ich zu einem Mistkübel gehe und ihm das vorher kurz mitteile, weiß er, was ihn erwartet, und drängt nicht darauf, mitzukommen. Wenn ich von zu Hause fortgegangen bin und ihn alleine lassen musste, kann es passieren, dass ich etwas vergessen habe und noch einmal kurz zurückkomme. Dann begrüßt mich Kuksi nicht, als wäre ich endlich wieder da, sondern versteht genau, dass ich gleich wieder verschwinden werde. Aus meiner Kommunikation vor dem Weggehen hat er klar geschlossen, dass das jetzt länger dauern wird, und eine so baldige Rückkehr nur bedeuten kann, dass ich sofort wieder gehen werde. Kuksi verfügt über einen Zeitbegriff und die Dauer von 10 Minuten ist viel zu kurz, um als langes Wegbleiben zu gelten.

Ebenfalls nicht durch Konditionierung zu erklären ist seine Fähigkeit, Türschnallen zu betätigen und die Türen dadurch zu öffnen. Er hat mich oft dabei beobachtet und den Sinn der Handlung verstanden und imitiert. Würde es sich um Konditionierung handeln, hätte er zahlreiche verschiedene Versuche zum Öffnen der Türe starten und rein zufällig auf das Drücken der Schnalle stoßen müssen. Ich habe derlei nie beobachtet. Meinem Eindruck nach konnte er die Türen sofort öffnen.

Ein beeindruckendes Beispiel betrifft die Garage des Büros, in das wir vor kurzem umgezogen sind. Um das Tor zu öffnen, muss man einen Schalter betätigen, der sich etwa 5 Meter vom Tor entfernt auf 1 Meter Höhe an der Wand befindet. Kuksi hat ein paar Mal beobachtet, wie ich den Schalter drückte. Als ich mit ihm und meinem Fahrrad zum Garagentor kam, gingen wir zuerst durch eine Seitentür hinein. Bisher hatte ich den Schalter gedrückt, sodass sich das Tor öffnet, um mir mein Fahrrad von draußen zu holen. Doch diesmal fiel mir ein, dass ich noch den Kotflügel reparieren wollte. So ging ich zurück und dabei schloss sich die Tür und Kuksi war hinter dem Tor in der Garage eingesperrt. Ich stand mit dem Fahrrad davor. Plötzlich öffnete sich das automatische Tor wie von Geisterhand. Kuksi musste den Schalter betätigt haben! Nach wenigen Beobachtungsdurchgängen war er in der Lage, mich in einer Notsituation zu imitieren.

Auch sein Umgang mit dem Autofahren ist für eine reine Konditionierung zu variabel. Ein Auto ist wesentlich mehr als ein Reiz für ihn, er versteht, dass man damit von einem Ort zum anderen kommt. Das erkennt man schon daran, dass er durch die Windschutzscheibe die Reiseroute nachvollzieht und Landschaftsmerkmale dafür benutzt, um sich zu orientieren. Jedenfalls steigt er manchmal begeistert ins Auto, wenn es in die Berge geht, und manchmal überhaupt nicht, wenn wir wieder in die Stadt fahren müssen.

Kukis weiß, welche eine Funktion eine Leine hat. Obwohl er nie daran zieht, wenn er angeleint ist, reagiert er mit ihr anders. Mache ich ihn los, läuft er sofort davon und schnüffelt an jenen Flächen, die ihn interessieren. Wird er angeleint, geht er so gleichgültig neben mir her, als ob er an keinen Gerüchen interessiert wäre. Und an der Leine auf der Straße gibt er jede Eigenverantwortung ab. Wenn man nicht aufpasst, läuft er sofort ins nächste Auto. Kuksi ist wie ausgewechselt, wenn ich ihn an die Leine nehmen muss. Er hat dann ein ganz anderes Selbstbild. Es ist ihm bewusst, wann er an der Leine ist, und verhält sich dementsprechend.

Von Moral und Regeln

Die Errungenschaft der menschlichen Zivilisation sei es, die Moral in die Welt gebracht zu haben, so die gängige Folklore. Wenn sich Tiere nicht gewalttätig und unmoralisch verhalten, dann nur, weil sie von Menschen kontrolliert würden, weil die ihnen von Menschen vorgegebenen Verhaltensregeln lediglich als eine dünne Schicht das »Tierische« und »Triebhafte« in ihnen überdecken (von Ditfurth und Arzt 1977). De Waal (2006) nennt das die »Veneer Theory« von Moral beim Menschen. Moralisches Verhalten sei danach nur eine Fassade vor unserer triebhaft-gewalttätigen Natur, weshalb man auch Menschenkinder dominieren müsse, um sie zu zivilisieren. De Waal setzt dem die Idee entgegen, dass Moral bei vielen Tierarten und auch beim Menschen schon eine sehr lange evolutionäre Geschichte hat und fest in uns verankert ist. Bekoff und Pierce (2009) definieren Moral über Altruismus, Toleranz, Vergebung, Gegenseitigkeit und Fairness, die sie auch bei vielen Tieren finden. Kuksi erfüllt alle diese Kriterien. In der wissenschaftlichen Verhaltensforschung wurde schon längst das Bild vom »triebhaften« Tier von einem mit hochkomplexer sozialer Kognition abgelöst.

Bei Kuksi kann ich keine triebhaft-gewalttätige Natur feststellen. Ja, wenn er frisches Aas findet, isst er es mitunter und beißt in Gedärme und blutige Fleischstücke, aber darin unterscheidet er sich kaum von den meisten meiner Mitmenschen vor dem Hühnergrill. Ansonsten ist er unglaublich sanftmütig und sehr zurückhaltend. Mit meiner Dominanz über ihn kann dieses Verhalten jedenfalls nicht erklärt werden, weil ich ihm gegenüber nicht dominant bin. Insbesondere in der Wildnis haben wir ein sehr egalitäres Verhältnis, niemand bestimmt über den anderen und unsere Gemeinschaft ist durch gegenseitige Rücksichtnahme geprägt. Aber auch in der Stadt, wo er wesentlich stärker von mir abhängig ist, versuchen wir als gleichwertige Partner zu leben. In dominanzgeprägten Hundeschulen wird vorgegeben, man müsse als Mensch immer höher sitzen, zuerst essen, vor dem Hund Räume betreten und ihm jederzeit seine Nahrung wegnehmen können, ohne dass sich dieser beschwert. Nur so werde man als Rudelführer akzeptiert. Würde der Hund nämlich Zweifel an der »Alphaposition« seines Bezugsmenschen hegen, würde er die Hierarchie umstürzen und die Führung übernehmen. Deshalb sei es auch nötig, auf die exakte Ausführung aller Befehle dem Hund gegenüber zu achten und sollte er sich nicht unterwürfig genug verhalten, müsse man ihn am Hals zu Boden werfen, niederdrücken oder an der Leine reißen. In der Jagdhundeausbildung wird sogar davon gesprochen, dass man dem Tier Elektroschocks verabreichen oder es mit Stachelhalsbändern traktieren könne (Cass 2000).

Aus der Erfahrung von mittlerweile 30 Jahren Zusammenleben mit Hunden kann ich mit Überzeugung sagen, dass diese Dominanzthese ein völliger Unsinn ist. Hunde versuchen niemanden zu dominieren, sie lauern auf keine Chance zur Revolution, sie wollen nur friedlich zusammenleben und feste, verlässliche soziale Bindungen eingehen. Ob Kuksi vor mir isst, zuerst Räume betritt oder höher sitzt, ist völlig unerheblich. Zwischen uns gibt es definitiv keine Dominanz.

De Waal (2013) macht den Beginn von moralischem Verhalten dort fest, wo Tiere ihre unmittelbaren Affekte zurückhalten. Das zeige sich schon bei Katzen, die nicht auf ihre Jagdopfer losstürmen, sondern sich langsam anschleichen. Auch dafür müssten sie ihre unmittelbare Lust bezähmen. Mit dieser Fähigkeit ausgestattet, würden soziale Tiere die Regeln ihrer Gemeinschaft internalisieren und sich daran halten, auch wenn ihre hedonistischen Affekte ihnen ein anderes Verhalten nahelegen. Die tieferen Ursachen dafür sind sowohl die Angst vor Strafe durch die Gemeinschaft, als auch ein Bedürfnis nach guten, befriedigenden Beziehungen. De Waal betont aber, dass die sozialen Regeln oft so in Fleisch und Blut übergehen, dass sich die Tiere daran orientieren, auch wenn sie gar nicht beobachtet werden. Beim Menschen sei das auch nicht anders. Dass jene Regeln, mit denen man sozialisiert wurde, als rationale Moral bezeichnet würden, sei nur auf die spätere Rationalisierung der inneren Überzeugungen zurückzuführen, die ohne Bezug zu rationalen Argumenten entstanden seien.

Bisher wurde festgestellt, dass Kuksi zu Mitgefühl in der Lage ist, dass er auch ohne Sprache denkt, dass wir unsere Gefühle und Bedürfnisse uns gegenseitig kommunizieren können, dass er soziale Regeln versteht und dass er intentional handeln kann, um diese Regeln umzusetzen. Alle Voraussetzungen für moralisches Handeln im Sinne von de Waal sind gegeben.

An seinem Verhalten auf der Straße ist deutlich zu merken, dass er seine unmittelbaren Affekte oft überwindet. Geht er auf der einen Straßenseite entlang und sieht einen Hund oder gar eine Katze auf der anderen, merkt man ihm an, wie gerne er über die Fahrbahn laufen würde, aber er hält sich zurück. Diese Überwindung des spontanen Impulses lässt sich aber nicht durch einen anderen Affekt erklären, wie etwa die Angst, überfahren zu werden. Vielmehr ist er sich der Gefahren der Straße bewusst und entscheidet – man möchte sagen: rational – sich zurückzuhalten. Das erkennt man auch daran, dass er unter Stress mit dieser Zurückhaltung viel mehr Probleme hat. Wenn er seine innere Ruhe nicht findet, weil er bereits längere Zeit nicht mehr in der Wildnis war, und fahrig und unaufmerksam wird, kann es ihm schon passieren, dass seine unmittelbaren Affekte auf der Straße die Oberhand gewinnen. Aber genau daran erkennt man ja, dass er unter normalen Umständen nicht aus Angst, sondern aus bewusster Überlegung die Straße nicht überquert.

Ich habe noch nie erlebt, dass Kuksi etwas isst, das nicht für ihn gedacht ist. Weder nutzt er die Chance, von meinem Essen zu nehmen, wenn ich nicht da bin, noch nimmt er sich Leckerlis, die ihm nicht explizit gegeben wurden. Und das sicherlich nicht aus Angst vor Strafe.

Zu jenen sozialen Regeln, die Kuksi wichtig sind, gehört auch eine besondere Toleranz gegenüber Menschenkindern oder jungen und kleinen Hunden. Kinder verschiedener Tierarten sind ja oft noch nicht richtig in der Lage, die Wirkung ihres Verhaltens abzuschätzen. Sie ziehen Kuksi an den Ohren oder setzen sich rittlings auf ihn drauf. Ich bin immer wieder beeindruckt, wie freundlich er sich diese für ihn unangenehmen Behandlungen gefallen lässt. Und jungen Hunden gegenüber ist er ebenfalls besonders vorsichtig und zurückhaltend, als ob ihm einerseits bewusst ist, dass sie nicht wirklich wissen, was sie tun, und andererseits, dass sie leichter verletzt werden könnten.

Kuksi wählt beim Wandern immer den Weg Richtung Gipfel, als ob für ihn der höchste Punkt des Berges das Tagesziel wäre. Natürlich hat er diese Regel aus vielen unserer Touren übernommen, in denen wir unter meiner Vorgabe auf Gipfel gegangen sind. Richtung Gipfel zu gehen habe aber sicherlich auch ich aus meiner Jugend als eine Verhaltensregel beim Bergsteigen übernommen, wie jetzt Kuksi von mir.

Unsere gemeinsamen sozialen Regeln sind aber nicht nur Vorgaben von mir, er hat sich auch daran beteiligt, sie zu erarbeiten. Ich darf nicht einfach etwas essen, ohne es mit ihm zu teilen oder ihm zumindest zu zeigen, dass er es nicht zu sich nehmen würde wollen, wie einen Salat mit Essig oder eine Schokolade. Von außen betrachtet ist es ja tatsächlich unhöflich, nichts abzugeben, wenn man selbst isst. Bei Menschen wäre das nur angebracht, wenn man sich kaum kennt, sonst wird allgemein erwartet, dass man dem Gegenüber etwas anbietet. Bei den Hauptmahlzeiten von Kuksi und mir, so eine weitere seiner Regeln, muss das Essen gleichmäßig aufgeteilt werden. Fühlt er sich benachteiligt, ist das nicht zu übersehen. Offensichtlich besitzt er ein Verständnis von Fairness.

Bei uns bestimme nicht ich allein, was passiert. Und tatsächlich fühle ich mich, wenn ich mich nicht an seine Regeln halte, genau in dem Sinne unwohl, wie wenn ich mich zu einem unmoralischen Verhalten habe hinreißen lassen: dasselbe Gefühl, unsere Gemeinschaft zu verraten. Man könnte es auch als schlechtes Gewissen bezeichnen. Ich vermute, Kuksi hegt ähnliche Gefühle, wenn es um die Einhaltung unserer Regeln geht.

Was Hygiene betrifft, haben Kuksi und ich sehr verschiedene Vorstellungen. Ihm scheint Dreck von der Straße viel weniger auszumachen. Deshalb habe ich die Regel eingeführt, dass er mich fragen soll, bevor er mein Bett betritt, weil ich noch kontrollieren kann, ob er dafür sauber genug ist. Auf seinem Sofa dagegen kann er liegen, wann er will. Kuksi hält sich erstaunlich genau an diese

Regel. Selbst wenn er alleine ist – und ich habe manchmal heimlich nachgesehen – geht er nicht in mein Bett, obwohl wir dort gemeinsam jede Nacht verbringen. Als er aber einmal böse auf mich war, ist er schnurstracks zum Bett gegangen und hat sich demonstrativ hineingelegt. In diesem Fall hat er aus Protest vorsätzlich unsere Regel gebrochen.

Als eigene Regeln, die er mitgestaltet und auch befolgt, kann man die Vorgaben beim gemeinsamen Spiel nennen, egal ob zwischen uns beiden oder zwischen Kuksi und anderen Hunden. Speziell im letzteren Fall habe ich oft beobachtet, wie sich die Hunde quasi ausmachen, was erlaubt ist und was nicht. Einmal verfolgt der eine den anderen und wieder umgekehrt. Will dabei immer der eine Verfolger sein, bricht der andere bald das Spiel ab, weil es offenbar zu einseitig wird. Ebenso sollten sich beim gespielten Kampf alle Seiten einmal auf den Rücken rollen und festhalten lassen. Auch hier dürfte ein Gefühl von Fairness und Gleichbehandlung diesen Ansprüchen zugrunde liegen.

Am meisten beeindruckt mich aber an Kuksis Verhalten, dass er unsere Beziehung als den größten Wert betrachtet, dem letztlich alles andere unterzuordnen ist. Man könnte ihn mit den besten Leckerlis und größten Fleischstücken nicht von mir weglocken. Und obwohl er sehr gerne spazieren geht, macht er das nicht mit anderen Menschen, wenn ich zu Hause bin und nicht mitgehen will. Da hält er sich zurück, bezähmt seine Affekte und bleibt lieber bei mir. Um mich zu verteidigen, ist er auch bereit, den stärksten Bären zu konfrontieren. Um mich vor einem umgestürzten Baum zu retten, lässt er alles andere stehen und liegen. Seine Liebe zu mir ist ihm das höchste Gut – wie auch umgekehrt.

Der Hund und sein Philosoph

KAPITEL 3:
Hiasls Geschichte

Tierbeobachtung hat mich schon immer sehr interessiert. Als ich zu studieren begann, musste ich zwischen Astronomie und Biologie wählen, danach wollte ich in jedem Fall noch Philosophie absolvieren. Letztlich entschied ich mich für die exakte Naturwissenschaft der mathematischen Physik, doch sozusagen autodidaktisch bildete ich mich in der Zoologie weiter.

Die Wildtiere meiner Breitengrade faszinierten mich, doch ebenso Jane Goodalls Forschungen an freilebenden Schimpansen in Gombe (Tansania). Ich habe alle ihre Bücher und Berichte verschlungen. Als ich die Chance hatte, in Österreich einen Schimpansen persönlich kennenzulernen, ergriff ich die Gelegenheit beim Schopf. Über viele Jahre hinweg war Hiasl – so wurde dieser Schimpanse im Wiener Tierschutzhaus genannt – ein enger Freund, mit seiner Gehegekollegin Rosi kam ich dagegen nie sehr gut aus.

Zum Zeitpunkt, an dem ich diese Zeilen schreibe, ist Hiasl bereits 22 Jahre in Österreich. Er wird vermutlich keine echte Erinnerung an das Leben im Dschungel in seiner frühen Kindheit haben. Seine Geschichte ist traurig und gibt Hoffnung zugleich. Wenn ich ihn so am Abend am oberen Fenster seines Innenbereichs sitzen sehe, wie er offenbar bewegt über die Gehegemauer nach außen auf die Bäume des Wienerwaldes blickt, wünschte ich mir, er könnte frei sein. Doch immerhin ist er momentan sicher, konnte er doch dem Schicksal eines Schimpansen im Tierversuchslabor mit HIV- und Hepatitis-Infektionen entgehen.

Vom Dschungel nach Österreich

Sierra Leone ist ein kleiner Staat in Westafrika, mit weniger Bodenfläche als Österreich. Ein Teil des Landes im Nordosten ist von Regenwald bedeckt. Im Juni 1981 muss irgendwo dort im Wald ein kleiner Schimpanse das Licht der Welt erblickt haben. Sicher war seine Mutter Teil einer Schimpansengruppe, die den Kleinen versorgte. Doch in Sierra Leone trieb zur gleichen Zeit ein Österreicher sein Unwesen: Franz Sitter. Ein Weltkriegsveteran mit Vergangenheit, schlug er auch 35 Jahre nach Kriegsende immer noch in militärischer Art die Haken zusammen, wenn er offizielle Beamte begrüßte. Sitter betrieb eine große Farm in Sierra Leone, die nur so von gefangenen Wildtieren wimmelte. Neben dem Verkauf dieser Lebewesen am internationalen Tiermarkt betrieb er auch Handel mit Diamanten und Elfenbein, und er organisierte Großwild-jagden für europäische und amerikanische Gäste. Zusammen mit dem dama-ligen österreichischen Konsul in Sierra Leone und einem dubiosen Wildtierex-perten, die beide ehemalige Kriegskameraden von Sitter waren, gelang es ihm, einen Wildtierschmuggelring aufzuziehen. Der Konsul bestach die lokalen Po-litikerInnen mit Kristalllustern, einem Klavier, Augartenporzellan und Jagd-gewehren, wie aus Dokumenten ersichtlich ist, die Geza Teleki, der damalige Direktor des Nationalparks in Sierra Leone, heimlich kopierte. Der Wildtier-experte erstellte abstruse Gutachten, die die jeweiligen Tiere als nicht gefährdet oder als Umweltschädlinge auswiesen, für die ein Transfer in Zoos oder Tier-versuchslabors ein Segen wäre. Sitter schließlich stellte die Wildererkomman-dos zusammen, die die Tiere in freier Wildbahn einfingen.

Die österreichische Pharmafirma Immuno hatte in den 1970er-Jahren be-schlossen, ein eigenes Primatenzentrum für ihre Tierversuchsforschung aufzu-bauen. 1976 kaufte man dazu die ersten Schimpansen aus einem Tierversuchs-labor (LEMSIP) in den USA. Doch bald wollte man eine eigene Quelle für Nachschub von Schimpansen aus der Wildnis erschließen. Die Wahl fiel auf Franz Sitter. Durch seine Geschäftsverbindungen gelang es ihm, gute Kontakte zur österreichischen Politik herzustellen. Sein Kriegskamerad erstellte ein Gut-achten, dass Schimpansen Landwirtschaftsschädlinge seien, die aus Sierra Le-one entfernt werden müssten und in diesem Land sowieso viel zu häufig vor-kämen. Insgesamt soll Sitter zwischen 4000 und 5000 Schimpansen auf der ganzen Welt verkauft haben, einige davon an das Tierversuchslabor nach Wien.

Im April 1982 schwärmten die Häscher in den Dschungel von Sierra Le-one aus, um Schimpansen zu jagen. Bald hatten sie eine Gruppe mit Jungtie-ren gefunden. Was daraufhin konkret geschah, ist nicht mehr zu rekonstruie-ren, Faktum ist aber jedenfalls, dass bei derartigen Überfällen die Mütter der Babys erschossen werden. Sollten sich männliche Gruppenmitglieder in den Weg stellen, fackelt man auch nicht lange. Für jedes gefangene Jungtier dürf-ten durchschnittlich fünf erwachsene Schimpansen sterben.

Der kleine Schimpansenbub, der später von TierschützerInnen Hiasl ge-nannt werden sollte, wurde im Alter von 10 Monaten auf Sitters Farm gebracht und dort in eine Kiste gesteckt, die man zunagelte. Zusammen mit elf anderen Schimpansenkindern ging es mit dem Flugzeug nach Wien. 460.000 Schilling, umgerechnet 34.000 Euro, bezahlte das Versuchslabor nur für Hiasl. Von den elf Schimpansenbabys, die mit Hiasl zusammen am 29. April 1982 in Wien ankamen, waren zwei weitere für Tierversuche bei der Firma Immuno gedacht, einer sollte an einen Zoo gehen und die restlichen neun an einen Tierhändler zur Weitervermittlung. Die Schimpansen waren aber noch sehr jung, keine 10 Monate alt, und damit in akuter Lebensgefahr, wenn sie nicht sehr gut betreut werden würden. Das war aber nicht zu erwarten.

Doch das neue internationale Artenschutzabkommen CITES, das Österreich am Vortag der Ankunft der zwölf Tiere unterzeichnet hatte, machte den Tierschmugglern einen Strich durch die Rechnung. Alle Schimpansen wurden am Flughafen Schwechat vom Zoll beschlagnahmt. Am 6. Mai 1982 bestätigte das Wiener Magistrat die Beschlagnahme aufgrund einer Übertretung von § 12 (2) CITES, gesetzwidriger Einfuhr geschützter Arten. Nun wurde überlegt, wer die kleinen Wesen übernehmen könnte. Am 17. Mai 1982 wurden die drei Tiere, die für die Firma Immuno gedacht waren, dem Wiener Tierschutzhaus zur temporären Verwahrung übergeben, die restlichen 9 Schimpansen erhielt der Zoo Heidelberg, wo sie alle starben. In Wien überlebten zwei Schimpansen, ein Mädchen und ein Bub, die die Namen Rosi und Hiasl erhielten und der Tierpflegerfamilie Pecher übergeben wurden. Dort wuchsen sie wie Menschenkinder in deren Haushalt auf, bis sie Jahre später ins Tierschutzhaus übersiedelten.

Doch der rechtliche Streit um die Zukunft von Hiasl und Rosi hatte gerade erst begonnen. Zwar verurteilte das Magistrat Wien in einem Verwaltungsstrafverfahren die Firma Immuno am 14. Juli 1983 wegen Übertretung des CITES-Abkommens und erklärte Hiasl und Rosi für verfallen, die Berufungen gegen die Beschlagnahme (10. Oktober 1983) und gegen die Strafe (27. Jänner 1984) wurden abgewiesen, doch das zuständige Höchstgericht, der österreichische Verwaltungsgerichtshof, hob die Urteile wieder auf. Am 20. November 1984 sprach deshalb das Magistrat Wien Hiasl und Rosi wieder der Immuno zu. Die Angestellten dieser Firma kamen auch tatsächlich neun Tage später ins Tierschutzhaus, um Hiasl und Rosi abzuholen, doch wurden sie von einer aufgebrachten Menschenmenge davon abgehalten. Selbst das Eingreifen der Polizei konnte die TierschützerInnen nicht bremsen. Die Immuno musste unverrichteter Dinge wieder abziehen. Hiasl war zu diesem Zeitpunkt bereits 3 ½ Jahre alt.

Die Sitter-Immuno-Verbindung war aber intakt geblieben und hatte eine ganze Reihe weiterer Schimpansenkinder dem ungewissen Schicksal im Tierversuchslabor ausgeliefert. Während ArtenschützerInnen, TierschützerInnen und eine Beamtin des Magistrats Wien verzweifelt die Lieferungen dieser Tiere zu unterbinden versuchten, hagelte es Zivilrechtsklagen gegen Personen, die den Handel rechtswidrig nannten. Hiasls Leidensgenossen, die nicht von TierschützerInnen gerettet werden konnten, landeten im Versuchslabor der Immuno in der Industriestraße 72 in Wien und wurden in Käfige der Größe 120

Zentimeter x 90 Zentimeter gesteckt – Tiere, die fast die Körperdimensionen von Menschen erreichen und über 60 Jahre alt werden! Immerhin wiegen Hiasl und Rosi heute jeweils 80 kg. Ab 1987 wurden neue Käfige mit einer Grundfläche von 1,5 x 1,5 Meter verwendet.

Auf öffentliche Kritik an dieser Haltungsform antwortete Eugen Ruffingshofer, der Rechtsanwalt der Firma Immuno, der für die zahlreichen Klagen zuständig war, dass Schimpansen »Nesttiere« seien und daher unter so engen Verhältnissen nicht leiden würden. Selbst 2012 erklärte er noch in einem Interview im Rahmen eines Dokumentarfilms über die Vorfälle (Rost und Strigel 2012), dass sich auch Menschen nicht bewegen würden, wenn man sie ausreichend füttert, und daher diese Schimpansen mangels Notwendigkeit, auf Nahrungssuche zu gehen, völlig zufrieden gewesen wären.

Im Versuchslabor wurden die über 50 Schimpansen, die die Immuno bis dahin in ihren Fängen hatte, für AIDS- und Gelbsuchtforschung verwendet. Man infizierte einige mit dem HIV-Virus und andere mit Hepatitis, wiederum andere mit beiden Virenarten und manche mit keinem. Nie brach die Krankheit aus, doch die Tiere wurden Träger dieser Viren und man kann ihnen aus Sicherheitsgründen seitdem nur noch mit Atemschutzmasken begegnen.

Im Jahr 1991 übersiedelten die Tiere ins neue Primatenzentrum in Orth an der Donau, etwa 30 Kilometer östlich von Wien. Die Käfige wurden nun auf eine Bodenfläche von 2,2 Meter x 2,2 Meter erweitert. Die Tiere lebten in vier Einzelzellen nebeneinander im Keller des Labors, durch winzige Fenster miteinander verbunden. Oben am Käfigdach gab es ebenfalls eine Glasscheibe, der den Boden eines Gesellschaftsraums bildete, in dem die Angestellten ihre Kaffeepause verbrachten und BesucherInnen empfangen wurden. Von dort aus konnten die Menschen beim Kaffeeschlürfen auf die Tiere hinunterblicken. Eine absurde Konstruktion, zumal doch bekannt sein dürfte, dass sich Schimpansen bei dieser Konstellation bedroht fühlen. Doch die Symbolik der Mensch-Tier-Hierarchie hatte offenbar beim architektonischen Entwurf Priorität.

Dieses Primatenzentrum wurde der Öffentlichkeit als großartiger Fortschritt verkauft, in Wahrheit ließ es das Leid für die betroffenen Tiere nicht abreißen. Der Käfigboden bestand aus Eisenstangen, sodass der Kot der Schimpansen darunter aufgefangen werden konnte. Eine Seitenwand ließ sich hydraulisch bewegen und gegen die andere Käfigwand schieben, wodurch der Schimpanse bei Bedarf eingequetscht und bewegungsunfähig gemacht wurde. Das diente dazu, ihm leichter Blut abzunehmen oder mit weiteren Viren zu infizieren. Den Schimpansen selbst wurde als Beschäftigung lediglich eine Hängematte geboten.

Unter diesen Bedingungen mussten sie noch bis 1999 durchhalten, als die Firma Baxter, die das Labor von der Immuno samt den Schimpansen übernommen hatte, die Tierversuche an allen Primaten ergebnislos einstellte. Zweieinhalb Jahrzehnte an Forschung vollkommen ohne jeden nachweisbaren Erfolg! Und dafür mussten vielleicht 300 Schimpansen sterben und das Leben von 50 weiteren wurde vollkommen zerstört. Die TierschützerInnen hatten von Anfang an recht gehabt!

Doch zurück zum Konflikt um Hiasl. Nachdem die Immuno der Schimpansen, die ihr das Höchstgericht zugesprochen hatte, nicht habhaft werden konnte, wandte sie sich am 10. Juli 1985 an den Verfassungsgerichtshof und klagte die Republik Österreich auf Exekution des Gerichtsurteils. Dieser gab am 10. Dezember 1986 der Immuno recht. Die Republik Österreich nahm dieses Urteil zum Anlass, um am 23. März 1987 vom Wiener Tierschutzhaus die Herausgabe von Hiasl und Rosi innerhalb von 14 Tagen zu fordern, andernfalls Zwangsmittel eingesetzt werden müssten. Doch die Exekutive fürchtete offenbar die öffentliche Meinung und so setzte man erneut auf den Rechtsweg. Am 11. Juni 1987 klagte die Republik Österreich das Wiener Tierschutzhaus auf Herausgabe der Tiere. In ihrer Klagsbeantwortung erklärten die HeimbetreiberInnen, dass sie dem Tierschutz verpflichtet seien und daher die Schimpansen nicht im Stich lassen könnten. Am 18. Februar 1988 verurteilte das Landesgericht Wien das Tierschutzhaus. Dieses brachte daraufhin eine Berufung beim Obersten Gerichtshof Österreichs als allerletzter Instanz ein. Da seit dem 1. Jänner 1989 nach einer Änderung des Zivilrechts nach § 285a Tiere nicht mehr als Sachen galten, rechnete man sich einige Chancen aus. Der entsprechende Passus lautet: »Tiere sind keine Sachen; sie werden durch besondere Gesetze geschützt. Die für Sachen geltenden Vorschriften sind auf Tiere nur insoweit anzuwenden, als keine abweichenden Regelungen bestehen.« Doch die Gerichte erklärten, wie in sämtlichen Fällen seither, diesen Zusatz im Zivilrecht für ein Gesetz ohne Inhalt und stellten fest, dass es für Tiere als Sachen keine Nothilfe gebe, auch wenn ihnen noch so viel Qual drohe.

Am 27. September 1989 war damit der Rechtsweg ausgeschöpft. Nach 7 ½ Jahren juristischem Tauziehen um das Schicksal der zwei Schimpansenkinder, die die Odyssee von Sierra Leone bis nach Österreich überlebt hatten, sollten sie doch noch ins Tierversuchslabor kommen. Oder nicht? Im Lager der TierschützerInnen beschloss man, einfach still zu halten und die Sache auszusitzen. Und tatsächlich geschah nichts. Zwar blieben Hiasl und Rosi im Eigentum der Immuno, doch leben konnten sie in einem Gehege im Tierschutzhaus unter TierschützerInnen. Bis sie im Jahr 2002 offiziell von der Immuno-Nachfolgefirma Baxter an das Tierschutzhaus verschenkt wurden.

Begegnung mit Hiasl

Als Hiasl vom Tierschutzhaus am Khleslplatz in Wien in sein neues Gehege in Vösendorf umsiedeln sollte, boten sich meine damalige Partnerin Paula Stibbe und ich dafür an, seinen Außenbereich zu strukturieren. Zahlreiche Feuerwehren schenkten uns ausgediente Wasserschläuche, die wir kreuz und quer montierten, um Hiasl und Rosi das Klettern zu ermöglichen. Paula hatte auch die Idee, gleich ein Beschäftigungsprogramm mit den Schimpansen zu versuchen, an dem ich mich beteiligen konnte. Insbesondere Paula investierte sehr viel Zeit und Energie in diese Aufgabe.

Als ich Hiasl zum ersten Mal sah, war ich über seine beeindruckende Größe und Kraft erstaunt. Er zog sich sofort auf einen Balkon in seinem Gehege zurück, beäugte mich kritisch und begann sich in seine für Schimpansenmänner charakteristische Trance zu bringen, wenn sie sich in Szene setzen. In einer Haltung, die ihre Persönlichkeit gebrochen hat, bleiben sie kleinlaut und still. Doch Hiasl hatte einiges an Selbstvertrauen und so zeigte er ein beeindruckendes »Display«, ein Demonstrieren der eigenen Stärke und Gewandtheit. Dabei schrie er laut, raste durch das Gehege, schwang gegen die Wände, um mit großer Gewalt dagegen zu treten, und stellte die Haare furchterregend auf. Wenn er an mir vorbeilief, bewarf er mich mit Sägespänen und Stroh. Dabei duckte ich mich unterwürfig zu Boden, um ihn nicht zu provozieren. Doch so schnell es begonnen hatte, so schnell war es auch wieder vorbei. Vor Frauen zeigt er dieses Verhalten nicht.

Erst jetzt, nachdem Ruhe eingekehrt war, konnte ich ihn näher betrachten. Sein Gesicht wirkte sensibel, fast nachdenklich. Die dunklen Augen schauten mich durchdringend an. Nur auf der Brust, dem Gesicht und den Händen und Füßen war er nicht behaart, ansonsten trug er ein dichtes Fell, das die Farbe seiner Haut verdeckt.

Es sollte viele Wochen regelmäßiger Besuche benötigen, bis er eines Tages bei meiner Ankunft kein Display mehr vorführte. Er lief freudig auf mich zu, um mich zu begrüßen. Da wusste ich, er hatte mich als Teil seines sozialen Umfelds, seiner Gruppe, akzeptiert. Er kam auf mich zu, hielt ganz dicht vor mir, schmatzte laut und zeigte auf meinen Arm. Als ich ihm diesen hinhielt, fuhr er mit dem Fingernagel durch meine Haare, als würde er nach Parasiten suchen. Tatsächlich, er »groomte« mich! Für Schimpansen ein Zeichen von großem Vertrauen und Verbundenheit. Während er an mir beschäftigt war, konnte ich seinen Geruch deutlich wahrnehmen. Ich betrachtete aus kaum 10 Zentimeter Entfernung sein Gesicht, so fremd und doch so ähnlich. Er hielt den Mund leicht offen und seine ungeheuerlich großen Eckzähne standen deutlich sichtbar heraus.

Mit Hiasl konnte man auf vielfältige Weise spielen. Wenn man ihm die Hände gab, hielt er sich fest und schlug zahlreiche Purzelbäume. Gerne wollte er gekitzelt werden. Manchmal präsentierte er lachend seine formidablen Eckzähne und ließ zu, dass man sie mit beiden Händen umfasste. Wir nahmen ein Seil und zogen gegeneinander um die Wette. Zwar sind Schimpansen viel stärker als Menschen, doch in unserem Fall hielten wir uns die Waage, wenn ich mit aller Kraft anzog. Offenbar wollte er nicht einfach gewinnen. Lustig waren auch Verfolgungsjagden quer durch den Raum.

Für Hiasl ist es von großer Bedeutung, sich gegenseitig zu groomen. Wir sollen uns die Körperhaare an den Armen und am Kopf durchwühlen, um Läuse zu finden. Die sind zwar natürlich nicht da, aber dennoch ist das für ihn ein Zeichen der Zusammengehörigkeit und bestärkt unsere soziale Beziehung. Er genießt das Groomen sehr, schmatzt dabei laut und hält es sehr lange durch. Eine solche Intimität zwischen ihm und mir berührt mich immer wieder tief.

In freier Wildbahn benutzen Schimpansen Angeln aus Holz, die sie zurichten und dazu benutzen, Termiten aus ihrem Bau zu holen. Wir versuchten das zu simulieren, indem wir Hiasl und Rosi enge Behälter anboten, die pflanzlichen Honig oder pflanzliches Joghurt enthielten. Insbesondere Hiasl nahm gerne Holzstecken zu Hilfe, um sich diese Leckereien zu holen. Er hatte überhaupt einen Faible fürs Süße, liebte Fruchtsaft und Mannerschnitten.

Schimpansen können sich selbst im Spiegel erkennen. Deswegen brachten wir ihm einen, an den er sich gewöhnen sollte, doch er zeigte wenig Interesse. Später kamen wir auf die Idee, eine Videokamera mitzunehmen, die mit einem Monitor verbunden war, der die Livebilder der Kamera wiedergab. Hiasl erkannte bald, dass der Monitor immer jenen Gegenstand zeigte, auf den die Kamera gerichtet war, indem er vor der Kamera mit einem Taschentuch winkte und das zu seiner großen Begeisterung am Bildschirm erschien. Daraufhin richtete er die Kamera auf seinen geöffneten Mund und inspizierte seine Zähne. Zweifellos, Hiasl hatte sich selbst auf dem Monitor erkannt.

Wir brachten Hiasl und Rosi auch einen großen Fernseher ins Gehege und zeigten ihnen verschiedene Naturdokumentationen. Durch ihr ruhigeres Wesen machte es Rosi weniger aus, länger still zu sitzen und die Vorgänge zu beobachten. Sie schien sehr interessiert. Hiasl verfolgte das Geschehen zwar auch, insbesondere wenn Gorillas oder Schimpansen im Urwald zu sehen waren, die miteinander interagierten, allerdings blieb er nie sehr lange bei der Sache. Bei lautem Geschrei aus dem Fernseher richtete er sich auf und starrte fasziniert auf die bewegten Bilder. Es machte mich traurig, dass er den Regenwald, aus dem er gekommen war, nie wieder wird sehen können. Ob er sich in irgendeiner Form an diese längst vergangene Zeit erinnerte?

Manchmal ließen wir ihn auch Videospiele über das TV-Gerät ausprobieren, doch er war dafür zu ungeduldig, er wollte lieber selbst im Freien herumklettern. Rosi wäre dafür geeigneter gewesen, sie war ja so ruhig, doch ihr Handicap schienen ihre schlechten Augen zu sein. Ein größeres Interesse zeigten Hiasl und Rosi an einer elektronischen Orgel. Es machte ihnen viel Spaß, die Tasten zu drücken und die Töne zu hören, die dadurch aus dem Gerät kamen. Besonders komplexe Melodien haben sie dem Instrument allerdings nicht entlockt.

Wir gaben Hiasl auch Ölkreiden und Blätter Papier. Tatsächlich begann er zu malen. Sorgfältig zog er lange Linien, die durch Querverbindungen unterbrochen waren. Manche seiner Kunstwerke wurden auf der Kunstuniversität ausgestellt, allerdings blieben sie sehr abstrakt und dadaistisch.

Draußen im Freien schwang sich Hiasl das Netz, das sein Gehege oben begrenzte, entlang, balancierte auf Feuerwehrschläuchen und tobte durch die Gegend. Er ist unheimlich stark und im Klettern sehr geschickt. Manchmal blieb er am höchsten Punkt seines Freigeheges sitzen und blickte sinnend in die Gegend. Was er dabei wohl dachte?

Ich habe nun auch immer wieder Kuksi mit Hiasl zusammengebracht. Die beiden begrüßen sich und nähern sich dabei kurz an, sind aber ansonsten relativ wenig aneinander interessiert. Kuksi beschäftigt sich anderweitig, während ich mit Hiasl spiele. Ihre Treffen waren allerdings zu selten, um ihnen überhaupt die Entwicklung einer echten Beziehung zu ermöglichen.

Wer Hiasl in die Augen sieht, wird nicht umhin können, ihn als eine Person mit Bewusstsein, einem eigenständigen Charakter und Gedanken, Intentionen und natürlich Gefühlen zu sehen. Hätte man ihn in Sierra Leone gelassen, wäre er zu einem eigenständigen, autonomen Wesen herangewachsen, das sich sein eigenes Leben gestaltet. So muss er leider den Rest seiner Zeit in einem Gehege bleiben.

Oder zumindest die meiste Zeit. Eines Tages gelang es Rosi, einige Schrauben, die das Abdecknetz im Außengehege fixierten, zu lösen und in die Freiheit zu schlüpfen. Aber in ihrer zurückhaltenden Art blieb sie einfach vor ihrem Gehege sitzen, traf dann auf Paula, die sie anstandslos wieder ins Gehege zurückführen konnte. Hiasl folgte Rosi durch den Spalt, doch entschied sich, seine Freiheit etwas länger zu genießen. Er lief das Dach des Tierschutzhauses entlang und schwang sich gegen eine Glastür. Das Glas in seinem Gehege ist so stabil, dass es der Wucht seiner Schläge standhält, nicht aber die Türen im Gebäude. Tausende Scherben flogen durch die Gegend und die Menschen in der Umgebung flüchteten in alle Himmelsrichtungen und riefen die Polizei. Die rückte gleich mit Maschinenpistolen an.

Hiasl, wie die tragische Figur von Fips dem Affen bei Wilhelm Busch, saß auf dem Dach über dem Parkplatz, darunter hatte sich eine ansehnliche Menschenmenge versammelt, dazwischen PolizistInnen mit Waffen. Paula versuchte verzweifelt die BeamtInnen zu beruhigen, und es gelang ihr, ihnen das Versprechen abzunehmen, dass sie nur schießen würden, wenn Hiasl auf die Menschen am Parkplatz zuginge. Dann kam ein Tierarzt mit Blasrohr, kletterte auf das Hausdach und schoss Hiasl einen Pfeil mit Schlafmittel in den Schenkel. Damit war dieses Abenteuer doch noch gut ausgegangen.

Die langjährige Beziehung zu Hiasl weckte in mir den Wunsch, die verbleibenden Schimpansen aus dem Versuchslabor zu bekommen und ein grundsätzliches Verbot von Tierversuchen an Menschenaffen zu erreichen. Die Zeit war nun reif dafür.

Versuchsverbot und Rehabilitation

Um die Jahrtausendwende gab es Signale aus dem Tierversuchslabor von Baxter, dass die dortigen Schimpansen abgegeben werden sollen. Früher hätte man überflüssige Versuchstiere einfach getötet, heute ist dies aufgrund der öffentlichen Meinung zumindest bei Schimpansen nicht mehr möglich. Als erstes wurde die Schimpansenstation Chimp Haven in den USA ins Auge gefasst, eine Option, die vom berühmten Experten Frans de Waal unterstützt wurde. Er kam dafür extra nach Österreich und die TierschützerInnen, darunter auch ich, wurden in die Verhandlungen einbezogen. Eine gute Lösung hätte auch umfasst, dass Hiasl und Rosi einer bestehenden Schimpansenkolonie angeschlossen würden.

Es gab allerdings ein großes Problem mit der Umsiedlung der Versuchsschimpansen in die USA: sie hatten keine CITES-Papiere. Jetzt rächten sich wieder einmal die Deals mit Franz Sitter. Die Schimpansen mussten jedenfalls in Österreich bleiben. In Europa gab es nur noch ein einziges anderes Tierversuchslabor mit Menschenaffen, nämlich das BPRC in Rijswijk in Holland. Ich hatte mich sowohl in Orth als auch in Holland an den Protesten gegen die Schimpansenversuche beteiligt, jetzt war es schön zu sehen, dass man da wie dort an eine Rehabilitation der betroffenen Tiere dachte.

In Österreich wurde letztlich eine Option ausgearbeitet, die für uns aussichtsreich schien. Der damalige Safaripark in Gänserndorf würde Geld von Baxter und anderswo erhalten und eigene Gehege mit großzügigem Zugang ins Freiland für die Tiere bauen. Paula wurde als Schimpansenspflegerin in das Projekt integriert und begann die Schimpansen, die noch immer in den Kellern des Versuchslabors in Orth in winzigen Einzelkäfigen hausten, zu betreuen. Um zu ihnen zu gelangen, musste sie eine chemische Schleuse passieren und sich auf der anderen Seite in einen Schutzanzug kleiden. Diese Schimpansen kannten Menschen überhaupt nicht wirklich von Angesicht zu Angesicht, zumindest jene, die mit HIV und Hepatitis-Erregern infiziert waren.

Die Tierpflegerinnen im Versuchslabor reagierten Paula gegenüber sehr feindselig und aggressiv. Kein Wunder, hatten sie sich ja an Tierversuchen beteiligt, die nun als unmoralisch desavouiert waren. Es kam regelrecht zu einem Mobbing und mehrmals zu physischen Übergriffen. Doch diese Frauen mussten in das neue Projekt integriert werden, weil es sonst keine Personen in Österreich gab, die sich mit der Pflege von Schimpansen so gut auskannten.

Die neuen Gehege in Gänserndorf nördlich von Wien wurden rasch errichtet. Innen waren die Bereiche etwa 100 Quadratmeter groß und mehr als 6 Meter hoch. Die Einrichtung war äußerst schimpansengerecht gehalten, mit vielen dreidimensionalen Strukturen. Unter der Wissenschaftlerin Signe Preuschoft wurden die Einzeltiere sehr sorgfältig zu Gruppen zusammengeführt. Es schien sich alles zum Guten zu wenden, für Hiasl und Rosi konnte hier auch noch Platz geschaffen werden. Insgesamt 46 Schimpansen waren in die Rehabilitation einbezogen, einer starb noch knapp vor dem Umzug aus dem Versuchslaborkeller in die neuen Räumlichkeiten. Welch tragischer Tod!

Doch nun nahm das Unglück seinen Lauf. Der Safaripark ging bankrott und der Bau der Außengehege wurde abgebrochen, bevor noch eines von ihnen fertiggestellt war. Für manche der infizierten Schimpansen gab es nur kleine Schlafkäfige. Für sie waren noch nicht einmal die Innengehege fertig gebaut. Um keinem der Tiere die Enge dieses Käfigs dauerhaft zuzumuten, wurde reihum gewechselt.

Ich bemühte mich sehr, einen Finanzier zu finden, klapperte alle ausreichend potenten Tierschutzvereine ab, doch keine Option schien fruchtbar. Dann wurden andere Aufnahmestationen für die Tiere gesucht, doch nichts konnte für sie getan werden. Letztlich blieben einige der Tierpflegerinnen in den halbfertigen Anlagen im Safaripark übrig und versorgten die Tiere ohne langfristige Perspektive.

Unterdessen planten wir Tierschützerinnen ein endgültiges Verbot aller Tierversuche an Menschenaffen in Österreich durchzusetzen. Mit dem Ende des Primatenzentrums in Orth war die Bahn dafür frei. Im Jahr 2002 waren auch die 100 Schimpansen aus den Labors im BPRC in Holland in die Rehabilitation gegangen und in Australien trat 2003 ein Verbot für Versuche in Kraft, sofern sie nicht der Erhaltung der Art dienen. Es gelang uns am 17. Juni 2003 ein Expertenhearing zu erreichen, bei dem Signe Preuschoft, jene Wissenschaftlerin, die die Zusammenführung der Schimpansen in Gänserndorf leitete, als Sprecherin für unseren Antrag auftrat. Gegen sie wurde ein Wissenschaftler aus Deutschland in Stellung gebracht. Doch unsere Argumente waren die besseren. Andrew Knight (publiziert 2011) hatte sämtliche 749 Tierversuchsprojekte an Schimpansen weltweit in den 10 Jahren zwischen 1995 und 2004 unter die Lupe genommen. Bei 31 % dieser Versuche ging es um AIDS, bei weiteren 31 % um Hepatitis C und bei 9 % um Hepatitis B, die restlichen Versuche teilten sich auf kleinere Themen auf. Das Resultat der Studie war erschreckend: 49,5 % der Ergebnisse wurden niemals in irgendeiner weiteren wissenschaftlichen Arbeit verwendet, sie waren in jeder Hinsicht irrelevant. Nur 15 % der Versuche wurden in medizinischen Journalen zitiert, d. h. sie fanden in irgendeiner Form für die Entwicklung von Heilmethoden an Menschen Verwendung. Ein genauerer Blick auf die konkrete Rolle dieser Studien dabei zeigte aber, dass bei allen Referenzen die Versuchsergebnisse an den Schimpansen irrelevant oder bestenfalls peripher relevant waren. Mit anderen Worten: die weltweiten Tierversuche an Schimpansen hatten in diesen 10 Jahren schlicht und einfach keine verwertbaren Ergebnisse gebracht – aber unermessliches Leid!

Mit diesen Argumenten und einer politisch opportunen Stimmung kam es schließlich zu einem Entschließungsantrag des österreichischen Parlaments für ein Versuchsverbot an Menschenaffen, der angenommen wurde. Von so einem Antrag bis zur Umsetzung ist aber noch ein weiter Weg, wie wir aus verschiedenen Tierschutzgesetzesinitiativen wissen. Doch in diesem Fall waren keine wirtschaftlichen Interessen betroffen und das Verfahren lief glatt. Eine parlamentarische Kommission sollte den konkreten Gesetzestext ausarbeiten. Da der Entschließungsantrag mehr oder weniger zufällig von »Menschenaffen« und nicht »Großen Menschenaffen« sprach, sah ich eine Chance, die sogenannten kleinen Menschenaffen, die verschiedenen Gibbonarten, in das Verbot mit einzubeziehen. Eine entsprechend wissenschaftlich unterstützte Eingabe war erfolgreich und im Jänner 2006 trat in Österreich ein absolutes Verbot aller Tierversuche an allen Menschenaffen inklusive der Gibbons in Kraft.

Damit war Österreich weltweit einer der Vorreiter, was Gibbons betrifft, sogar das einzige Land. Auch in Holland kam es danach zu einem Versuchsverbot, und mit dem Gesetz in Australien umfasste die Liste der Verbotsländer schließlich zusätzlich noch Großbritannien, Schweden und Neuseeland. Im Jahr 2007 beendete auch Japan seine Tierversuche an Menschenaffen, rehabilitierte die eigenen Tiere und erließ ein Verbot. Heute gibt es solche Versuche nur noch an Schimpansen in den USA, wobei dort ein bundesweiter Aufschub für weitere Züchtungen dieser Tiere besteht, und in Gabun in Westafrika, wohin sich vermutlich jene westlichen Firmen zurückgezogen haben, die trotz der Verbote oder Einschränkungen in ihren Heimatländern auf derartigen Versuchen bestehen. In der EU wurde mit einer eigenen Richtlinie von 2010 die Nutzung von Menschenaffen in Tierversuchen nur noch mit Sondergenehmigung unter speziellen Umständen erlaubt.

Auch für die gestrandeten ehemaligen Versuchsschimpansen in Gänserndorf sollte sich alles zum Guten wenden. Zwar waren sie mittlerweile von 46 auf 39 reduziert, doch 2010 fanden sie in Gut Aiderbichl einen potenten Geldgeber für ein Aufleben des Projekts. Tatsächlich wurden großzügige Außengehege von mehreren Tausend Quadratmetern pro Gruppe gebaut und am 6. September 2011 gingen Bilder um die Welt, die zeigten, wie die ersten Laborschimpansen zum Teil nach 30 Jahren und mehr erstmals wieder an die frische Luft, in die Sonne und zu Pflanzen gehen konnten und Gras unter ihren Fußsohlen spürten. Leider fast 10 Jahre später als erhofft. Doch für Freiheit und ein schöneres Leben ist es fast nie zu spät – außer für jene unglückseligen Geschöpfe, die vorher gestorben waren.

Ein Sachwaltschaftsprozess für Hiasl

Zurück ins Jahr 2006. Hiasl und Rosi waren zwar weiterhin im Tierschutzhaus in Vösendorf relativ gut aufgehoben, doch für viele überraschend ging das Tierheim in Konkurs. Es wurde ein Masseverwalter bestellt und diesem oblag es, aus der Vereinsmasse, auch aus Hiasl und Rosi, die ja seit 2002 ins Eigentum des Tierheims übergegangen waren, möglichst viel Geld für die GläubigerInnen herauszuschlagen. Die beiden Schimpansen konnten jederzeit an die Bestbietenden verkauft werden, wie einen ausländischen Zirkus (in Österreich galt seit 2005 ein Wildtierverbot für Zirkusse) oder ein ausländisches Tierversuchslabor (das Menschenaffenversuchsverbot war bereits in Kraft getreten). Da war guter Rat teuer.

Jede Spende, die man Hiasl hätte übermitteln wollen, um seinen Unterhalt zu bestreiten, wäre direkt weiter an das Tierheim gegangen, und damit in die Konkursmasse. Mit Geld konnten wir ihn nicht retten. Eine andere Alternative wäre gewesen, die Firma Immuno oder ihre RechtsnachfolgerInnen, die für Hiasls Schicksal verantwortlich waren, mit Hilfe einer Schadensersatzklage zur Rechenschaft zu ziehen. Nur weil Immuno damals Schimpansen für ihr

Tierversuchslabor haben wollte, wurde Hiasl aus seiner Heimat entführt, sodass er in Abhängigkeit von Menschen geriet. Zu Hause in Sierra Leone in seiner Schimpansengruppe hätte er frei und autonom leben können, erst durch seine Entführung geriet er in die Situation, Hilfe für seinen Lebensunterhalt zu benötigen. Immuno war verantwortlich und Immuno hätte zahlen sollen. Doch niemand anderer als Hiasl hätte klagen können, weil ja nur er betroffen war. Da nach der Rechtslage aber nur Personen Klagen einbringen können, Hiasl aber als Sache und nicht als Person galt, war dieser Weg versperrt.

So kamen wir auf die Idee, einen Sachwalter für Hiasl zu beantragen, der seine Geschäfte, wie Geldsammeln für seinen Unterhalt oder eine Schadensersatzklage gegen Immuno, regeln sollte. Zur Bestellung von SachwalterInnen gibt es ein Sachwaltschaftsgericht am zuständigen Bezirksgericht. Bei Hiasl war das in der Stadt Mödling.

Wieder hatten wir grundsätzlich das Problem, wer den Antrag auf Besachwalterung einbringen kann. Normalerweise sind das die direkten Verwandten des Betroffenen. Doch direkte Verwandte von Hiasl gab es aufgrund seiner Entführung keine. Unter Menschen kann in diesem Fall auch ein enger Freund die Besachwalterung beantragen. Das traf auf mich zu. Doch um auf Nummer sicher zu gehen, arrangierten wir eine Geldspende. Ein Mäzen schenkte mir vertraglich 5000 Euro unter der Auflage, dass ich das Geld nur auf eine Weise verwenden dürfe, die auch im Interesse von Hiasl war. Daher hatte ich nun die sogenannte Aktivlegitimation für eine Eingabe ans Sachwaltschaftsgericht: es war in meinem persönlichen Interesse zu wissen, welche Geldausgabe im Sinne von Hiasl sein würde, damit ich die mir geschenkte Spende verwenden konnte. Ich wollte, dass das Gericht für Hiasl einen Sachwalter bestellt, der mir seine Interessen offiziell bestätigen kann.

Am 6. Februar 2007 machte mein Anwalt Stefan Traxler mit Rechtsberatung durch Eberhart Theuer für mich die entsprechende Eingabe beim Bezirksgericht Mödling (siehe Balluch und Theuer 2007). Wir hielten unseren Antrag kurz: ein Mann namens Mathias Hiasl Pan (lateinisch für Schimpanse), wohnhaft in Vösendorf (Adresse des Tierheims), solle besachwaltert werden. Sachwalter nach österreichischem Recht sind vom Gericht bestellte Personen, die jene rechtlichen Agenden wahrnehmen, die der Besachwaltete nicht selbst wahrnehmen kann. In Deutschland werden sie als rechtliche Betreuer bezeichnet. Sie sind vergleichbar mit einem Vormund für Kinder. Auf Näheres wollten wir zu diesem Zeitpunkt bei unserer Eingabe noch nicht eingehen, ansonsten fürchteten wir, dass das Gericht vielleicht gar kein Verfahren eröffnen würde, was uns die Möglichkeit zur Berufung genommen hätte.

Die zuständige Richterin hatte nun die Aufgabe, den zu Besachwaltenden zu besuchen, sich selbst ein Bild zu machen, Informationen von nahen Verwandten, Bekannten oder BetreuerInnen einzuholen und zuletzt eine Entscheidung zu fällen. Als die Richterin aber nun ins Tierheim kam, um Mathias Hiasl Pan zu sehen, dachte sie an einen Aprilscherz. Ich versicherte ihr, wie ernst es uns war. Es gab die erste mündliche Verhandlung. Die Richterin meinte, wir hätten zwar gute Intentionen, seien aber fehlgeleitet. Sie lehnte unseren Antrag mit der Begründung ab, es würden keine Dokumente von Hiasl vorliegen. Aber für so einen Fall gab es bereits Präzedenzfälle unter Menschen. In Kriegswirren kann es passieren, dass Menschen ihre Identitätsnachweise verlieren, und das traf auch auf Hiasl zu. Immerhin wurde seine Familie überfallen, als er noch ein Kind war, und er über Tausende Kilometer weit auf einen anderen Kontinent entführt, wo er niemanden kannte. Wie hätte er da Dokumente haben können?

Nun brachten wir unsere drei Gutachten renommierter ExpertInnen in Stellung. Damit Hiasl besachwaltert werden konnte, musste er nach dem Zivilrecht als Person gelten. In Österreich definiert § 16 des Allgemeinen Bürgerlichen Gesetzbuches den Personenbegriff indirekt. Nach herrschender Rechtsmeinung konnten nur Menschen natürliche Personen sein. Das erste Gutachten, von Professor Volker Sommer vom Lehrstuhl für Evolutionäre Anthropologie des University College in London, ging auf diesen Aspekt ein und argumentierte, dass Hiasl als Schimpanse auch unter den biologischen Menschenbegriff falle. Das einerseits deshalb, weil der Artbegriff keine biologische Realität hat und andererseits, weil der Menschbegriff biologisch ein Name für die Gattung ist (Homo), und nach gängiger Nomenklatur durchaus wissenschaftlich argumentiert werden könne, dass der Schimpanse als Homo pans dazu gehöre. Wörtlich schrieb Sommer:

»Ist der Begriff der menschlichen Art biologisch eindeutig definiert?
Eine verbindliche Definition von »Art« existiert nicht. Die Grenzen zwischen biologischen Populationen sind per Definition fließend, weil Evolution sonst gar nicht hätte stattfinden können – das Prinzip ist Wandel, nicht Statik. Speziell das oft zitierte Kriterium, dass zwei verschiedene Arten keine »fruchtbaren Nachkommen« miteinander haben können, passt nicht auf die Realität. Denn auch und gerade Primaten produzieren fruchtbare Nachkommen oft nicht nur über angebliche Artgrenzen hinaus (etwa Weißhandgibbons und Kappengibbons; Mantelpaviane und Anubispaviane), sondern ebenfalls über definierte Gattungsgrenzen hinweg (etwa Hanuman-Languren [Semnopithecus] und Nilgiri-Languren [Presbytis]) –

und zwar im Freiland. Die Abgrenzung der »Art« Mensch von anderen Primaten ist deshalb biologisch gesehen ebenfalls willkürlich. Es existiert kein biologisches »Sondermerkmal«, welches eine solche Abgrenzung rechtfertigen könnte. [...]

Sind biologische Nachkommen zwischen Menschen und Schimpansen möglich?
Etliche Primatologen – inklusive des renommierten Anatomen Prof. H.-J. Kuhn (Gründer des Deutschen Primatenzentrums in Göttingen; Ehrenvorsitzender der Gesellschaft für Primatologie) und des italienischen Anthropologen A. B. Chiarelli – halten es für denkbar, dass solche Nachkommen nicht nur möglich sind, sondern dass es sie auch gab oder noch gibt. Der biologische Abstand zwischen den »Großen« Menschenaffen und Menschen ist jedenfalls nicht größer als der zwischen Pferden und Eseln oder Löwen und Tigern – die ebenfalls Nachkommen miteinander produzieren können. (Wiederum: Das zusätzliche Kriterium der »Fruchtbarkeit« ist nutzlos, speziell da – entgegen landläufiger Meinung – auch Maultiere fruchtbar sein können.) Da solche Hybriden aufsehenerregend sind, ist die Berichterstattung in populären Medien allerdings gekennzeichnet von unseriöser Sensationsmache, so dass hier leicht der Eindruck von Fabelgeschichten entstehen mag. Hybriden zwischen Menschen und Menschenaffen mögen etwa entstehen, wenn sich Menschenmännchen mit in Gefangenschaft gehaltenen Weibchen von Menschenaffen verpaaren, speziell Schimpansinnen. Die Kinder aus diesen Verbindungen sind mit großer Wahrscheinlichkeit in ihren Sozialgruppen auffällig in Verhalten und gewissen Körpermerkmalen – aber das trifft auch zu auf zahlreiche Nachkommen von Menschen mit anderen Menschen. [...]

Gehören Schimpansen zur biologischen Gattung »Homo«?
Einteilungen sind Konstrukte – die von einem praktischen Standpunkt aus nützlich sein mögen –, doch sind sie keine »Realitäten«. Ist die Einteilung der Organismenwelt in »Arten« bereits zweifelhaft, so ist die Einteilung in höhere taxonomische Kategorien wie Gattung, Familie, Ordnung etc. dementsprechend noch willkürlicher. Diese Einteilungen haben zwar, wie gesagt, einen heuristischen, praktischen, pragmatischen Wert, beispielsweise im Rahmen der Kommunikation unter Wissenschaftlern, oder wenn es um Naturschutz-Maßnahmen geht, sind aber dann unakzeptabel, wenn sie zur »Reifikation« werden – zum Dogma einer »Realität«. Heutzutage wird versucht, die traditionellen Kriterien der Abgrenzung, die sich auf Körperbau-Merkmale stützen, durch Messungen des genetischen Abstands zu ersetzen. Diese Methode ist selbstverständlich ebenfalls willkürlich, da etwa das Zählen identischer oder verschiedenartiger Gene wenig sagt über Artzugehörig-

keit. So kann im Prinzip ein Mensch mehr unterschiedliche Gene haben hinsichtlich eines anderen Menschen, als hinsichtlich eines bestimmten Schimpansen. Bezüglich des »Durchschnitts« werden verschiedene Zahlen genannt – je nachdem, welche genetischen Marker analysiert werden –, darunter beispielsweise jener, dass Menschen und Schimpansen sich nur um 0,6 % unterscheiden – also zu 99,4 % identisch sind. Dies mag zwar insofern irreführend sein, als 0,6 % einen »Riesenunterschied« produzieren könnten. Doch ist klar, dass ein solch geringer Unterschied für die Einteilung in zwei Gattungen vollkommen unzulänglich ist, wenn man denn genetische Marker zur Taxonomie verwenden will. Organismen mit 0,6 % Unterschied würden, wenn nicht zur gleichen Art, dann jedenfalls automatisch zur selben Gattung zählen, wenn es sich um andere Organismen als Menschen und Menschenaffen handeln würde. So fordern jene Genetiker, die diesen 0,6 %-Unterschied feststellten, konsequenterweise, dass Schimpansen zumindest in die Gattung »Homo« gestellt werden.«

Das zweite Argument, das wir vorbrachten, betraf den Personenbegriff im Zivilrecht. Wir argumentierten, Personen seien im Kant'schen Sinne jene Wesen, die in anderen deren Personalität erkennen. Wir konnten auch hier ein starkes Gutachten einer hochkarätigen Expertin für Schimpansen vorlegen, Signe Preuschoft, der wissenschaftlichen Leiterin des Schimpansenrehabilitationsprojekts in Gänserndorf. Sie schrieb in ihrem Gutachten:

»Auf den Gebieten der analytischen Philosophie des Geistes und der kognitiven Ethologie kommen Philosophen und Primatologen einer gemeinsamen Sprache am nächsten. Kandidaten für den Status als Person sind diejenigen Wesen, die über Vernunft und Bewusstseinszustände (Meinungen, Wünsche, Gefühle) verfügen und mit denen man am besten umgehen kann, wenn man ihnen gegenüber eine bestimmte Einstellung einnimmt. Diese sog. intentionale Einstellung besteht darin, dass man dem Wesen Intentionen (d.h. Bewusstseinszustände) zuschreibt, um so erfolgreich sein Verhalten vorherzusagen. Wesen, die diese Bedingungen erfüllen, nennt Dennet »intentionale Systeme« und nur solche sieht er als Kandidaten für den Status einer Person.
Eine weitere Bedingung ist, dass das Wesen die intentionale Einstellung erwidern kann, also dass es seinerseits anderen Motive und Meinungen zuschreiben kann. Schimpansen z. B. scheinen einen Unterschied darin zu sehen, ob man ihnen etwas nicht gibt, weil man ungeschickt war oder weil man unwillig war. Sie versuchen in Zukunft weiter mit dem zu kooperieren, dem ein Missgeschick unterlaufen ist, aber nicht mit dem, der unkooperativ war.

Ist Sprache eine Voraussetzung dafür, eine Person zu sein? Traditionell wurde dies als selbstverständlich erachtet. Auch heute wird argumentiert, dass mentale Operationen wie echtes Denken auf einem abstrakten Code beruhten, der sprachlichen Gesetzen analog sei und durch Sprache zwischen Individuen geteilt werden könne. Allerdings haben die Fortschritte in der kognitiven Ethologie gezeigt, dass vorsprachliches Denken möglich ist. Auch erscheint es gelinde gesagt willkürlich, wenn man Taubstummen, die Zeichensprache benutzen, einen sprachlichem Code zugesteht, ihn aber Zeichensprache benutzenden Menschenaffen aberkennt. Hier dürften wir also mit einem Kontinuum zu tun haben, und dann wäre erst noch festzustellen, welche geistigen Operationen eine Person ausmachen, und ob diese einen sprachartigen Code erfordern.«

Das dritte Gutachten wurde von zwei UniversitätsprofessorInnen des Wiener Juridicums verfasst, Eva-Maria Maier und Stefan Hammer. In ihm ging es um die Frage, wie § 16 des Zivilrechts zu interpretieren ist, und ob man Schimpansen als Personen nach dem Gesetz anerkennen könnte. Dazu wurde auch Rekurs auf § 285a des Zivilrechts genommen, der normiert, dass Tiere keine Sachen, aber bis auf Weiteres wie solche zu behandeln sind. Wörtlich steht in dem Gutachten:

»Die Lesart von § 285a AGBG als Rechtsprinzip impliziert methodisch insofern eine Annäherung an § 16 ABGB, als ebenso wie für den Personenstatus der Menschen auch für einen gegenüber den Sachen herausgehobenen Status von Tieren rechtsethische Gründe in Anspruch genommen werden können. Der damit gegebene Bezug zu den Legitimitätsgrundlagen des Rechts ist kennzeichnend für Begriff und Funktion von Rechtsprinzipien: Sie sind in allen rechtlichen Zusammenhängen, die sie betreffen, als »Trümpfe« zu berücksichtigen, die gegenüber gegenläufigen rechtlichen Interessen niemals vollständig zurücktreten dürfen, soll der immanente Gerechtigkeitsanspruch des Rechts nicht verfehlt werden. Die damit eröffnete Perspektive einer strukturellen Annäherung an den Personenstatus von Menschen übersteigt von vornherein die bloß rechtstechnische Option einer Verleihung von Rechtssubjektivität durch den Gesetzgeber, wie sie in den verschiedenen Kategorien »juristischer Personen« begegnet. Begreift man § 285a ABGB als rechtliche Anerkennung eines unbedingten Eigenwerts von Tieren, so verweist dies vielmehr auf eine mögliche Erweiterung des Kreises der natürlichen Rechtssubjekte, indem den Menschen als »natürlichen Personen« die Tiere als weitere »natürliche Rechtsgenossen« beigestellt würden. [...]
Damit ist aber auch schon angesprochen, was durch diesen Personenbegriff **nicht**

ausgeschlossen wird, nämlich ein moralischer Subjektstatus für Tiere, der im Rahmen der menschlichen Rechtsgemeinschaft in partieller Analogie zum Status von Rechtspersonen normativ abgebildet werden kann. Verlangt man als Grundlage für ein solches gleichsam sekundäres Rechtsverhältnis zwischen Mensch und Tier als ›natürlichen Rechtsgenossen‹ auch eine zumindest rudimentäre Gegenseitigkeit, so liegt eine Einschränkung auf Gattungen nahe, bei denen sich nicht nur eine Wahrnehmung, sondern auch ein Mindestmaß an kognitiver Verarbeitung fremder Individualität zeigt. Auch dann besteht eine Analogie zu § 16 ABGB aber nur insoweit, als Tieren, ohne dass sie selbst Personen sein müssen, etwas zukommen kann, was auch Personen zukommt, nämlich ein unbedingter Eigenwert. Versteht man § 285a ABGB als Ansatz dazu, so kann er in bestimmten Kontexten eine Anerkennung des Eigenrechts von Tieren in Form analoger Anwendung von Rechtsinstituten legitimieren, die bisher nur auf Menschen Anwendung gefunden haben. Dies könnte von der punktuellen Anwendung des Sachwalterrechts über das Privatrecht hinaus bis zur Einräumung grundrechtsähnlicher Positionen reichen. Im Einzelnen bedürfte die Klärung der damit aufgeworfenen Fragen eingehenderer Untersuchungen. Im vorliegenden Rahmen sollte nur gezeigt werden, dass ein Ausbau des rechtlichen Status von Tieren in Form von punktuellen Analogien zum Personenstatus von Menschen weder im Wege der Rechtssetzung, noch, wo dies möglich ist, im Wege der Rechtsanwendung zwingend darauf hinausläuft, die auf der Personeneigenschaft der Menschen gründende Systematik der Rechtsordnung zu sprengen.«

Mit diesen Gutachten bewaffnet gingen wir zuversichtlich in die zweite mündliche Verhandlung am Sachwaltschaftsgericht Mödling. Die Richterin war durch die von uns vorgebrachte Argumentation sichtlich überfordert und wollte keine Entscheidung in der Sache treffen. Am 9. Mai 2007 schließlich beschloss die Richterin für Hiasl keinen Sachwalter zu bestellen, weil er diesen nicht benötige. Ihm drohe ohne Sachwalterbestellung keinerlei Gefahr. Daher brauche die akademisch interessante Frage, ob er eine Person sei, von ihr nicht beantwortet zu werden. Bemerkenswert: Das Gericht hat nicht festgestellt, dass Hiasl keine Person ist und keinerlei Rechte hat. Es hielt es offensichtlich für möglich, dass es sich bei Hiasl um eine Person handelt, sonst hätte es die zweite Frage, ob er einen Sachwalter braucht, gar nicht beantworten müssen. Immerhin hatten wir es geschafft, das Bezirksgericht von einer völlig ablehnenden Haltung zu einer Auffassung zu bringen, wonach es möglich wäre, ein Tier als Person anzuerkennen.

Am 22. Mai 2007 legten wir Rekurs beim zuständigen Landesgericht Wiener Neustadt ein. Der Gerichtsvorsteher rief meinen Anwalt an und drohte, er werde ihn wegen Missachtung des Gerichts und standeswidrigen Verhaltens bei der Anwaltskammer anzeigen, sollte er nicht bis am selben Tag um 18 Uhr seine Anträge zurückziehen. Offenbar wollte man mit allen Mitteln einen Rechtsstreit über den Personenstatus von Hiasl verhindern. Mein Anwalt zog nichts zurück und es kam tatsächlich zur Anzeige. Allerdings beschied die Anwaltskammer, dass unser Standpunkt, Hiasl sei eine Person, eine vertretbare Rechtsansicht sei und dass das Sachwaltschaftsgericht sich eingehender mit unseren Argumenten hätte auseinandersetzen müssen. Das Verfahren gegen meinen Anwalt wurde eingestellt.

Im September 2007 lehnte das Landesgericht Wiener Neustadt nun seinerseits unseren Rekurs ab. Zwar wurde wieder nicht festgestellt, dass Hiasl keine Person sei, aber das Gericht vertrat die Ansicht, dass diese Berufung nur der Betroffene selbst oder sein Sachwalter hätten einbringen dürfen, aber nicht ein Außenstehender wie ich. Dabei stützten sich die RichterInnen auf § 127 Außerstreitgesetz, das aber in diesem Fall gar nicht anwendbar war, weil ja kein Sachwalter bestellt wurde. Deswegen brachten wir nun einen Revisionsrekurs beim Obersten Gerichtshof ein.

Doch auch dieser wurde abgelehnt, erneut ohne Hiasl seinen Personenstatus abzusprechen. Stattdessen wurde mit Parteienstellung und Rechtsmittellegitimation argumentiert und dabei eine rechtlich höchst problematische Position eingenommen. Dadurch liegt nämlich nun ein Präzedenzfall vor, der es für eine Person, die einen Sachwalter braucht, aber selbst nicht in der Lage ist, einen Antrag zu stellen oder Berufung zu erheben, unmöglich macht, gegen einen negativen Bescheid Einspruch zu erheben. Mit der Begründung, Hiasl habe kein faires Verfahren bekommen und der Frage nach dem Personenstatus sei mit der Einschränkung auf verfahrenstechnische Argumente nicht nachgegangen worden, gingen wir nun zum Europäischen Gerichtshof für Menschenrechte (EGMR). Anfang 2008 lehnte der EGMR aber ab, dieses Verfahren zu behandeln, weil es mich gar nichts angehe, ob Hiasl einen Sachwalter bekomme oder nicht.

Medienberichte über unseren Fall erschienen auf der gesamten Welt, selbst in Asien und Afrika. In den USA führte AOL eine Online-Umfrage durch, an der sich 29.961 Menschen beteiligten. Auf die Frage, was die Leute davon hielten, Hiasl als Person anzuerkennen, sagten 69 % Befragten, diese Idee sei absurd, 23 % meinten, wir wären im Recht und 9 % konnten sich nicht entscheiden. Ein Viertel der Menschen war auf Hiasls Seite, zwei Drittel gegen ihn.

Das Ziel dieses Gerichtsverfahrens war es, Hiasl einen Sachwalter zur Seite zu stellen. Wir wollten keine Gesetze ändern, sondern nur im Rahmen der bestehenden Gesetze erreichen, dass Hiasl als Person anerkannt wird, der via Sachwalter rechtsfähig ist und Interessen hat, die er mit Hilfe eines Gerichts durchsetzen könne. In der Praxis ging es darum, Hiasl zu ermöglichen, Geld für seinen eigenen Unterhalt zu sammeln und eine etwaige Schadensersatzklage gegen die Firma Immuno zu führen, die für seine Probleme verantwortlich war.

Der Unterschied zwischen Sache und Person nach dem Gesetz ist gewaltig. Sachen sind Eigentum, können aber keines haben, umgekehrt dürfen Personen Eigentum besitzen, können aber keines sein. Sachen haben im Gegensatz zu Personen grundsätzlich keine eigenständigen Interessen, die von einem Gericht anerkannt werden, es gelten nur die Interessen der EigentümerInnen. Eine Sache kann sich, wie seinerzeit die SklavInnen, gegen Übergriffe ihrer EigentümerInnen gerichtlich nicht wehren. Es gibt für »Sachen« nicht einmal ein Notwehrrecht für sich selbst oder ein Nothilferecht durch andere. Solange Hunde Sachen sind, darf man grundsätzlich nicht eingreifen, wenn eine Besitzerin ihren Hund schwer foltert, man darf bestenfalls die Polizei rufen. Und wenn diese nicht reagiert, kann man ein Eingreifen der Exekutive nicht gerichtlich erzwingen. Was eine Eigentümerin mit ihrem Eigentum anstellt, geht Außenstehende nichts an.

Sachen können daher auch grundsätzlich keine subjektiven Rechte haben. Gesetze, die zu ihrem Schutz bestehen, wie Tierschutz oder Denkmalschutz, obliegen für ihren Vollzug der Kooperation der Exekutive. Man kann PolizistInnen, die bei Tierquälerei nicht eingreifen, nicht einmal wegen Amtsmissbrauch belangen, weil auch dieses Delikt nur im Fall der Verletzung von Personenrechten auftreten kann. Sachen haben grundsätzlich nie Parteienstellung in Gerichtsverfahren, Personen immer, auch wenn sie im Koma liegen und gar keine Interessen äußern können.

Als Sache könnte Hiasl von seiner Eigentümerin jederzeit frei verkauft und ins Ausland deportiert werden, auch wenn es sich um Länder handelt, in denen er einen geringeren gesetzlichen Schutz besäße. Als Person könnte er grundsätzlich nicht verkauft werden, und eine etwaige Deportation oder Delogierung gerichtlich bekämpfen. Gilt Hiasl als Sache, kann niemand die Verantwortlichen für sein Schicksal gerichtlich zur Rechenschaft ziehen, Gerechtigkeit ist damit ausgeschlossen. Als Person wäre es ihm möglich, ein Gericht anzurufen und auf Gerechtigkeit zu pochen.

Bis auf Weiteres bleibt Hiasl rechtlich gesehen eine Sache. Allerdings konnte sich das Wiener Tierschutzhaus wieder konsolidieren und ein Verkauf von Hiasl ist wieder in weite Ferne gerückt.

KAPITEL 4:
Von Hunden und Schimpansen

In der Verhaltensforschung waren noch bis vor kurzem Hunde kaum ein Thema, doch im letzten Jahrzehnt hat sich dies schlagartig geändert. Vielleicht galten diese Tiere vorher als weniger interessant, weil sie domestiziert waren, im Gegensatz zu den Wildtieren. Doch mit einem »Clever Dog Lab« an der Universität Wien, dem Wolf Science Center mit zahlreichen Hunden in Niederösterreich oder der Arbeitsgruppe zu Hunden an der Uni Budapest hat sich das geändert. Wollen wir über die Kognition und das Bewusstsein von Hunden etwas lernen, gibt es heute viele Quellen und sehr spannende Ergebnisse wissenschaftlicher Forschungen. Bei Schimpansen verhält es sich ähnlich, wenngleich diese Tiere seit den bahnbrechenden Ergebnissen in der Freilandforschung von Jane Goodall bereits seit den 1960er-Jahren im Mittelpunkt stehen.

Hunde, biologisch gesehen

Die Ordnung der Carnivora, zu denen die Hunde gehören, dürfte in der Evolution bereits vor 54 Millionen Jahren entstanden sein. Die Gattung Canis gibt es dagegen seit 3,5 Millionen Jahren, den Wolf (Canis lupus) seit 1 Million, aus dem der Hund (Canis domesticus) durch Domestikation entstand. Dies geschah in einem ersten Schritt vor bereits 60.000 Jahren, indem sich Wölfe vermutlich den Menschen anschlossen, aber dabei noch unabhängig blieben. Vielleicht wurde daraus eine Symbiose, indem die Wölfe vom Abfall der Menschen oder ihrer Jagdbeute profitierten, während die Menschen wiederum aufmerksame Wächter und vielleicht auch Hilfe bei der Jagd bekamen. Spätestens seit 16.000 Jahren leben Hund und Mensch eng zusammen. Ab der Sesshaftwerdung gibt es in Zentralchina bereits alle Hundetypen von heute. Auch dürfte es bereits früh zu persönlichen Beziehungen zwischen Wölfen und Menschen in Europa gekommen sein. Das belegen Funde einiger vollständig erhaltener Skelette von Wölfen in Langmannersdorf in Niederösterreich, die eindeutig von Menschen bestattet worden sind (Kotrschal 2012).

Hunde teilen 99 % ihrer Gene mit Wölfen, sie sind aber auch mit einer ganzen Reihe anderer Arten so nahe verwandt, dass sie gemeinsam fruchtbare Nachkommen zeugen können. Coren (2013) zählt hier neben dem Wolf auch den Schakal, den Koyoten, den australischen Dingo, den afrikanischen Wildhund, den arktischen Fuchs und den Schwarzfuchs auf. Die Artgrenze ist ganz offensichtlich keine Barriere für die Fortpflanzung. Auch können sich alle Hunderassen untereinander kreuzen.

Neitz und andere (1989) untersuchten die Sehfähigkeit von Hunden. Diese haben, wie die meisten Säugetiere, nur zwei Farbzapfen im Gegensatz zu den drei beim Menschen und sehen daher ein eingeschränkteres Farbspektrum. Sie sind aber nicht farbenblind, sie nehmen die Welt vor allem als gelb, blau und grau wahr. Grün, gelb und orange sehen sie gelblich, violett und blau als blau und blaugrün erscheint ihnen grau. Hunde können daher rote Bälle in einer grünen Wiese nur schlecht erkennen.

Auch in Sachen Sehschärfe schneiden Hunde im Durchschnitt schlechter ab als Menschen. Eine Struktur, die für mich aus 23 Meter Entfernung noch unterscheidbar ist, kann Kuksi nur bis zur Entfernung von 6 Metern unterscheiden. Doch seine große Stärke liegt im Sehen in der Dunkelheit. Dafür hat er nicht nur eine viel größere Hornhaut als ich, die wesentlich mehr Licht als das menschliche Auge bündeln kann, sondern auch deutlich mehr Stäbchen, die auf lichtschwache Verhältnisse eingestellt sind. Und zusätzlich besitzen Hunde hinter ihrer Netzhaut einen Spiegel im Auge, der das einfallende Licht noch einmal durch die lichtempfindliche Region zurückreflektiert, sodass Kuksi im Dunkeln etwa viermal heller sehen kann als ich. Es ist diese Fähigkeit der Hundeaugen, Licht zu verstärken, die ihnen die Sehschärfe kostet (Coren 2013).

Bei Kuksi ist mir aufgefallen, dass ihn Fernsehbilder wenig interessieren. Das dürfte damit zusammenhängen, dass seine Augen für das Erkennen von Bewegung besser adaptiert sind als meine. Hunde sehen eine diskrete Folge von Bildern mit einer Frequenz von 75 pro Sekunde noch als Einzelbilder, während bei Menschen bereits die Hälfte dieser Frequenz den Eindruck einer kontinuierlichen Bewegung erzeugt. Kuksi dürfte im TV-Gerät ein Flimmern wahrnehmen, wenn ich einen Film sehe (Coren 2013).

Trotz aller Unterschiede in unserer Hörfähigkeit klingen meine gesprochenen Worte für ihn vermutlich sehr ähnlich wie für mich. Im Frequenzbereich von 65-12.000 Hz haben wir nämlich eine vergleichbare akustische Aufnahmefähigkeit. Allerdings kann er hochfrequente Töne mit mehr als 12.000 Hz wesentlich besser wahrnehmen als ich. Bei 16.000 Hz etwa endet das menschliche Hören. Bei den Hunden geht es aber bis 65.000 Hz weiter, laut Coren (2013) wegen der Mäusejagd. Tatsächlich habe ich schon öfters Füchse dabei beobachtet, wie sie Mäusebewegungen unter dem Schnee nicht nur akustisch wahrnehmen, sondern auch so genau lokalisieren können, dass sie ihre Beute mit einem Sprung erwischen. Das wurde auch bei Wölfen beobachtet (Bloch

2008). In seinen ersten Lebensjahren habe ich Kuksi ebenfalls ab und zu erfolgreich Mäuse jagen gesehen, bis er dieses Verhalten aufgegeben hat, weil es unseren Regeln des Zusammenlebens widerspricht, die das Verletzen und Töten anderer Tiere verbieten. Aufgrund seines Hörvermögens im Hochfrequenzbereich muss für Kuksi ein Staubsauger ganz anders klingen, als für mich, weil er auch die Quietschgeräusche des Rotorblattes wahrnimmt. Und tatsächlich, Kuksi hasst Staubsauger.

In einem mehrseitigen Artikel im *New Scientist* vom 24. August 2013 geht es um die Schnüffelleistung von Hunden. Diese würden um den Faktor 100.000 (!) sensitivere Nasen aufweisen als wir Menschen. Das sei unter anderem darauf zurückzuführen, dass sie etwa 300 Millionen Rezeptoren auf einer 150 cm² Geruchsfläche in der Nase haben, während Menschen nur auf 6 Millionen Rezeptoren auf 5 cm² kommen würden. Das für den Geruch zuständige Hirnareal sei bei Hunden 40-mal so groß wie bei Menschen. Damit könnten sie den Geruch von Bananen bei einem Anteil von 1:1 Billion Geruchsteilchen ausmachen. Das entspräche der Fähigkeit, einen Zuckerkristall aus der Menge an Tee, die sich in einer Milliarde Schalen befindet, herauszuschmecken.

Wissenschaftliche Tests haben ergeben, dass Hunde am Geruch feststellen können, zu welcher spezifischen Unterart des Fuchses ein gewisser Kothaufen gehört. Fehlerrate: 0 %. D. h. der Unterschied müsse für Hunde so deutlich sein, wie für uns der visuelle Unterschied zwischen Äpfeln und Orangen, schließt *New Scientist*. Aber damit nicht genug. Hunde können auch am Geruch feststellen, ob ein Baum Misteln oder ein Mensch Krebs hat. Wenn Kuksi und ich durch die Wildnis gehen, macht sich für ihn da eine zusätzliche Tür in die Welt auf. Ich kann zwar riechen, ob Wasser in der Nähe ist, ob kürzlich ein Fuchs, Bär oder Hirsch hier vorbeikam oder ob der Wald feucht oder trocken ist. Aber mein Hund scheint darüber hinaus noch unfassbar viel mehr an Information durch seine Nase zu erhalten.

Es gebe deshalb nun schon viele Hunde, die in Arterhaltungsprojekten eingesetzt werden. Neben dem Einsatz von Schnüffelhunden an der Staatsgrenze gegen den Schmuggel von Elfenbein oder Leopardenpelz, würde man sie auch bei der Zählung von Individuen seltener Arten verwenden, deren Kot sie finden, oder wenn es um die Frage geht, wie viele Vögel durch Windkraftwerke zugrunde gehen. Dabei seien Hunde aller Rassen potenziell für diese Aufgabe geeignet. Coren (2013) gibt ein beeindruckendes Beispiel: Hunde seien in der Lage, 1 g Buttersäure in einem Luftvolumen der Stadt Philadelphia, über 350 km² Bodenfläche bis in 100 Meter Höhe, festzustellen. Kitchenham (2014) berichtet, dass Hunde aus dem Geruch eines Menschen dessen Geschlecht, Phase des weiblichen Zyklus, Alter und Krankheiten feststellen können. So würden Hunde Lungen- und Darmkrebs aus der Atemluft eruieren. Zusätzlich entginge ihnen auch der Gemütszustand des jeweiligen Menschen nicht, welchen Stresslevel er gerade erlebt, aber auch, ob er verliebt oder depressiv ist. Marc Bekoff spricht ebenfalls in einem Interview (Kitchenham 2014) davon, dass Hunde die Gefühle von Menschen riechen können:

> »Hunde können nicht nur wahrnehmen, wann wir traurig oder fröhlich sind, sondern auch, wie gestresst wir sind. Wahrscheinlich hat es etwas mit Pheromonen zu tun. Das sind Hormone, die wir in bestimmten Situationen ausstoßen und die Hunde viel besser riechen können als wir. Spannend ist dabei, dass Pheromone eigentlich zur Informationsvermittlung innerhalb einer Art dienen, Hunde aber anscheinend auch unsere Pheromone als Kommunikationshinweis nutzen, um uns besser verstehen zu können.«

Der Mensch verfügt über 9000 Geschmacksknospen, der Hund nur über 1700. Laut Coren (2013) haben Tiere umso feinere Geschmacksnerven, je weiter unten in der Nahrungskette sie sich befinden. Die Vorfahren von Hunden wurden offenbar seltener gejagt und gegessen als die von Menschen. Dafür könne der Hund neben süß, salzig, sauer und bitter auch fettig und wässrig schmecken, für Letzteres gebe es an der Zungenspitze eigene Knospen.

Mit den Schnurrhaaren haben Hunde ein Sinnesorgan, das dem Menschen fehlt. Damit können sie mit der Schnauze im Dunkeln Abstand zu Gegenständen halten und den leisesten Luftzug spüren.

Weltweit dürfte es 525 Millionen Hunde geben, davon 73 Millionen in den USA, 43 Millionen in Westeuropa (Deutschland: 5 Millionen), 30 Millionen in Osteuropa, 6 Millionen in Australien, 110 Millionen in China und 60 Millionen in Südamerika (Coren 2013). In Österreich leben 700.000 Hunde in 1,5 Millionen Hauhalten, die für einen Umsatz von 2,5 Milliarden Euro an Hundefutter und -zubehör pro Jahr verantwortlich sind (Kotrschal 2012).

Das Gehirn von Hunden

How Dogs Love Us heißt das 2013 erschienene Buch von Gregory Berns, einem Neurowissenschaftler der Emory-Universität in Atlanta (USA) und handelt von seinen Experimenten mit Magnetresonanzscans (MRI) von Hundehirnen. Eigentlich arbeitete er seit Jahrzehnten mit Menschenhirnen, als eine seiner Hundefreundinnen ihn eines Tages auf die Idee brachte, selbiges auch bei

Caniden zu probieren. Berns platziert dabei seine ProbandInnen – ob Hunde oder Menschen – in einem MRI-Gerät und induziert durch die Präsentation von Zeichen, Bildern oder auch Gerüchen Reaktionen, die in den Gehirnscans als Aktivitäten gewisser Hirnteile sichtbar werden. Der funktionale MRI misst dabei die Änderung der Aktivität im Gehirn allerdings nur indirekt. Tatsächlich wird lediglich die Zu- oder Abnahme des Sauerstoffgehalts in den kleinen Blutgefäßen im Gehirn festgestellt, das allerdings im Rahmen eines dreidimensionalen Bildes, für das man Schichtaufnahmen machen muss. Wenn Neuronen feuern, expandieren die umgebenden Blutgefäße etwas und lassen mehr frisches Blut hinein, um die Energiedepots der Hirnzellen wieder aufzufüllen. Der MRI nimmt diese feinen Unterschiede im Blutfluss wahr und zeigt dadurch an, wo Neuronen aktiv sind.

Die Hirngrößen von Hunden unterscheiden sich eklatant, weil die verschiedenen Rassen ja auch sehr stark in der Körpergröße variieren. Kuksi hat eine Hirnmasse von etwa 140 g, ca. 10 % meines Gehirns, wobei ich fast viermal soviel Körpermasse besitze wie er. Berns zeigt in seinem Buch Hirnscans, auf denen die Bilder von Hunde- und Menschenhirnen strukturell identisch wirken. Berns spricht davon, dass das Hundehirn wie ein verkleinertes Menschenhirn wirke, wobei es weniger stark gefaltet ist und relativ gesehen einen kleineren Frontallappen habe, aber einen unverhältnismäßig größeren olfaktorischen Bereich. 10 % des Hundehirns sind der Verarbeitung von Gerüchen gewidmet. Beim Hund, wie beim Menschen, dominiert klar der Neocortex das gesamte Gehirn. Darunter finden sich die Basalganglien und das limbische System, die für die Emotionen zuständig sind und praktisch genau den korrespondierenden Hirnteilen des Menschen entsprechen. Das Kleinhirn ist, etwa im gleichen Verhältnis wie beim Menschen, bei dem es in den letzten 20.000 Jahren relativ zur Hirnrinde sogar um 10 % größer wurde (Stringer 2012), deutlich zu sehen.

In seinem Buch beschreibt Berns voller Begeisterung eine Serie von Experimenten mit Hunden über 2 Jahre hinweg. Dabei wurden den Tieren, die ruhig im Magnetresonanzscanner lagen, Handzeichen gegeben, die vorher mittels Konditionierung eine Bedeutung als Reiz bekommen hatten. An den Gehirnströmen erkannte Berns aber, dass sich beim Hund Spiegelneuronen einschalten, sodass das Tier die Handzeichen empathisch als Bewegung seiner Vorderpfoten im eigenen Gehirn abbildet. Es hat wahrgenommen, dass die Handzeichen wesentlich mehr als nur ein Reiz sind. Sie sind die Bewegungen der Vorderpfoten bzw. Hände eines Wesens vor ihnen.

Spiegelneuronen wurden von italienischen Wissenschaftlern 1992 erstmals bei Makaken beschrieben. Man hatte Elektroden in motorischen Arealen des

Gehirns der Tiere implantiert und realisiert, dass die Neuronen feuerten, knapp bevor die Makaken nach etwas griffen. Durch Zufall wurde festgestellt, dass dieselben Areale aktiv waren, wenn die Forscher in den Käfig fassten, die Makaken also das Greifen lediglich beobachteten. Da sie die Handlung der Forscher spiegelbildlich abbildeten, wurden die betreffenden Sensoren Spiegelneuronen getauft. Sie sind aktiv, wenn das Tier die Handlung selbst initiiert oder es jemanden sieht, der dieselbe Handlung setzt.

Mittlerweile sind sie in vielen Tierarten und auch beim Menschen mittels Magnetresonanz nachgewiesen. Sie feuern bei einem Vorgang, den das Tier beobachtet, egal, ob es selbst die entsprechende Handlung dazu durchführt, sie per Introspektion an sich selbst beobachtet, oder es nur extern eine Handlung eines anderen Wesens sieht, hört oder riecht. Ein Drittel der Spiegelneuronen ist dabei in Bezug zur exakt gleichen Handlung aktiv, etwa dem Heben der rechten Hand/Vorderpfote. Zwei Drittel der Spiegelneuronen stellen aber eine Assoziation oder Analogie her, indem sie bei Handlungen feuern, die logisch zusammenhängen oder dasselbe Ziel haben. Will jemand einen Stein auf ein Ziel werfen, spiegeln die ersteren Neuronen die Handlungsweise, die zweiteren aber den Zweck der Handlung wider. Auf diese Weise helfen Spiegelneuronen nicht nur dabei, zu verstehen, was andere Wesen tun, sondern auch, was sie wollen bzw. fühlen. Beim Anblick eines verängstigten Gesichts feuern die Spiegelneuronen für Angst, und das Wesen empfindet mit jenem, das das verängstigte Gesicht zeigt, die Angst quasi mit. Warren und andere (2006) machen Spiegelneuronen dafür verantwortlich, dass man mitlacht, wenn andere lachen, Lachen also ansteckend ist. Mittlerweile wurde Spiegelneuronenaktivität nicht nur bei Angst und Freude, sondern auch bei Schmerzen, Überraschung, Traurigkeit, Ärger und weiteren Emotionen nachgewiesen.

Die Fähigkeit zur Imitation wird entsprechend auch auf die Aktivität von Spiegelneuronen zurückgeführt. Menschenkinder imitieren die Mimik ihrer Eltern, strecken z. B. die Zunge heraus, wenn der Vater das vor ihnen tut. Das Spiegelneuronensystem stellt dabei den Zusammenhang zwischen Wahrnehmung und Handlung her. Die Experimente 1992 zeigten solche Reaktionen artübergreifend nur bei Makaken und Menschen, deren Hände beim Greifen aber sehr ähnlich sind. Berns Resultat, dass die Spiegelneuronen, die für die Bewegung der rechten Vorderpfoten zuständig sind, aktiv werden, wenn die Hunde Menschen die rechte Hand bewegen sehen, belegt, dass das Erkennungssystem dieser Gehirnzellen noch viel weiter geht. Es ist Tieren damit offenbar möglich, das Verhalten von Individuen ganz anderer Tierarten auf ihr eigenes Verhaltensrepertoire zu übertragen und entsprechend zu verstehen. Spiegelneuronen sind auch bei Mäusen nachgewiesen und dürften in der Evolution schon ziemlich früh entstanden sein (de Waal 2013). Julius und andere (2014) sprechen auch von Spiegelneuronen bei Vögeln und meinen daher, dass ihre evolutionäre Entstehung älter als die Vögel-Säugetier-Trennung vor 230 Millionen Jahren sein muss.

Die Aktivierung von Spiegelneuronen bei Hunden, wenn sie Menschen beobachten, zeigt, dass sie nicht nur deren Handlungen als solche begreifen, sondern auch mit ihnen mitfühlen. Damit sei bewiesen, so Berns, dass Hunde mit einer Handbewegung nicht nur einen Pawlow-Skinner-Reiz ohne Interpretation assoziieren, sondern als bewusste Lebewesen verstehen können, hier würde ein Sozialpartner seine Hand bewegen. Eine gravierende Erweiterung der behavioristischen Interpretation!

Bei weiteren Versuchen wurde Hunden ein für sie geschmacklich jeweils besseres oder schlechteres Futter gezeigt, während sie ihren Kopf in den Magnetresonanzscanner hielten. Der Nucleus caudatus in den Basalganglien, der beim Menschen positive Gefühle anzeigt, schlug dabei an. Mit diesem Wissen wurden die Hunde im Scanner nun mit Geruchsproben verschiedener Menschen und Hunde konfrontiert. Dabei zeigte sich, dass sie mit jenen Menschen, die sie kennen, positive Gefühle verbinden. Für Berns ist das der wissenschaftliche Nachweis dafür, die persönliche Beziehung zwischen Mensch und Hund beruhe auf Gegenseitigkeit. Der Hund verbinde mit der Erinnerung an seinen menschlichen Freund Glücksgefühle, die weit darüber hinausgehen, dass diese Menschen für sie nur Leckerli-Maschinen, Futterquellen oder Türöffner zum Gassigehen wären. Damit seien erstmals Reziprozität und soziale Gefühle im Hundehirn experimentell bestätigt und die beidseitigen Freundschaftsbeziehungen zwischen Mensch und Hund als wissenschaftliche Fakten anzuerkennen. Hunde hätten eine »Theory of Mind« für Menschen: »Sie achten darauf, was wir denken, nicht nur, was wir tun« (Berns 2013).

Dagegen reagiert der Neocortex der Hunde bei Gerüchen unbekannter Individuen viel stärker, insbesondere bei unbekannten Hunden. Offenbar wird hierbei versucht, diese neue Information zu deuten und einzuordnen. Der eigene Geruch führt zur geringsten Hirnreaktion. Hunde können sich selbst erkennen. Bekoff (2007) hat sich der Frage gewidmet, ob sich Hunde im Spiegel wiederfinden. Sie reagieren zumeist bei der ersten Begegnung mit einem Spiegel so, als ob sie einen anderen Hund sehen. Haben sie einmal den Spiegel durchschaut, ist ihnen das eigene Ebenbild egal, auch wenn man auf ihrem Gesicht einen Farbfleck anbringt. Dabei verstehen sie die Funktionalität von Spiegeln sehr gut, sie können ihre reflektierende Eigenschaft nutzen, um

Probleme zu lösen oder Futter zu finden. Bekoff versuchte nun, statt mit einem Spiegel, mit Geruchsproben zu arbeiten und konnte nach 5 Jahren Urinsammelns nachweisen, dass sein Hund den eigenen Geruch als solchen wahrnimmt und von dem anderer Wesen unterscheidet. Für Bekoff ist das ein ähnlicher Beleg des Selbstbewusstseins, wie die Erkennung des eigenen Körpers im Spiegel. In jedem Fall ist dieses Ergebnis nun auch durch Gehirnaktivität im Magnetresonanzscanner bestätigt. Hunde haben zumindest ein körperliches Selbstbewusstsein.

Die MRI-Scans zeigten auch, dass Hunde mentale Bilder von Aktivitäten und von Erinnerungen erzeugen. Bei bekannten Gerüchen feuerten Hirnareale, die mit Gedächtnis assoziiert werden. Dabei ging es nicht nur um positive Erinnerungen. Berns schließt, dass Hunde Erinnerungen in Form von mentalen Bildern haben, ein episodisches Gedächtnis.

Er zieht daraus seinerseits Konsequenzen für den Umgang mit Hunden. Diese würden nicht durch Reizreaktionsmuster, sondern durch Beobachtung und Imitation lernen. Die beste »Erziehung« für junge Hunde sei, klar und konsistent aufzutreten, mit Körpersprache zu kommunizieren, den Tieren zuzuhören und ihnen Respekt zu zeigen. Die Hunde würden so rasch die sozialen Regeln und den Umgang mit Gefahren, wie dem Straßenverkehr, verstehen. Berns schließt:

> »Der Beweis für die soziale Kognition bedeutet, dass Hunde nicht einfach Pawlowsche Lernmaschinen sind. Es bedeutet, dass Hunde fühlende Wesen sind und das hat verblüffende Konsequenzen für die Hund-Mensch-Beziehung. […] Schließlich kam ich zu der Überzeugung, der Schlüssel, um die Hunde-Mensch-Beziehung zu verbessern, sei durch die soziale Kognition, nicht durch den Behaviorismus.«

Die MRI-Scans zeigen, dass in Hirnen von Hunden ähnliche neuronale Prozesse ablaufen, wie in Hirnen von Menschen. Man müsse nun anerkennen, dass Hunde einen Level von Selbstbewusstsein und Emotion bezeugen, der dem der Menschen viel ähnlicher ist als je angenommen. Berns fragt, ob Hunde daher nicht auch ähnliche Rechte wie Menschen bekommen sollten. Insbesondere äußert er harsche Kritik an Tierversuchen und meint, dass seine Version für die Zukunft jene sei, nur Tiere zu Experimenten zuzulassen, deren Bezugsmenschen eine Erklärung unterschreiben, die der von Eltern für ihre Kinder in gleichen Fällen entspricht. Und die Tiere müssten jederzeit, wie in seinem Fall der Magnetresonanzmessungen, die Möglichkeit haben, die Experimente von sich aus abzubrechen.

Die »soziale Werkzeugkiste« bei Hunden

Einige Menschen lieben ihre Autos und leiden, wenn diese am Schrottplatz landen. Der Mensch könnte den Hund auf dieselbe Art wie sein Auto lieben, sagen manche KritikerInnen, aber vom Standpunkt des Hundes könnte alles ganz anders sein. Der warte nur auf sein nächstes Leckerli, halte sich lediglich in der Nähe seines Bezugsmenschen auf, um möglichst viel Futter zu bekommen, und sehe die Menschen in seiner Umgebung nur als Auslösereize für die Befriedigung möglichst vieler seiner angeborenen Bedürfnisse. Dieser Standpunkt ist aber längst nicht mehr haltbar.

Kurt Kotrschal sprach bei seinem Beitrag »Überbewertete Artgrenzen: Warum Menschen mit anderen Tieren soziale Beziehungen eingehen können« auf der Konferenz über »Human-Animal-Studies« im Februar 2014 in Innsbruck davon, dass Tiere mit den Menschen die »soziale Werkzeugkiste« für Struktur, Mechanismen und Funktion sozialer Beziehungen teilen. Dies umfasse das Verständnis für soziale Regeln, den Umgang mit Konflikt und Versöhnung, das Trösten, die aktive und passive soziale Unterstützung und die Rhythmizität und Musterbildung in dyadischen Verhältnissen. Für echte zwischenartliche Beziehungen, wie zwischen Mensch und Hund, seien auch soziale Kognition, Individualerkennung, episodisches Gedächtnis, Perspektivenübernahme des Anderen, das Wissen um Beziehungen zu Dritten, ein Zeitkonzept und eine gewisse Fähigkeit zur Planung gegeben.

Die Literatur (Julius und andere 2014) identifiziert fünf Persönlichkeitsdimensionen: emotionale Stabilität, Extro-/Introversion, Offenheit gegenüber Neuem, soziale Verträglichkeit und Verlässlichkeit. Dass Individuen verschiedener Tierarten, insbesondere Hunde, und die Menschen diese gleiche Variabilität der Persönlichkeit zeigen, sowie ein gemeinsames Stresssystem (sowohl das sympathiko-adrenergene System für die rasche Alarmbereitschaft, als auch das Zwischenhirn-Hypophysensystem für die langsamere, aber anhaltende Reaktion) und gleichartige Prinzipien der Individualentwicklung haben, ermöglicht die Kommunikation und das Sozialisieren zwischen den Arten. Mittels Spiegelneuronen lässt sich die Stimmung übertragen und dadurch das Verhalten zu einer Gemeinschaft synchronisieren.

Die sozialen Fähigkeiten sind stammesgeschichtlich viel konservativer und unveränderlicher als etwa das Aussehen. Zu ihnen gehört ein über 400 Millionen Jahre altes instinktives sozio-sexuelles Verhaltensrepertoire, das vom Gebiet des Zwischenhirns und des Hirnstamms aus kontrolliert wird. Dieses fixe genetische Programm meldet sich im Bewusstsein als Affekt, der zur korrespondierenden Handlung motiviert, wie Panik, Furcht, Zorn, Lust, Fürsorge usw. Das Endhirn hat nun die Fähigkeit, diese Affekte zu kontrollieren und den sozialen Regeln anzupassen. Es arbeitet mit einem episodischen Gedächtnis, entwickelt Konzepte für die relevante Umwelt und bildet eine soziale Repräsentation der Beziehungen. Julius und andere (2014) kommen zu dem Schluss:

> »Menschen können also mit Tieren in ›echte‹ Sozialbeziehungen und Partnerschaften treten, weil wir artübergreifend gleichartige soziale Mechanismen in Gehirn und Physiologie teilen und weil die Sozialsysteme aller Arten unter ähnlichen Selektionsdrucken evolvierten. Daher ist es letztlich auch kein Wunder, dass Menschen und ihre Kumpantiere eine kompatible und oft symmetrische, soziale Kommunikation und ähnliche soziale Bedürfnisse teilen.«

Psychologisch werden vier Bindungstypen unter Menschen angegeben: die sichere, die unsicher-ambivalente, die unsicher-vermeidende und die desorganisierte Bindung. Alle diese Typen mit ihren Charakteristiken finden sich auch in der Mensch-Hund-Beziehung. Bei der desorganisierten Bindung bricht das Vertrauensverhältnis durch Misshandlung und Ängstigung, der Mensch versucht den Hund völlig zu kontrollieren. Die unsicher-vermeidende Bindung entsteht durch distanzierte Fürsorge, wenn der Hund als Arbeitstier (Wachhund) oder Prestigeobjekt angesehen wird. Die unsicher-ambivalente Bindung ist durch ein Überbehüten und eine zu große physische Nähe ohne ausreichend emotionale Zuwendung verursacht, wenn der Hund nicht als eigenständige Persönlichkeit wahrgenommen wird. Die sichere Bindung basiert auf gegenseitigem Vertrauen und einer flexiblen Fürsorge, die dem Hund auch seine Freiheit lässt, selbstständig Erfahrungen zu sammeln und Probleme zu lösen. Durch die Sicherheit, bei unlösbaren Schwierigkeiten von seinem menschlichen Partner Hilfe zu bekommen, entwickelt der Hund Selbstvertrauen und eine Autonomie, die ihm die echte gegenseitige Beziehung ermöglicht, in der auch er dem Menschen Fürsorge und soziale Unterstützung bieten kann. Hund und Mensch sind sich gegenseitig Quelle für Trost, suchen bei Stress die Nähe zueinander, erleben die körperliche Berührung positiv und leiden unter einer Trennung.

Zentral ist dabei die Ausschüttung des Hormons Oxytocin, sowohl beim Menschen als auch beim Hund, die sich durch eine sichere Bindung ergibt und die einen auf lange Zeit erhöhten Oxytocinspiegel mit sich bringt. Damit verbunden ist eine größere Stressresistenz, eine bessere soziale Kompetenz, erhöhte Feinfühligkeit und Empathie für die Gemütszustände anderer, weniger Angst, mehr Vertrauen und Ruhe, weniger Anfälligkeit für Depression und eine höhere Schmerzschwelle. Es ist dieser Effekt des Oxytocins, der Menschen mit einer Beziehung zu einem Hund nachweislich eine bessere Gesundheit und ein längeres Leben ermöglicht, sofern diese Beziehung sicher ist und auf Beidseitigkeit beruht (Julius und andere 2014). Und das gilt auch für die zwischenartliche Beziehung ohne menschliche Beteiligung, wie in einem beispielhaften Fall zwischen einem Hund und einer Ziege. Die beiden hatten in einem Gnadenhof eine enge Freundschaft begonnen. Nach einem Treffen, bei dem sie intensiv miteinander gekuschelt hatten, wurden ihre Oxytocinwerte gemessen. Dabei fand der Wissenschaftler, der die Untersuchung durchführte, einen so hohen Anstieg wie in kaum einem anderen bisher beobachteten Fall. Wörtlich kommentiert er: »Das einzige Mal, als ich so einen starken Anstieg on Oxytocin bei Menschen wahrhahm, war, wenn jemand seine Angehörigen sah, von einer anderen Person romantisch angezogen wurde, oder besonders zuvorkommend behandelt wurde.«

Oxytocin gilt als das Glücks- und Bindungshormon, es spielt eine zentrale Rolle bei der Förderung des Fürsorgeverhaltens und wird insbesondere bei der Geburt im Körper der Mütter von Säugetieren ausgeschüttet. Es gibt dieses Hormon oder entsprechende Analoga aber bei allen Wirbeltieren, als Isotocin bei den Fischen und Mesotocin bei den Vögeln. Die Produktion und der Transport von Oxytocin bzw. seinen Entsprechungen sind überall gleich und daher evolutionär schon über 400 Millionen Jahre alt (Julius und andere 2014). Trösten sich Hund und Mensch gegenseitig, oder vermitteln sie sich ihre Zuneigung durch Körperkontakt, steigt der Oxytocinlevel an. Das ist der physiologische Beweis dafür, dass Hunde und Menschen echte Beziehungen eingehen können, die auf Gegenseitigkeit beruhen. In einer japanischen Studie im Jahr 2014 wurde gezeigt, dass die Einnahme einer Dosis von Oxytocin auf Hunde und Menschen dieselbe Wirkung hat.

Das Buch *Bindung zu Tieren* von Julius (2014) endet mit der Feststellung, dass sich der Stress unter den Menschen in der heutigen Gesellschaft ständig erhöht. Es gebe einen chronischen Antwortdruck durch die ständige Erreichbarkeit. Besitz würde einen hohen Wert bekommen und deshalb die Arbeitsbelastung steigen. Und es gebe immer weniger enge Bindungen, weil die Solitärbeschäftigung zunehme (Internet, TV, Computerspiel), das Familienleben zusammenbreche und durch die häufigen Wohnortwechsel aufgrund von Anpassungen an den Arbeitsmarkt das soziale Netz fehle. Dadurch werde der Gegenspieler der Stressoren, der Oxytocinspiegel, bei den Menschen niedriger. Demgegenüber würde die Beziehung zu einem Hund stabil und sicher sein. Hunde hätten eine stressreduzierende Wirkung auf die Gesellschaft, die man nicht unterschätzen dürfe. Menschen würden ihre unsicheren Bindungsfiguren nicht auf die Hundebeziehung übertragen, weshalb Hunde in der Psychotherapie sehr wichtig seien.

In diesem Zusammenhang beziehen Julius und seine Co-Autoren aber auch klar ethische Positionen. Der Hund muss als Partner mit einem eigenständigen Leben respektiert werden. So sollten Hunde »das Recht« haben, Therapiesitzungen mit psychischen PatientInnen abzubrechen, und die Nutzung von Hunden müsse sich auch daran orientieren, dass sie selbst Freude dabei haben und einen Vorteil daraus ziehen. Die Autoren forden die Wissenschaftscommunity auf, mehr naturwissenschaftliche Forschung dahingehend zu betreiben, was es vom Standpunkt der Hunde für sie selbst bedeutet, mit Menschen in Beziehung zu treten.

Kognition bei Hunden

Schönberger (2006) berichtet von einer Reihe von Experimenten mit Schwerkraft und verbundenen Schnüren, bei denen Hunde versagt hätten, Kausalschlüsse zu ziehen. Doch daraus zu schließen, Hunde seien zu dieser oder jener Intelligenzleistung nicht fähig, hat sich bereits bei Versuchen mit Schimpansen als falsch herausgestellt. Coren (2013) billigt Hunden eine Intelligenz von 2 ½- bis 3-jährigen Menschen zu. Es gibt verschiedene Arten von Intelligenz. Eine mag sein, eine Situation rasch erfassen zu können, und dabei halten Hunde mit Menschen sicher mit. Eine andere betrifft die Orientierung. Berns (2013) berichtet von einem Hund, der 300 Kilometer von zu Hause entfernt ausgesetzt wurde, aber zurückgefunden hat. Wäre das ein Intelligenztest, bei dem Menschen vergleichbar gut abschneiden würden oder gibt es einen Grund, die Fähigkeit, unter schwierigen Bedingungen nach Haus zu finden, nicht als intelligent zu bezeichnen?

Schönberger (2006) erwähnt auch drei Experimente, die die Intelligenz von Hunden bestätigen. Sie wurden mittels Belohnungen den mathematischen Gleichungen »1+1=2«, »1+1=1« und »1+1=3« ausgesetzt, also indem 2 Leckerlis nacheinander vor den Augen des Hundes in einen Topf gelegt werden, der Hund aber darin nur 1 Leckerli findet (entspricht »1+1=1«). Aus der Zeit, die der Hund das Ergebnis anstarrt, wurde geschlossen, ob er es erwartet hatte oder nicht. Bei Kindern ist diese Art des Verständnistests normaler Standard. Kinder oder Hunde unterziehen einen Umstand, der sie überrascht, länger einer Betrachtung, als einen, den sie erwartet haben. Es zeigte sich in dem Experiment nun, dass die Hunde die mathematisch falschen Darbietungen signifikant länger anstarrten als die richtigen und daher ein gutes Gefühl für Mathematik auf diesem Niveau hatten.

Von Schimpansen ist bekannt, dass sie die Gesichter ihnen bekannter Personen zu deren Lautäußerungen viel rascher und sicherer zuordnen können als Menschen. Auch Hunde wurden diesbezüglich getestet und die ForscherInnen konstatierten im Ergebnis, sie könnten vertraute von unbekannten Gesichtern auf Fotos unterscheiden und scheinen verwirrt, wenn Gesicht und Lautäußerung nicht zusammenpassen.

In einer dritten Versuchsreihe wurde Spielzeug eines Hundes in jeweils einer von vier Holzkisten versteckt, die auch unmittelbar nebeneinander lagen. Nach einigen Minuten waren die Hunde regelmäßig in der Lage, sofort zur richtigen Kiste zu gehen.

Berns erwähnt einen Versuch an der Universität von Michigan in den USA im Jahr 2007. Dabei wurde Hunden jeweils eine verschiedene Menge von Futter geboten und überprüft, ob sie diese unterscheiden können. Tatsächlich wählten die Tiere signifikant viel öfter die größere Menge.

Juliane Kaminski vom Max-Planck-Institut in Leipzig wird von Kitchenham (2014) zu einer Studie interviewt, in der sie einem Hund 300 Bezeichnungen für Gegenstände beibringen konnte. In den Tests hat der Hund nicht nur die jeweils ihm genannten Gegenstände aus einem Haufen möglicher Alternativen richtig herausgezogen, er konnte auch indirekt schließen. Wurde ihm nämlich eine Bezeichnung genannt, die er bis dahin nicht gekannt hatte, brachte er genau jenen Gegenstand aus dem ihm angebotenen Haufen, dem bisher noch keine Bezeichnung zugeordnet worden war. Er konnte sich diese Bezeichnung sogar in Folgetests merken. Dorit Feddersen-Petersen berichtet im selben Buch, dass es einem Forscherteam in den USA sogar gelungen ist, in derselben Art den Wortschatz eines Hundes auf 1000 Bezeichnungen zu erhöhen. 3-jährige Menschenkinder würden etwa genauso viele Worte ihrer Sprache kennen.

Eher von Vernunft statt von Verstand würde man sprechen, wenn der Hund nicht ein kniffliges Problem löst, sondern in einer Situation den Umständen entsprechend sinnvoll und realitätsbezogen agiert. Diesbezüglich berichtet Kitchenham von einem interessanten Experiment von Frederike Range am Wiener Messerli-Institut. In einem Experiment sollten die Hunde eine Futterbox öffnen, indem sie einen Holzstab bewegten. Dazu würden Hunde normalerweise ihren Mund benutzen. Eine Hündin wurde aber jetzt darauf konditioniert, diese Bewegung mit der Pfote durchzuführen. Diese Lösungsstrategie wurde Hunden vorgeführt, die die Futterbox noch nicht kannten. Dabei gab es zwei Demonstrationsvarianten, einmal hatte die Hündin einen Ball im Mund und einmal nicht. Es stellte sich heraus, dass die Hunde die Futterbox mit der Pfote öffneten, wenn die Hündin bei der Demonstration keinen Ball im Mund hatte. Die Hunde sahen die Pfoten als wesentlichen Teil der Lösungsstrategie. Hatte aber die Hündin einen Ball im Mund, müssen die Hunde darin die Erklärung dafür gesehen haben, dass sie die Pfote benutzt, und nahmen selbst ihren Mund zu Hilfe. Die Hunde waren in der Lage, selektiv zu imitieren, sodass sich jeweils eine vernünftige Interpretation der Situation ergab. Abgesehen davon imitieren Hunde wesentlich besser, schlossen die ForscherInnen, wenn sie freier leben dürfen und eigene Erfahrungen machen können, als wenn sie ständig kontrolliert werden.

Juliane Kaminski hat an ihrem Leipziger Institut untersucht, wie Hunde die Aufmerksamkeit von Menschen einschätzen. Dazu wurden sie in einen Raum geführt und es wurde ihnen verboten, ein dort befindliches Futter zu essen. Dann setzte man einen Menschen in den Raum dazu, der verschiedene Verhaltensweisen zeigte. Es ging darum, welche Strategien die Hunde entwickeln, um an das Futter zu kommen. Dabei kam heraus, dass die Hunde das Futter nicht nehmen, wenn sie der Mensch direkt anschaut, aber sehr wohl, wenn der Mensch nicht zusieht. Die Hunde wissen, wann die Menschen aufmerksam sind und wann nicht.

Um auszuschließen, dass die Hunde nur auf die Augen des Menschen als Reiz, der sie vom Futter abhält, reagieren, wurde das Gesicht des Menschen beleuchtet, der Rest des Raumes inklusive Futter aber im Dunkeln gelassen. Tatsächlich nahmen die Hunde das Futter trotzdem und zeigten damit, sie würden sehr wohl verstehen, was der Mensch sieht und was nicht. Dies konnte noch in einer weiteren Reihe von Versuchen von Juliane Bräuer bestätigt werden. Dabei platzierte sie Barrieren verschiedener Größe zwischen dem Menschen und dem Futter. Tatsächlich agierten die Hunde immer vernünftig, d. h. waren sie und das Futter verdeckt, nahmen sie es ohne große Hemmungen, wenn nicht, gingen sie viel vorsichtiger vor. Die Hunde hatten sowohl ein Verständnis für die Rolle der Barrieren, als auch für ihre Ausrichtung. In weiteren Versuchen zeigte sich, dass sie zwischen durchsichtigen und undurchsichtigen Barrieren unterscheiden. Eine Erweiterung dieser Versuchsanordnung waren laute und leise Behälter, die beide für den Menschen nicht zu sehen waren. Die Hunde wählten die leisen Behälter, um vom Menschen möglichst nicht gehört zu werden.

Udo Gansloßer kennt (Kitchenham 2014) einen weiteren Hinweis auf Vernunft bei Hunden. Wenn man sie einem lauten Geräusch aussetzt, dessen Quelle sie nicht lokalisieren können, reagieren sie mit wesentlich mehr Stress, als wenn sie den Lärmverursacher sehen und die Lärmquelle verstehen.

Doch die Stärke der Hundekognition liegt sicherlich im Bereich der sozialen Intelligenz. Bekoff (2007) schreibt darüber, wie Hunde trauern, wenn ihre Freunde sterben. Doch im Dokumentarfilm von Günther Bloch (2008) über Hunderudel, die in der Nähe von Pisa in Italien selbstständig leben, ist ein besonders faszinierendes Geschehen festgehalten. Eine Hündin versorgt einen jungen Welpen, der plötzlich stirbt. Die Hündin wärmt daraufhin ihr totes Kind weiterhin und schläft noch 3 Tage angekuschelt an ihm. Dann verscharrt sie es im Boden und legt Zweige und Blätter darüber. Anschließend sieht man das gesamte Rudel um diese Stelle stehen, in der das tote Kind begraben ist, und laut gemeinsam heulen und bellen. Schließlich verschwindet das Rudel und kommt nicht mehr zurück.

Auch von Beobachtungen von Wölfen im Banff-Nationalpark, die enge Freundschaften mit Raben eingehen, berichtet Günther Bloch (Kitchenham 2014). Die Tierfamilien wohnen nebeneinander und gehen gemeinsam auf die Jagd. 80 % der Territoriumsexkursionen werden zusammen unternommen. Aber die Tiere essen und spielen auch miteinander und haben gemeinsame Rituale. Es würde sich laut Bloch um echte Freundschaften zwischen wildlebenden Tieren verschiedener Arten handeln. Beim selben Wolfsrudel beobachtete Bloch auch über die Jahre, dass in insgesamt 9 Fällen einzelne erwachsene Tiere vom Rudel versorgt wurden, wenn sie temporär dazu selbst nicht in der Lage waren. So geriet eine Wölfin vor die fahrende Eisenbahn und wurde schwer verletzt. Monatelang kamen ihre Gruppenmitglieder daraufhin mit Nahrung zum Wolfsbau, wo sie sich erholte.

Custance und Mayer (2012) wollten herausfinden, ob Hunde wirklich Menschen trösten. 18 Hunde wurden ausgewählt und bei ihren Bezugsmenschen zu Hause besucht. Dann weinten oder summten die BesucherInnen oder die Bezugsmenschen. Dabei ergab sich, dass in 15 der 18 Fälle die Hunde die Nähe der weinenden Personen suchten. Sie gingen auf die betroffenen Menschen sehr vorsichtig und – wie die Autorinnen schreiben – unterwürfig zu, mit Lefzenlecken und gesenkter Kopfhaltung. Offenbar sollte die Annäherung nicht provokant wirken.

Zahlreiche wissenschaftliche Belege dafür, dass Hunde die Emotionen von Menschen lesen können, finden sich auch bei Kitchenham (2014). So verstehen sie Schmerzensschreie von Menschen richtig zu deuten und zeigen enormes Einfühlungsvermögen im Spiel. Begegnen sie einer Bedrohung zusammen mit ihrem Bezugsmenschen, so reagieren sie weniger gestresst, selbst wenn sie später derselben Bedrohung alleine ausgesetzt sind. Tests ergaben auch, dass Hunde die Mimik von Menschen lesen und unterscheiden können, ob diese lächeln oder traurig schauen. Die Körpersprache zwischen Mensch und Hund ist sehr ähnlich, beim Imponiergehabe, der Beschwichtigung, der Trauer, dem Schrecken oder der Aggression jeweils durch die Mundwinkelform, den Nasenrücken, die Hand/Pfote oder das Auflegen des Mundes, den Ausdruck der Augen und die Bewegung.

In einem Experiment wurde die alltägliche Interaktion von 40 Hunden mit ihren 37 Bezugsmenschen aufgezeichnet. Die Menschen verwendeten in der Kommunikation mit ihren Hunden dabei insgesamt 430 verschiedene Begriffe. Es zeigte sich, dass Menschen nicht laufend dieselben Worte in denselben Situationen im Umgang mit ihren Hunden benutzen, um ein gewünschtes Verhalten auszulösen, das aber dennoch gelingt. Die ForscherInnen schlossen daraus, dass sich die Konversation mit Hunden nicht in genormten Phrasen erschöpft (Schönberger 2006).

Bekoff (2007) erzählt die berührende Geschichte von seinem Hund, der ein kleines Kaninchen rettet und ihm einen verletzten Vogel bringt. Beiden Tieren tut der Hund nicht nur nichts an, sondern adoptiert sie sogar. In einer anderen Geschichte hilft ein Hund einem anderen, blinden Hund im Tierheim, indem er ihn am Mund hält und führt.

Das Verhalten von Hunden gegenüber einem Hund und einem Menschen, die entweder eine gespielte oder eine echte Auseinandersetzung hatten, wurde von Rooney und Bradshaw (2006) beobachtet. Es zeigte sich, dass die Hunde lieber mit den KontrahentInnen nach einer Spielauseinandersetzung in Kontakt traten, als nach einer ohne Spielsignale. Die Hunde konnten zwischen Spiel und Ernst in der Auseinandersetzung zweier anderer Individuen unterscheiden und bevorzugten die spielerische.

In einer Studie wurde die Reaktion von Hunden auf ein fröhliches Gebell anderer Hunde untersucht, indem man ihnen die entsprechenden Aufnahmen vorspielte. Es zeigte sich, dass diese Geräusche ihre Stresslevel verringerten (Bekoff 2007).

Bei Versuchen von Frederike Range an der Universität Wien wurden Hunde dazu aufgefordert, ihre Pfoten zu geben und taten dies mit großer Ausdauer, ohne dafür belohnt zu werden. Als aber neben ihnen ein anderer Hund für das Pfotegeben mit einem Leckerli belohnt wurde, stellten sie sehr rasch die Zusammenarbeit ein und beschwerten sich oder zeigten sich desinteressiert und legten sich zu Boden. Die Versuchsleiterin geht davon aus, dass die Hunde einen Begriff von Fairness haben und sich einfach ungerecht behandelt fühlten. Ob es sich dabei um das Gefühl des Neids handelt, ließ sie offen. Bekoff (2007) möchte nicht ausschließen, dass Hunde Scham, Schuld und Neid empfinden.

Hunde können auch Alzheimer bekommen oder depressiv sein. Einer Studie zufolge leiden in einem typischen Jahr in England 623.000 Hunde an Depression und 900.000 an Appetitlosigkeit wegen zu hohem Stress (Coren 2013). Es gibt mindestens 24 verschiedene psychopharmazeutische Anti-Depressiva, die regelmäßig Hunden verschrieben werden (Balcombe 2010). Bekoff (2007) berichtet von Autismus und verschiedenen Geisteskrankheiten bei Hunden.

Zusammenfassend gibt es mittlerweile viele wissenschaftliche Belege, dass Hunde nicht nur einen rationalen Verstand besitzen, sondern auch vernünftig auf Situationen in ihrem Leben reagieren und dabei eine äußerst hohe soziale Intelligenz an den Tag legen, die sich auch in Form von komplexen Gefühlen zeigt.

Schimpansen und Menschen

In unserem Prozess für Personenrechte für Hiasl ging es ständig um den Vergleich zwischen Menschen und Schimpansen. Kein Wunder, sind Menschen doch nach dem Zivilrecht anerkannte Personen und die Entscheidung, ob Hiasl sich auch dafür qualifiziert, offensichtlich von seinem Unterschied zu Menschen abhängt. De Waal (2013) erinnert uns daran, dass es keine grundsätzlichen Bedürfnisse von Menschen gibt, die sich nicht auch bei Schimpansen finden. Der präfrontale Cortex im Frontallappen der Großhirnrinde des Menschen, der für eine situationsangemessene Handlungssteuerung und die Regulation emotionaler Prozesse verantwortlich ist, habe eigentlich eine für Primaten ziemlich typische Größe, so de Waal. Fundamentale Unterschiede seien nicht zu erwarten.

In seinem faszinierenden Buch *Wild Cultures* wagt Boesch (2012) einen Vergleich zwischen Schimpansen- und Menschenkulturen. Dass Schimpansen Kulturen bilden, sei nach über 50 Jahren Erforschung klar bestätigt und stehe nicht mehr zur Diskussion. In der westlichen Welt stelle man dabei aber oft Vergleiche mit dem »Western way of life« an, doch dieser sei nicht repräsentativ für Menschenkulturen. Die Mbuti-Pygmäen leben im Ituri-Urwald im Kongo in Zentralafrika, haben eine reiche Kultur, die sie seit Tausenden von Jahren unter den gegebenen Bedingungen überleben lässt, und nutzen dennoch weder Steinwerkzeuge noch Feuer. Es ist für einen Vergleich von Schimpansen- und Menschenkulturen nicht instruktiv, wenn man sich auf die technisierte westliche Welt konzentriert, die nur einen kleinen Teil des Spektrums menschlicher Kultur abbildet und erst seit kurzem existiert. Abgesehen davon hat die Wissenschaft bisher Tausende Kulturen von Menschen untersucht, aber nur neun Hauptkulturen bei Schimpansen, mit einigen wenigen Subkulturen dazu.

Kultur ist eine kollektive Praxis, die von Gruppenmitgliedern gelernt wird und eine gemeinsame Bedeutung für die Gesellschaft hat. Eine Kultur darf aber weder durch die Genetik der Individuen, noch durch einen Einfluss der Umwelt bestimmt sein. Unter dieser Definition gibt Boesch (2012) in seinem Überblick sehr viele Kulturen bei Schimpansen an und trennt dabei in folgende Bereiche:

- Materielle Kulturen: Bau und Nutzung von Werkzeugen sowie von materiellen Gütern wie Schlafnestern
- Soziale Kulturen: dazu gehören gemeinschaftliche Verhaltensweisen zur Jagd, zum Territorium, zur Verteidigung, zur Adoption und zur Pflege von Bedürftigen
- Symbolische Kulturen: das sind Rituale oder Kommunikationsformen, die die jeweilige Gruppe gemeinsam herausbildet

Am besten sind die materiellen Kulturen erforscht. Boesch listet insgesamt 31 Werkzeugkulturen und zehn materielle Kulturformen ohne Werkzeug aus elf verschiedenen Schimpansenvölkern auf, deren Angehörige sich genetisch nicht unterscheiden.

Ein gutes Beispiel ist das Nussknacken. Da es sehr viele verschiedene Nüsse mit verschieden harten Schalen zu knacken gibt, werden unterschiedliche Werkzeuge dafür verwendet. Gemeinsam sind diesen jeweils ein Hammer zum Schlagen und ein Amboss als Unterlage, wobei letzterer vielleicht erst aus mehreren Teilen zusammengesetzt wird, um eine ebene Unterlage zu erhalten. Manche Nüsse lassen sich mit Holzstücken brechen, für andere wiederum sind mehr als 10 Kilogramm schwere Steinhammer nötig. Bestimmte Schimpansengruppen ignorieren gewisse Nussarten völlig, obwohl sie in ihrem Territorium vorkommen, während andere diese regelmäßig knacken, wobei die beiden Kulturen nur durch einen Fluss voneinander getrennt leben. Zum Nussknacken gibt es auch filmische Dokumente (Fothergill und Linfield 2012), sowie persönliche Beobachtungen (Boesch 2012), dass Mütter ihre Kinder aktiv anlernen. Dabei werden den Jungtieren sowohl ein Hammer als auch die Nüsse gebracht und die Handhaltungen am Hammer korrigiert. Die Mutter gibt dem Kind keine von ihr geknackten Nusskerne mehr, um es dazu zu motivieren, selbst die Schalen zu brechen.

Zumindest zwei Schimpansenkulturen, die Niokoloba in Senegal und die Semliki in Uganda, graben sich ihre eigenen Brunnen. Die Semliki-Schimpansen legen sich diese Wasserlöcher in einer Zeit an, in der es viel Wasser gibt. Wenn die Trockenperiode eintrifft, holen sie sich das Wasser tief unten aus ihrem Brunnen mit der Hilfe von zerkauten Blättern, die sie als Schwamm benutzen.

Eine Schimpansenkultur in Loango in Gabon nutzt drei Werkzeuge nacheinander, um an Honig zu gelangen. Mit einem dicken Schlagstock von 1,6 Metern Länge, der von den Tieren präpariert wird, zertrümmert man zunächst den Eingang des Bienennestes. Anschließend werden dünnere, stabile Äste dafür verwendet, das Loch zu vergrößern. Zuletzt kürzen die Schimpansen mit ihren Zähnen dünne Zweige auf die richtige Länge und fransen die Enden auf, um damit den Honig aus dem Bienennest holen.

Manche Bienen legen ihre Nester 0,5-1 Meter und mehr unter der Erde an. Der Ausgang für die Bienen ist ein winziges Loch in der Erde, das mehr als 50 Zentimeter seitlich versetzt neben dem Nest liegt. Wenn die Schimpansen in Loango einen solchen Nestausgang entdecken, wählen sie dünne Stöcke, mit denen sie probeweise in die Erde bohren. Stoßen sie dabei auf das Nest, nehmen sie einen dickeren Stock und benutzen ihre Hände, um das Nest unter der Erde schräg anzubohren. Anschließend wird durch den so errichteten Tunnel der Honig extrahiert. Verschiedene Schimpansenkulturen haben verschiedene Werkzeuge und verschiedene Vorgangsweisen, um an den Honig derselben Bienenart zu gelangen. Manche Schimpansenkulturen praktizieren diese Art der Nahrungsbeschaffung überhaupt nicht. Die lokal lebenden Pygmäen im Übrigen ebenso wenig, obwohl ihnen Honig schmeckt.

Eine ähnliche Arbeitsweise, wie bei der Honiggewinnung, wurde bei den Goualougo-Schimpansen für das Termitenfischen dokumentiert. Diese Tiere wählen zuerst dicke Stöcke, um eine üblicherweise ca. 30 Zentimeter unter der Erdoberfläche befindliche Kammer des Termitenbaus zu lokalisieren. Ist das gelungen, schieben sie eine dünnere Angel durch das vom dicken Stock produzierte Loch und ziehen die Termiten damit heraus.

Im Tai-Wald in der Elfenbeinküste wurden an zwei Stellen archäologische Grabungen durchgeführt. Man fand neben menschlichem Steinwerkzeug auch solches von Schimpansen. Das älteste Schimpansenwerkzeug wurde mit einem Alter von 4240 Jahren datiert und reicht damit auch in die Steinzeit der Menschen in dieser Region zurück, bevor diese noch sesshaft waren. Insgesamt fand man dort 206 verschiedene Schimpansenwerkzeuge.

Soziale Kulturen betreffend listet Boesch acht verschiedene Arten zu jagen, fünf territoriale Verhaltensweisen, acht Kulturformen der Verteidigung gegen Raubtiere und der Pflege von Verletzten, sowie zwei Arten des Umgangs mit Waisenkindern.

Im Tai-Wald jagen die Schimpansen in koordinierten Gruppen von vier bis acht Männern erwachsene Kolobusaffen. Dabei übernehmen die Tiere vier verschiedene Rollen, nämlich Treiber, Blockierer, Hinterhalt-Leger und Fänger. Die Treiber klettern sichtbar auf die Bäume auf einer Seite einer Kolobus-gruppe und scheuchen die Affen in eine vorgegebene Richtung. An den Seiten sitzen die Blockierer sichtbar hoch oben auf den Bäumen, um ein Ausscheren der Affengruppe zu verhindern. Auf der Fluchtroute warten einzelne Schimpansen verdeckt in den Bäumen, um vorbeikommende Affen zu greifen. Gleichzeitig klettern Schimpansen von unten auf die Bäume, auf denen sich die Kolobus befinden, um in wilder Hetzjagd durch die Baumkronen einen zu fangen. In anderen Regionen jagen Schimpansen diese Affen überhaupt nicht, in wieder anderen nur einzeln und nicht in der Gruppe, mit dem Ziel, ein Kind vom Rücken einer Mutter zu erwischen.

Nach der Gruppenjagd teilen die Tai-Schimpansen das Fleisch des Opfers gleichmäßig unter allen Jägern auf, obwohl nur einer den Affen tatsächlich erwischt hat. Auch die Frauen der Gruppe bekommen etwas ab, nicht aber Männer, die sich nicht an der Jagd beteiligt haben.

Im Tai-Urwald in der Elfenbeinküste, wo Boesch die Schimpansen seit 1979 beobachtet, gibt es auch viele Leoparden, die immer wieder die Menschenaffen angreifen. Dabei entstehen oft schwere Wunden, die von den Mitgliedern der Gruppen gepflegt werden. Opfer werden in der unmittelbaren Folgezeit besonders geschützt. Wunden, die für die betroffenen Schimpansen selbst nicht erreichbar sind, werden von anderen durch Lecken versorgt. Wochenlang können derartig Verletzte auf die Hilfe der Gruppe zählen. Boesch (2012) berichtet auch davon, dass Schimpansen andere aus Fallen befreien, die Wilderer aufgestellt haben.

Besonders beeindruckend sind die Fälle von Adoption. Fothergill und Linfield (2012) haben einen Fall dokumentiert, bei dem eine Mutter durch einen Leoparden getötet wurde. Daraufhin nahm sich ein erwachsener Mann des Kindes an, versorgte es, wie es von der Mutter versorgt worden wäre, und trug es auf dem Rücken mit sich herum. Nur auf diese Weise können viele Waisenkinder überleben. Boesch erwähnt einen Mann, der gleichzeitig drei Kinder adoptiert hatte. Dieser wollte eines der Kinder gleich beim Tod der Mutter mitnehmen, doch es blieb bei der toten Mutter sitzen. Daraufhin kam der Mann am nächsten Tag extra noch einmal zurück, und diesmal ließ sich das Kind bereitwillig helfen und adoptieren.

Für symbolische Kulturformen listet Boesch (2012) 23 Verhaltensweisen in acht verschiedenen Schimpansenvölkern auf. Die Aufforderung von Männern an Frauen, mit ihnen Sex zu haben, wird bei den Mahale durch das Schneiden von Blättern durchgeführt, bei den Tai durch Schlagen mit den Knöcheln und bei den Gombe-Schimpansen durch Präsentation der Erektion. Das Blätterschneiden gibt es bei den Tai auch, dort bedeutet es aber, dass der Mann ein Display veranstalten wird, und bei den Bossou signalisiert es eine Spielaufforderung. Mit zweimaligem Trommeln auf denselben Baum wird angezeigt, dass die Gruppe ruht, mit Trommeln auf verschiedene Bäume, dass sich die Gruppe bewegt, und die Linie zwischen den Bäumen gibt die Bewegungsrichtung an.

Auch der Umgang mit Toten unterliegt verschiedenen symbolischen Kulturformen. Als ein 10-jähriger Waise von einem Leoparden getötet wurde, saßen die erwachsenen Schimpansen sechs Stunden lang um die Leiche herum, leckten aber keine der Wunden und hielten die Kinder der Gruppe davon ab, in der Nähe zu spielen. Boesch sieht darin einen Respekt vor der Totenruhe. Manche der Toten werden mit Zweigen und Blättern bedeckt. Die Schimpansen in Tai regieren ganz anders, wenn einer der ihren ohne Gewalt stirbt, z. B. durch eine Krankheit. Sie zeigen große Angst und Unruhe, berühren den Toten nicht und sitzen am Baum darüber, statt am Boden daneben. Oft geben sie dabei Alarmrufe von sich. Schimpansen sind vom Tod fasziniert. De Waal (2013) erzählt eine Reihe von Geschichten, in denen Schimpansen mit dem Tod konfrontiert wurden. Er resümiert: »Wir können mit Sicherheit sagen, dass Affen über den Tod Bescheid wissen, und zwar, dass er sich vom Leben unterscheidet und endgültig ist.«

Im Blair-Drummond-Safaripark in Schottland wurde der Tod einer alternden Schimpansenfrau namens Pansy gefilmt. In den 10 Minuten vor ihrem Tod wurde sie 12-mal gegroomt und ihre Tochter hatte schon die gesamte Nacht davor bei ihr verbracht. Als sie tot war, wurde sie von den anderen Schimpansen genau inspiziert. Sie verhielten sich sehr still und wirkten, als würden sie verstehen, dass etwas Schreckliches passiert ist. Anderson und andere (2010), die das Video analysiert und veröffentlicht haben, kommen zu dem Schluss, das Verständnis der Schimpansen vom Tod sei unterschätzt worden.

De Waal (2013) berichtet von der Friedfertigkeit der Bonobos, einer Schimpansenart. Es habe noch nie auch nur einen einzigen dokumentierten Fall gegeben, in dem ein Bonobo einen anderen umbrachte. Natürlich kommt es dennoch zu Gewalt, am häufigsten, wenn Gruppen von Frauen einzelne Männer angreifen. Doch selbst benachbarte Gruppen wurden beim gemeinsamen, friedlichen Spiel beobachtet. Bonobos haben auch strikte soziale Regeln bei Gewalt gegenüber Kindern. In einem Fall griff die Gruppe sofort ein, als sie ein Kind durch einen Mann bedroht sah. De Waal sah noch nie eine ernstere und bedrohlichere Situation in der Gruppe als unter diesen Umständen. Bei Bonobos gibt es auch keinen Infantizid. Diese Regeln in der Gruppe werden aber nicht nur durch die Drohung mit Gewalt durchgesetzt. De Waal gibt an, dass sie auch eingehalten werden, wenn niemand anwesend ist, um Übertretungen zu sanktionieren. Die Regeln wurden internalisiert, sodass sich die Individuen einfach schlecht fühlen, wenn sie sie brechen.

Nach einer Reihe von Laborexperimenten wurden Schimpansen einfache logische Schlüsse oder die Fähigkeit, sich in andere hinein zu versetzen, abgesprochen. Boesch (2012) kritisiert diese Tests als lebensfremd. Die Schimpansen sitzen isoliert hinter Gittern, die VersuchsleiterInnen sind Menschen. Menschenkinder bei ähnlichen Tests, deren Ergebnisse mit denen der Schimpansen verglichen werden, haben ihre Eltern als Begleitung dabei und dadurch ein viel besseres soziales Umfeld. Einen Versuch zum kausalen Schließen, den Schimpansen in Gefangenschaft nicht bestanden haben, hat man auch an Menschen durchgeführt, die damit aber ebenfalls nicht zurande kamen. Man darf auch bei vergleichenden Experimenten den menschlichen ProbandInnen nicht erklären, worum es geht. Bei einem Imitationstest zeigte sich, dass die Menschen ebenso fehlerhaft wie die Schimpansen imitierten, weil sie gar nicht verstanden hatten, dass es bei dem Versuch um Imitation ging. Die Experimente an Schimpansen in Labors würden lediglich unterstreichen, so Boesch, dass Kindheitstraumata und die Qualität der Haltung für die Entwicklung kognitiver Fähigkeiten entscheidend sind.

Doch es gibt auch einige Beispiele von Intelligenztests, in denen Schimpansen im Labor typischerweise besser abschneiden als Menschen. Das ist etwa der Fall, wenn Schimpansen und Menschen jeweils auf den Kopf gestellte Porträts von Personen gezeigt werden, die sie kennen. Dabei gelingt es den Schimpansen wesentlich rascher als den Menschen, diese Porträts den richtigen Namen zuzuordnen. In einem weiteren Test zeigte man Schimpansen und Menschen zunächst verschiedene Bäume in natura. Danach sollten sie die Bäume anhand von Fotos wiedererkennen, zweifellos eine Intelligenzaufgabe. Und auch hier waren die Schimpansen regelmäßig den Menschen überlegen (Balluch 2005).

Doch am meisten beeindrucken die Ergebnisse eines Forschungszentrums im japanischen Kyoto. Dort leben die Schimpansen in einem relativ geräumigen Gehege und können von sich aus in einen Experimentierraum kommen, wann sie wollen. Dann wird den Schimpansen ein Touchscreen gezeigt, auf dem bei erster Berührung kunterbunt verteilt Zahlen von 0-9 erscheinen, jeweils 10 Zahlen auf einmal. Nach 210 Millisekunden (!) werden diese Zahlen an ihren jeweiligen Orten automatisch durch ausgefüllte Vierecke ersetzt, sodass die Zahlen nicht mehr zu sehen sind. Trotzdem konnten sechs verschiedene Schimpansen, die sich diesem Test stellten, regelmäßig die ausgefüllten Vierecke in der richtigen Sequenz der darunterliegenden – für sie nunmehr unsichtbaren – Zahlen von 0 bis 9 richtig berühren. Kein Mensch ist zu dieser Intelligenzleistung in der Lage!

Der britische Meister im Memory-Spiel, in dem es genau um ein derartiges Kurzzeitgedächtnis geht, heißt Ben Pridmore. Er kann sich die willkürlich präsentierte Reihenfolge eines kompletten Kartenspiels mit 52 Karten in 30 Sekunden merken. Als er nun in Kyoto gegen den Schimpansen Ayumu antrat, war dieser dennoch dreimal besser. Ayumu konnte sich 90 % der Zahlen richtig merken, Pridmore nur 33 % (McRae 2008). Am 6. Juni 2014 veröffentlichte das Forschungszentrum in Kyoto ein weiteres Beispiel eines solchen Intelligenztests. Dabei spielen jeweils zwei ProbandInnen mit dem Ziel, die jeweils andere Person dazu anzuregen, zu erraten, wie er oder sie sich zwischen einigen Möglichkeiten entschieden hat. Die SpielerInnen müssen eine bestimmte Strategie ihrer MitspielerInnen erahnen. Die Schimpansen schnitten bei dem Spiel insgesamt besser ab als die Menschen.

Patterson und andere (2006) haben einzelne Gensequenzen von Menschen und Schimpansen verglichen und kamen zu dem Schluss, dass sich vor 1,5 Millionen Jahren noch ein Vorfahre der Menschen mit einem Vorfahren der Schimpansen fortgepflanzt haben muss. Die genetische Spur ist heute noch vorhanden. Ebenso findet man bei Menschen und Bonobos Gene, die die Schimpansen nicht haben, und genauso umgekehrt, bei Menschen und Schimpansen Gene, die die Bonobos nicht haben. Elango und andere (2006) und Wildman und andere (2003) plädieren aufgrund der genetischen Übereinstimmung zwischen Menschen und Schimpansen (bzw. Bonobos) von 99,4 % dafür, letztere in die Gattung Homo aufzunehmen und als Menschen zu bezeichnen.

Zusammenfassend zeigt ein ganzes Arsenal wissenschaftlicher Erkenntnisse, wie wenig Unterschied zwischen Wesen wie Hiasl und Wesen wie mir tatsächlich gemacht werden kann. Ich aber bin eine Person, Hiasl ist eine Sache.

KAPITEL 5:
Die Kluft zwischen Mensch und Tier

Kuksi ist mein enger Freund, mit dem ich mein Leben verbringe. Wenn wir zusammen in der Natur unterwegs sind, können wir abseits der menschlichen Gesellschaft eine egalitäre Beziehung leben. Alles wird ganz anders, wenn wir unter die Menschen zurückkehren. Nicht nur, dass er aufgrund der Lebensverhältnisse in vielen Dingen von mir abhängig wird. Darüber hinaus sehen ihn die Menschen im Allgemeinen als minderwertig an. Eine Einstellung, die mich persönlich sehr trifft. Würden die Menschen anders denken, wenn sie Kuksi kennen würden? Ich schaue ihm in die Augen und ich kann nicht begreifen, warum seine Wünsche, seine Gefühle und seine Interessen weniger relevant sein sollen als meine.

Doch es handelt sich nicht nur um persönliche Einstellungen vieler Menschen, sondern um eine dominante Ideologie, die auch mit Gewalt durchgesetzt wird. Gehe ich mit Kuksi über einen Fußgängerübergang, müssten die Autos warten. Das tun sie auch, allerdings nur für mich, nicht für Kuksi. Wenn Kuksi ein paar Meter vor mir läuft und ich den Fußgängerübergang noch nicht betreten habe, muss ich um sein Leben fürchten. Die AutofahrerInnen hupen erbost und manche scheinen ihn richtiggehend rammen zu wollen, weil sie sich im Recht fühlen. Mein Hundefreund gilt als so minderwertig, dass für ihn die Straßenverkehrsregeln aufgehoben werden. Wenn sich Kuksi auf dem Fußgängerübergang befindet, ist das so, als würde ich einen Sessel dorthin stellen. Die Autos haben Vorrang und es ist meine Schuld, wenn er angefahren wird.

Ähnlich ergeht es uns, wenn Kuksi mit mir durch den Wald schlendert, in dem sich JägerInnen befinden. Nicht nur, dass es als Verwaltungsübertretung gilt, wenn ich die Leine zu Hause lasse. JägerInnen dürfen ihn völlig legal töten. Erst 2013 gab es wieder eine höchstgerichtliche Erkenntnis in Österreich, dass es unbedenklich ist, wenn das Gesetz das Erschießen freilaufender Hunde durch JägerInnen erlaubt, weil diese »den Jagdbetrieb stören«. Ein störungsfreier Jagdbetrieb ist mehr wert als das Leben meines besten Freundes! Ich fühle mich einer solchen Gesellschaft völlig entfremdet.

Kuksi und ich sitzen auf einem Sofa und diskutieren mit FreundInnen, die wir eingeladen haben. Kuksi liebt sein Sofa, er fühlt sich dort sehr wohl. Ungern liegt er auf dem harten Boden, außer es ist sehr heiß. Einer der

Menschen, die wir eingeladen haben, schubst Kuksi mit einer leichten Bewegung von seinem Platz und setzt sich selbst hin. Kuksi ist so freundlich, dass er sogar so einen Affront toleriert. Auf Anfrage meint unser Gast, es sei für ihn selbstverständlich, dass Menschen das Vorrecht hätten, auf dem Sofa zu sitzen. Ähnlich im Auto: Kuksi verfügt über einen eigenen Sicherheitsgurt, der beim Fahren in dieselben Büchsen gesteckt wird wie die Sicherheitsgurte der Menschen. Bei einer Fahrt mit einigen Menschen im Auto fiel mir plötzlich auf, dass Kuksi nicht mehr angehängt war. Wiederum: einer der Menschen hielt es für völlig selbstverständlich, dass er das Vorrecht habe, angehängt zu sein, und daher Kuksis Sicherheitsgurt einfach geöffnet hatte. Vermutlich ist er rein juristisch gesehen sogar im Recht. Für mich ist es dennoch jedes Mal wieder nicht nur beleidigend, sondern auch schockierend, wie mein Hundefreund behandelt wird. Um zu verstehen, woher diese Haltung der Menschen in unserer Gesellschaft kommt, habe ich mich dieser Frage in meiner Dissertation am Institut für Philosophie der Universität Wien gewidmet. Viele der Erkenntnisse, die ich dabei gewann, fließen in die folgenden Überlegungen ein.

Mensch und Tier vor der Aufklärung

Es ist schwierig, das Mensch-Tier-Verhältnis aus der Zeit vor den ersten schriftlichen Aufzeichnungen zu rekonstruieren. Diamond (2013) gibt darauf einen Hinweis, wenn er von indigenen Völkern aus Neuguinea berichtet, die er zwar erst im 20. Jahrhundert erforscht hat, die aber nur kurz davor erstmals mit Menschen von außerhalb in Kontakt getreten sind und bis dahin als JägerInnen und SammlerInnen lebten. Diamond findet in Gruppierungen dieser Art nur sehr geringe Hierarchien, es gibt auch keine Macht und keinen Besitz, den man anhäufen könnte. Entsprechend ist das Verhältnis der Menschen zu den Tieren ebenso egalitär, sie empfinden auf gleicher Stufe.

Auch Bekoff (1998) stellt fest, dass zumindest in der Zeit vor der Domestikation von Tieren diese von den Menschen als grundsätzlich gleich angesehen worden seien. Eine Reihe von Ritualen hätte gegenüber Tieren von Respekt gezeugt und ihre Tötung, auch als Jagdopfer, der Tötung anderer Menschen gleichgestellt (Ingold 1994). Verschiedene Indianervölker Nordamerikas hätten bis in jüngere Zeit die grundsätzliche Gleichheit von Mensch und Tier angenommen. Manche afrikanischen Stämme betrachteten und bezeichneten sich gegenseitig nicht als Menschen, sondern wendeten diesen Begriff nur auf sich selbst in Abgrenzung gegenüber anderen Stämmen an. In Malaysia nannten Indigene den Orang Utan einen »Waldmensch« und sahen ihn dem Menschen gegenüber als gleichwertig an.

In der *Enzyklopädie für Religion und Ethik* aus dem Jahr 1906 steht:

> »Die Zivilisation und die Bildung haben die Einsicht einer großen Kluft zwischen dem Menschen und den niederen Tieren mit sich gebracht. [...] In den niedrigen Formen von Kultur, die entweder bei Rassen, die sich als Ganzes unter dem Niveau der europäischen Rasse befinden, oder in den unkultivierten Teilen der zivilisierten Gesellschaft, wird die Unterscheidung zwischen Menschen und Tieren nicht richtig bzw. überhaupt nicht anerkannt. [...] Der Wilde [...] gesteht dem Tier wesentlich komplexere Gedanken und Gefühle und ein viel größeres Wissen und eine viel größere Macht zu, als es tatsächlich besitzt. [...] Es verwundert daher nicht, daß seine Ansicht über Tiere eher von Respekt als von Überlegenheit getragen wird.«

Die ältesten einflussreichsten schriftlichen Aufzeichnungen zum Mensch-Tier-Verhältnis finden sich bei Aristoteles vor fast 2400 Jahren. Selbst in einer hierarchischen Gesellschaft aufgewachsen, teilt er alle irdischen Lebewesen nach dem Grad der Perfektion ein, basierend auf ihrer Rationalität. Je rationaler ein Lebewesen ist, desto höherwertiger und perfekter, ja gottähnlicher, sieht er es. Und Aristoteles meint, die rationalsten und damit perfektesten Wesen unter den weißen, nicht-behinderten, griechischen Menschenmännern auszumachen. Eine Gruppe, zu der er selbst gehört. Man nennt dies spöttisch das »Aristotelische Axiom«: Wenn jemand von einer Wertehierarchie unter den Lebewesen spricht, sieht er/sie sich selbst immer in der Spitzengruppe, nicht irgendwo unten eingereiht als minderwertig. Die »Logik« der Hierarchie dient immer auch dem eigenen Vorteil und der Bestätigung der eigenen Höherwertigkeit.

Unter der Gruppe der weißen, nicht-behinderten, griechischen Menschenmänner in Aristoteles' Perfektionismus folgen die weißen, nicht-behinderten, griechischen Menschenfrauen, darunter die Kinder, dann die Nicht-GriechInnen, die sogenannten Barbaren, und darunter die Tiere in verschiedener Abstufung. Der Wertehierarchie entspricht eine physische Dominanz: die niedrigeren Wesen sind immer auch für die höheren da und dürfen, ja sollen, von diesen für deren Vorteil genutzt werden, und sei es mit Gewalt. So sind die Frauen für die Männer da, die Kinder für die Erwachsenen, die Barbaren für die GriechInnen und die Tiere für die Menschen. Und wer sich dieser Ordnung nicht fügt, darf mit Gewalt dazu gezwungen werden, Aristoteles spricht von einem »gerechten Krieg«:

»Die niedrigere Art von Lebewesen ist von Natur aus sklavisch, und es ist besser für sie, wie für alle Untergeordneten, daß sie sich in die Gewalt eines Herrschers begeben. Weil der, der im Prinzip jemand anderem gehören kann und deswegen gehört, und der, der genügend Verständnis hat, dieses rationale Prinzip zu verstehen, aber nicht genug Verständnis, um selber ein rationales Prinzip zu haben, ist Sklave von Natur aus. Die niedrigeren Tiere können dieses rationale Prinzip auch nicht einmal verstehen; sie folgen ihren Instinkten. Die Nutzung von Sklaven und gezähmten Tieren ist nicht sehr verschieden; beide dienen mit ihren Körpern den Bedürfnissen unseres Lebens. [...] Die Kunst der Kriegsführung ist eine natürliche Kunst [...], die gegen wilde Tiere und jene Menschen praktiziert werden soll, die von Natur aus dazu bestimmt sind, beherrscht zu werden, sich aber nicht unterwerfen; ein Krieg dieser Art ist ein natürlicher und gerechter Krieg.«

Die Stoiker (darunter Cicero, Diogenes, Epiktet) folgen Aristoteles in der Betonung einer natürlichen Ordnung, auch für sie steht es den Menschen frei, Tiere für ihre Wünsche zu instrumentalisieren. Das sei sogar ein kosmisches Prinzip (Steiner 2013). Der frühchristliche Kirchenfürst Augustinus bezog sich ebenso vor 1600 Jahren in seinen Schriften in der Frage der Tiere explizit auf Aristoteles. Die von ihm propagierte natürliche Hierarchie war im Prinzip dieselbe, auch Menschenfrauen hatten keine Seele und das gesellschaftliche Machtgefälle und die Sklaverei wurden nicht in Frage gestellt. »Aus ihren Schreien können wir ersehen, daß Tiere qualvoll sterben, aber das tangiert den Menschen nicht, denn das Tier entbehrt einer vernünftigen Seele und ist deshalb nicht mit uns durch eine gemeinsame Natur verbunden.«

Auch Thomas von Aquin, tonangebender katholischer Theologe im Spätmittelalter, bezieht sich in seinen Schriften wieder explizit auf Aristoteles und reicht die These der Hierarchie unter den Wesen unkritisch weiter. Das Credo, dass niedrigere Lebewesen den höheren zu dienen haben und dass die Rationalität der Maßstab für diese Hierarchie wäre, bleibt erhalten.

Das christliche Mittelalter orientiert sich daran in der Praxis. Es gibt ein Feudalsystem, in dem der Hochadel an der Spitze steht, darunter der niedrige Adel, dann das Bürgertum, darunter die Landbevölkerung, die oft zusammen mit dem Land, das sie bewirtschaftet, den LandbesitzerInnen gehört, und auf der untersten Stufe immer die Tiere. Diese als natürlich empfundene Hierarchie wird als unverrückbar gesehen, wie auch eine Heirat zwischen diesen Stufen der natürlichen Ordnung widerspreche und sie bedrohe. In Schloss Artstetten in Niederösterreich sind der 1914 in Sarajewo erschossene Thronfolger im Kaiserreich Österreich, Franz Ferdinand, und seine Frau begraben, weil sie als

Gräfin für ihn als Erzherzog eigentlich zu minderwertig war. Deshalb durften die beiden nicht in die dem Hochadel reservierte Kaisergruft in Wien.

Was bei Aristoteles die Sklaverei, ist im christlichen Mittelalter in Europa die Leibeigenschaft. Der Grundbesitzer und Landherr ist auch Richter über Leben und Tod seiner Untertanen, die auf seinem Grund und Boden leben. Sie sind ihm leibeigen und er kann sie zu Diensten einteilen. Ebenso gibt es den »gerechten Krieg«, um Barbaren zu unterwerfen, wenn die Truppen von Kaiser Karl V., der auch spanischer König war, nach Amerika geschickt werden, um die dortigen Indigenen, die in der Hierarchie zwischen Mensch und Tier angesiedelt wurden, zu unterwerfen. Imperialismus und Kolonialisierung galten als gerechter Krieg im Sinne von Aristoteles und als Ausdruck der Höherwertigkeit der europäischen Menschen.

Dennoch sehen wir hier noch keine unüberwindliche Kluft zwischen Mensch und Tier. Zwar gibt es eine Hierarchie, aber diese betrifft auch die Menschen. Das Resultat ist ein Kontinuum vom perfektesten zum niedrigsten Wesen, mit allen Zwischenstufen. Man erkennt auch an, dass Tiere leiden können. Doch das sollte sich im Rahmen der Aufklärung ändern.

Das Mensch-Tier-Bild der Aufklärung

Die Stabilität der hierarchischen Gesellschaftsstruktur ergibt sich daraus, dass diejenigen, die untergeordnet sind, keine Macht haben, die Gesellschaft zu beeinflussen. Die Grundlage dafür ist das Aristotelische Axiom, demzufolge nur derjenige eine Hierarchie annimmt, der auch davon profitiert und sich selbst in der Spitzengruppe positionieren kann. Im 18. Jahrhundert entwickelt sich aber zunehmend ein Bildungs- und Großbürgertum, das an politischem Einfluss gewinnt und aufgrund einer universitären Ausbildung die dominante Philosophie hinterfragen kann. Man rüttelt an den Gitterstäben, die die Hierarchie noch aufrechterhalten. Doch was soll das hierarchische Modell unter den Lebewesen ersetzen?

Die Basis für einen egalitäreren Zugang liefert der Körper-Seele-Dualismus. Er geht von dem leicht eingänglichen Phänomen aus, dass es körperliche Gegenstände in der Welt gibt, die dem mechanischen Kausalprinzip unterliegen, in der Zeit veränderlich sind, deterministisch den Naturgesetzen folgen und physikalisch messbare Eigenschaften haben. So sind sie schwer oder leicht, breit oder schmal, lang oder kurz, schnell oder langsam und kalt oder warm. Daneben scheint es aber auch Entitäten zu geben, die diese Eigenschaften nicht haben. Dazu gehören Gefühle, wie Angst oder Liebe, die nicht im gleichen Sinn messbar sind. Sie werden deshalb als Teil einer der körperlichen Welt gegenübergestellten Welt der Seelenqualitäten gesehen, die immateriell und unsterblich gedacht wird, und in der auch ein freier Wille existiert.

René Descartes und andere Philosophen entwickeln nun im 17. Jahrhundert die Idee, dass die Menschen eine solche metaphysische, über die Physik erhabene und nicht messbare Seele in einem sterblichen Körper besitzen, der den Naturgesetzen unterliegt und vergänglich ist. Die Seele ist über die Handlungen der Menschen indirekt zu erschließen, aber nicht direkt erkennbar. Intelligenz wird eine Eigenschaft des Körpers, Vernunft aber eine der Seele. Wer eine menschliche Seele hat, verfügt über eine vollständige Vernunft, die bestenfalls durch die körperlichen Schlacken verwässert wird, aber im Grunde genommen vollständig und ideal zur Verfügung steht. Dieser Vernunftbegriff der Aufklärung ist metaphysisch, über die Physik erhaben, und durch Intelligenztests nicht messbar. Demgegenüber hätten die Tiere nur einen Körper ohne Seele. Ihnen würden dadurch die zentralen Qualitäten der Seele fehlen, in allererster Linie jegliche Vernunft, aber auch Gefühle. Tiere würden daher doch nicht fähig sein zu leiden!

Wir können uns diese Idee anhand eines Beispiels veranschaulichen. Greifen wir auf eine heiße Herdplatte, zuckt unsere Hand innerhalb von Millisekunden zurück. Die Schäden an der Hautoberfläche durch die Hitze haben ein Nervensignal ausgelöst, das direkt ins Rückenmark schießt und dort einen weiteren Nervenimpuls auslöst, der zu einer sofortigen Muskelkontraktion führt: die Hand wird wieder weggerissen. Descartes nennt das die rein mechanische Reaktion, die Reaktion ersten Grades, auf eine Sinneswahrnehmung. Sie ist uns auch tatsächlich nicht bewusst, sondern läuft automatisiert ab. Doch nach etwa einer Dreiviertelsekunde stellen sich bei uns Schmerzen aufgrund der Verbrennung der Haut ein, die uns bewusst werden. Descartes nennt das die Reaktion des Geistes auf eine Sinneswahrnehmung, die Reaktion zweiten Grades. Und noch einige Zeit darauf, für die einen früher und die anderen später, folgt die Reaktion der Vernunft: ich werde nicht mehr auf eine heiße Herdplatte greifen. Das ist die Reaktion dritten Grades auf eine Sinneswahrnehmung nach Descartes.

Menschen würden alle drei Reaktionsebenen in einem solchen Fall durchlaufen, sie würden zwar mechanisch-körperlich zucken, aber auch subjektiv Schmerzen empfinden und wären zu einem Urteil der Vernunft fähig. Tieren aber, so Descartes, stünde nur der erste Grad der Reaktion zur Verfügung. Sie seien Automaten, die so reagieren, als hätten sie Schmerzen – sie zucken von einer heißen Herdplatte weg und schreien vielleicht sogar – aber sie würden subjektiv gar nichts empfinden, die Schreie wären wie das nichtgeölte Werk einer

Uhr, das quietscht. Aufgrund dieser Überzeugung nagelte Descartes Hunde in aller Öffentlichkeit auf ein Brett und schnitt sie zu Versuchszwecken auf. Wer mit den Tieren mitlitt – etwa aufgrund seiner Spiegelneuronen – wurde von Descartes als einfältig verlacht (Radner und Radner 1996).

Descartes wertete demgemäß die Tiere nicht willkürlich ab, weil sie weniger intelligent seien, sondern er meinte, dass es gar keinen Sinn macht, Schmerzen bewusst zu empfinden, wenn man daraus nicht mittels einer Vernunft Konsequenzen ziehen kann. Da die Tiere, wie zu seiner Zeit angenommen, einfach nur ihren Instinkten und Affekten folgen, wäre ein bewusstes Erleben der begleitenden Gefühle, ohne mit einem freien Willen in das Geschehen eingreifen zu können, reichlich unsinnig. Und dieser Gedankengang hat etwas für sich. Nur ist es falsch, daraus abzuleiten, dass Tiere kein subjektives Erleben haben. Descartes hätte genausogut folgern können, dass Tiere eben doch frei entscheiden können, was sie tun wollen. Doch das schien ihm offenbar absurd. Viele Menschen empfinden heute in dieser Hinsicht ähnlich.

Dass es Descartes genau um die angebliche fehlende Autonomie der Tiere ging, erkennt man an den zwei Tests, die Descartes anbot, um seine These zu untermauern. Der erste ist der Sprachtest:

> »Obwohl alle Tiere uns leicht durch ihre Stimme oder ihre Körpersprache ihre natürlichen Antriebe, wie Wut, Angst, Hunger usw., mitteilen können, ist es bis jetzt noch nie beobachtet worden, daß irgendein Tier wirkliche Sprache benutzt hat, d. h. durch Worte oder Zeichen einen reinen Gedanken und nicht nur einen natürlichen Antrieb mitgeteilt hat. Aber nur diese Art von Sprache ist ein sicheres Zeichen dafür, daß Gedanken in dem Körper sind.«

Der zweite Test bezieht sich auf die Handlungen von Tieren. Descartes geht davon aus, die Vernunft sei durch die Seele entweder vollständig da oder nicht. Und an verschiedenen Handlungen bei Tieren erkennt er, dass bei ihnen keine vollständige Vernunft vorhanden sein kann. Also gibt es sie gar nicht und Tiere könnten auch nicht fühlen:

> »Obwohl ihre Bewegungen oft sicherer und präziser als die der weisesten Menschen sind, versagen sie bei anderen Dingen, die sie tun müßten, um uns zu imitieren, wesentlich weitreichender als der dümmste Mensch. [...] Zweifellos [müssen wir] zu der Auffassung gelangen, daß es keine echten Gefühle und Emotionen [in Tieren] gibt, sondern, daß sie Automaten sind, die, von der Natur hergestellt, unvergleichlich viel besser als [vom Menschen gemachte] Maschinen funktionieren.«

Im Mai 1637 hatte er ausgeführt: »Wollen, verstehen, vorstellen, fühlen usw. sind nur verschiedene Arten zu denken und setzen eine Seele voraus.«

Dass es sich dabei um eine verdeckt christliche oder zumindest religiöse Argumentation handelt, ist aus anderer Korrespondenz von Descartes ersichtlich:

> »Wenn die Tiere wie wir denken würden, dann hätten sie unsterbliche Seelen. Das ist aber unwahrscheinlich, weil wenn ein Tier eine unsterbliche Seele hat, dann müssen alle eine unsterbliche Seele haben, und bei einigen von ihnen, wie bei Austern und Schwämmen, ist das völlig unglaubwürdig.«

Der französische Philosoph Nicole Malebranche führt Anfang des 18. Jahrhunderts die cartesianische Argumentation auf einer religiösen Ebene fort. Zu sagen, ein Hund liebe seinen »Besitzer« und könne Schmerzen fühlen, wäre gleichbedeutend damit, den Hund zu einem Menschen zu machen. Wahrnehmung ist nämlich immer die Wahrnehmung einer Idee. Ideen müssen aber in einem Gott sein und daher könne nur dieser Gott Wahrnehmungen produzieren. Aus dem Umstand, dass manche Tiere viel schärfere Sinnesorgane haben als Menschen, schließt Malebranche, dass sie keine Wahrnehmungen haben könnten, sondern nur Maschinen sind, weil sie sonst einen größeren Zutritt zu Gottes Wahrheit hätten als die Menschen. Und das wäre offenbar ausgeschlossen. Weitere religiöse Argumente von ihm lauten, dass Tiere ohne Seele nicht leiden könnten, weil ein »lieber Gott« keine Unschuldigen ohne spätere Kompensation im Leben nach dem Tod leiden lassen würde. Und ein »lieber Gott« würde niemals den sündigen Menschen die Macht über leidensfähige Wesen geben, deswegen könnten sie nicht leidensfähig sein (Radner und Radner 1996).

Gut 300 Jahre später stößt der Salzburger Weihbischof Laun am 30. Juni 2003 auf seiner Internetseite in dasselbe Horn:

> »Durch die Seele unterscheidet sich der Mensch durch eine Welt vom Tier. Sie ist nicht eine Art Aura des Hirns, die mit diesem steht und fällt, sondern umgekehrt, sie ist eine geistige Realität, in deren Dienst das Gehirn in einer undurchdringlich-geheimnisvollen Einheit steht. Sie ist durch keine ›Entwicklung von unten‹ erklärbar. Wer behauptet, der Mensch sei nur ein ›Tier unter Tieren‹ und prinzipiell nicht mehr als wohlorganisierte Materie, der tritt mit dem Glauben in einen unversöhnlichen häretischen Gegensatz. [...] Die Geistseele von Materie und Entwicklung herzuleiten, widerspricht auch der Vernunft. Denn wer das Wesen einer personalen Seele begriffen hat, weiß, dass eine ›Erklärung‹ der Seele ›aus‹ dem Tier absurd ist. Keine Gemeinsamkeit und keine Ähnlichkeit im Be-

reich des Leibes können diesen Graben sozusagen zuschütten. Der menschenähnlichste Menschenaffe ist, genau genommen, ähnlicher der Kaulquappe oder einer Amöbe als dem Menschen.«

Als die RevolutionärInnen um 1789 in Frankreich und einige Jahre davor in den USA die Herrschaft der Elite abschüttelten und Menschenrechte ausriefen, konnten sie durch den Körper-Seele-Dualismus auf eine Ideologie zurückgreifen, die ihnen das ermöglichte. Körperlich sind die Menschen verschieden, die einen groß, die anderen klein, die einen stark, die anderen schwach, aber auch die einen intelligenter und die anderen weniger. Doch bezüglich ihrer Seele, bzw. ihrer metaphysischen menschlichen Vernunft, seien alle Menschen grundsätzlich gleich. Nun konnten Gleichheit und Gleichberechtigung auf Basis der gleichen menschlichen Vernunft propagiert werden. Die Menschen wurden dadurch zu einer gemeinsamen Familie. Aber die Tiere blieben draußen, sie hatten keinerlei Anteil an der Vernunft, sie blieben in der Hierarchie unten eingeordnet. So entstand eine große Kluft zu den Tieren. Tiere wurden dadurch zu etwas ganz anderem, von dem man sich abgrenzen muss.

Menschen sind vermittels ihrer Vernunft Kulturwesen, für sie gibt es eine Ethik und es gilt die Gleichberechtigung und die Gerechtigkeit. Tiere bleiben Naturwesen wie Flüsse, Steine und Wälder, für sie gibt es weder Ethik noch Gerechtigkeit, hier gilt das Recht des Stärkeren, und man kann sich bedenkenlos nehmen, was man kriegen kann. Es stellte sich eine gewisse Erleichterung ein, dass man Tiere nicht ethisch berücksichtigen musste. »Wie die Hausfrau, die die Stube gescheuert hat, Sorge trägt, daß die Tür zu ist, damit ja der Hund nicht hereinkomme und das getane Werk durch die Spur seiner Pfoten entstelle, also wachen die europäischen Denker darüber, daß ihnen keine Tiere in der Ethik herumlaufen.« (Schweitzer 1923/1971).

Im Bild der Aufklärung sind Menschen grundsätzlich frei, sie haben einen auf Rationalität und Vernunft basierenden freien Willen. Tiere würden dagegen nicht nur grundsätzlich und immer ihren Affekten gehorchen müssen und wären unfrei, egal wie intelligent sie agieren, sie haben nicht einmal Gefühle und sind daher nicht leidensfähig. Sie zeigen ein Verhalten, können aber nicht handeln. Bis sich die menschliche Gesellschaft dazu durchringen konnte, den Tieren zwar Gefühle, wenn auch keine Vernunft zuzugestehen, sollten noch mehr als 200 Jahre nach der ersten Proklamation allgemeiner und gleicher Menschenrechte vergehen.

Das Menschenbild der Aufklärung lässt sich mit folgender Tabelle veranschaulichen (siehe Balluch 2005):

Menschenbild der Aufklärung

MENSCH	»TIER«
Kultur	Natur
Gerechtigkeit	Recht des Stärkeren
EigentümerIn	Eigentum
Person, Du	Sache
Seele	seelenlos
Selbstbewusstsein → freier Wille	Biomaschine, determiniert
Vernunft, Gefühle	Instinkt, Trieb
Zweck an sich	Mittel zum Zweck
Subjekt	Objekt
Soziale Hilfe für Schwache	Natürliche Auslese der Schwachen
BewohnerInnen der Erde	Ausstattung der Erde
Soziologie (Geisteswissenschaften)	Ethologie (Naturwissenschaften)
WIR	**DIE ANDEREN**

Menschen, in der linken Spalte, sind Kulturwesen, Tiere, in der rechten Spalte, Naturwesen. Menschen sind daher durch Gerechtigkeit geschützt, Tiere dem Recht des Stärkeren ausgeliefert. Kein Mensch kann mehr Besitz eines anderen sein, das ist grundsätzlich ausgeschlossen. Tiere dagegen können keinen Besitz haben, aber sehr wohl jemandes anderen Eigentum werden. Menschen sind Personen, ein Du, Tiere nur Sachen. Menschen haben eine Seele und ein Selbstbewusstsein, das ihnen einen freien Willen ermöglicht, Tiere dagegen sind seelenlose Biomaschinen, durch Instinkt und Trieb determiniert. Dagegen sind Menschen zu echten Gefühlen und zu Vernunft fähig, Tiere nicht.

Immanuel Kant, der zentrale Aufklärungsphilosoph, spricht davon, dass sich der Mensch aufgrund seiner Rationalität selbst Zwecke geben kann und dadurch zu einem Zweck an sich wird, während Tiere mangels dieser Fähigkeit nur Mittel zum Zweck für Menschen werden. Menschen haben eine Freiheit, die durch die Moral geschützt werden muss. Tiere können gar nicht frei sein, erhalten daher auch diesen Schutz nicht. Ihr Wert ergibt sich lediglich daraus, ob ein Mensch aus ihnen Nutzen ziehen kann. Für Tiere gibt es gar keinen Schutz, Kant konstruiert lediglich einen indirekten, der nicht wirklich glaubwürdig wirkt: Tiere seien zu schützen, damit der Mensch durch die Misshandlung von Tieren nicht verrohe und am Ende noch Menschen gegenüber unethisch handeln könnte. Doch wenn Tiere überhaupt keine direkte moralische Bedeutung haben, ist es auch nicht roh, sie zu misshandeln und das Argument scheint nicht mehr nachvollziehbar (Korsgaard 2012).

Nur Menschen sind daher Subjekte, die BewohnerInnen der Erde, während Tiere als Objekte lediglich zur Ausstattung gehören. Für Menschen soll es soziale Hilfe für Schwache geben, Tiere dürfen der natürlichen Auslese ausgesetzt werden. Das Studium des Verhaltens von Menschen fällt an der Universität unter Soziologie, eine Geisteswissenschaft, während das gleiche Verhalten bei Tieren als Ethologie von Naturwissenschaftern untersucht wird.

Die Aufklärung brachte einen unschätzbaren Fortschritt: alle Menschen wurden zu einem Wir. Doch auf dem Rücken der Tiere, die man zu »den anderen« degradierte. In der Abgrenzung vom Tier definiert sich der Mensch. »Die Idee des Menschen in der europäischen Geschichte drückt sich in der Unterscheidung vom Tier aus. Mit seiner Unvernunft beweisen sie die Menschenwürde.« (Horkheimer und Adorno 1947/1986).

Vom Speziesismus zum Rassismus

Tierisch bezeichnet die Eigenschaft von Tieren. Doch im Menschenbild der Aufklärung identifiziert man mit tierisch nur negative Konnotationen wie hemmungslos, instinktgetrieben, kulturlos, unzivilisiert, unmoralisch, sexbesessen, ungepflegt, primitiv, derb usw. Kein reales Tier ist so, wie ich von meinem Zusammenleben mit Kuksi weiß, vielmehr bezeichnet so eine Definition nur jene Eigenschaften, die man als Mensch nicht aufweisen will. Das Tier wird dadurch zu einem sozialen Konstrukt des »Anderen«, das der Definition des Menschen dient (siehe Balluch 2005).

Diese paradigmatische Abwertung von Tieren nennt man Speziesismus, wobei »Spezies« in Anlehnung an das Englische die Tierart bezeichnet. Durch diese Abwertung kann das soziale Konstrukt vom Tier als Ausgrenzungsmechanismus für Menschengruppen eingesetzt werden: man entmenschlicht sie und macht sie zu Tieren und entzieht ihnen dadurch den Schutz durch Ethik, Gerechtigkeit und Gleichberechtigung.

Tatsächlich lässt sich ein derartiger Zusammenhang nun auch wissenschaftlich nachweisen. Costello und Hodson (2014) präsentieren eine Untersuchung von weißen 6-10-jährigen Kindern und ihren Eltern in Ontario (Kanada). Zunächst wurden den Kindern Fotos von Gesichtern von Menschen mit weißer und schwarzer Hautfarbe sowie von verschiedenen Tieren präsentiert, und sie mussten diesen Emotionen zuordnen. Darunter fielen Emotionen, die als typisch menschlich gelten, wie Sympathie, Liebe, Schuldgefühl und Peinlichkeit, als auch solche, die typischerweise durchaus auch Tieren zugebilligt werden, wie Freude, Aufregung, Traurigkeit und Angst. Zusätzlich wurden Persönlichkeitsmerkmale wie neugierig, kreativ, sorglos und unorganisiert, die als menschlich gelten, sowie nervös, ruhig, freundlich oder bösartig, die auch allgemeinere Bedeutung haben, abgefragt. Die Kinder sollten noch die einzelnen Porträtfotos nach Ähnlichkeit ordnen. Zuletzt wurde ein standardisierter Test bezüglich rassistischer Vorurteile benutzt, um diese zu evaluieren. Es zeigte sich, dass die Wahrnehmung einer großen Kluft zwischen Menschen und Tieren mit Vorurteilen gegenüber menschlichen »outgroups« in der Gesellschaft einhergeht. Die »outgroups« werden entmenschlicht, d. h. in ihren Charakteristika mehr den Tieren zugeordnet, und wie Tiere im Vergleich zu (weißen) Menschen abgewertet.

In einem zweiten Durchgang wurde jeweils ein Elternteil der Kinder befragt, um den Zusammenhang zwischen den Ansichten der Kinder mit rassistischen Vorurteilen und einem autoritären Erziehungsstil in der Familie hinsichtlich der angenommenen Kluft zwischen Menschen und Tieren, der Entmenschlichung von »outgroups«, zu untersuchen. Wiederum zeigte sich, dass mit Angaben über das Ausmaß einer angenommenen Kluft zwischen Menschen und Tieren bei den Eltern eine gute Vorhersage über das Ausmaß ihrer rassistischen Vorurteile getroffen werden konnte. Und die Einstellung der Eltern hatte eine direkte Auswirkung auf die Einstellung ihrer Kinder. Jene Eltern mit einem eher autoritären Erziehungsstil und größeren rassistischen Vorurteilen, nahmen eher eine große Kluft zwischen Mensch und Tier wahr und hatten das direkt an ihre Kinder weitergegeben.

Im *New Scientist* (Hodson und Costello 2012) diskutieren die beiden AutorInnen ihre Ergebnisse und kommen zu dem Schluss:

> »›Outgroups‹ zu entmenschlichen wird vor allem von unserem Gefühl der Überlegenheit, Bedeutung und Wertigkeit gegenüber Tieren vorangetrieben. Es kann nur ›funktionieren‹, wenn wir uns einig sind, dass Tiere von Natur aus weniger wert sind. Zum Glück weisen diese Erkenntnisse auch einen Weg auf, der Entmenschlichung Einhalt zu gebieten. Wir haben in mehreren Experimenten herausgefunden, dass die Darstellung von Tieren als gleichwertig dem Menschen gegenüber (also Tiere auf die Stufe von Menschen zu ›erheben‹) die Entmenschlichung stoppen kann, Vorurteile in erheblichem Maße reduziert und moralische Bedenken gegenüber marginalisierten Gruppen ausweitet. [...] Wie wir Tiere behandeln wirkt sich direkt darauf aus, wie wir uns gegenseitig behandeln.«

Dhont und andere (2014) untersuchten die Kausalität in dieser Beziehung zwischen Abgrenzung von Tieren und Ausgrenzung von Menschengruppen. Führt eine rassistische Einstellung dazu, eine große Kluft zwischen Mensch und Tier zu empfinden oder umgekehrt, führt die Annahme einer großen Kluft zu Rassismus? Weder noch, schließen die AutorInnen. Beiden zugrunde liegt die sogenannte »Sozialdominanzorientierung«, ein Begriff für die Einstellung, dass sich die eigene soziale Gruppe gegenüber anderen durchsetzen muss und dass Gleichberechtigung unter sozialen Gruppen irreal oder nicht wünschenswert ist. Menschen mit dieser Einstellung tendieren sowohl zu Rassismus, als auch dazu, eine große Kluft zwischen Mensch und Tier anzunehmen.

Dhont und Hodson (2014) hinterfragten den Zusammenhang zwischen einer rechtskonservativen Einstellung und dem Fleischkonsum bzw. einem ideologischen Bekenntnis zur moralischen Richtigkeit der Ausbeutung von Tieren für menschliche Zwecke. In zwei Studien wurde deutlich sichtbar, dass Rechtskonservative tatsächlich zu viel Fleischkonsum tendieren und die Ausbeutung von Tieren begrüßen. Kausal wurden dafür zwei Mechanismen identifiziert. Einerseits teilen Rechtskonservative in extremer Weise die Ansicht, dass Menschen ganz anders und unvergleichlich besser als Tiere seien, und andererseits fühlen sie sich schneller durch egalitäre Ideologien bedroht. Diese Ergebnisse wurden bezüglich des hedonistischen Genusses beim Fleischkonsum korrigiert. Rechtskonservative essen nicht nur mehr Fleisch als Menschen mit anderen politischen Einstellungen, weil es ihnen besser schmeckt, sondern auch, weil sie damit die dominante Ideologie der menschlichen Überlegenheit fördern und einen kulturellen Wandel verhindern wollen. Es gibt klare Parallelen zwischen der Einschätzung von Beziehungen zwischen Menschengruppen und jener zwischen Menschen und Tieren.

Bilewicz und andere (2010) fragten sich, ob der Konsum von Tieren einen Einfluss auf die Einstellung gegenüber Tieren nimmt und auf die Fähigkeit, das Verhalten von Tieren psychologisch zu deuten. In drei aufeinanderfolgenden Studien wurden VegetarierInnen und Omnivore (Allesfresser) befragt, inwieweit sie psychologische Charakterisierungen menschlichem oder tierlichem Verhalten zuordnen. Dabei zeigte sich, dass Omnivore, erstens, deutlicher zwischen in ihren Augen typisch menschlichen und allgemeineren psychologischen Charakteristika, die auch Tiere betreffen, unterscheiden, und, zweitens, dass sie die menschlichen Charakteristiken Tieren in viel geringerem Ausmaß zuordnen als VegetarierInnen. In der dritten Studie trat aber ein Hinweis auf die kausale Ursache zutage. Die Omnivoren schrieben wesentlich weniger mentale Zustände und psychologische Interpretationen ihres Verhaltens Nutztieren zu, deren Fleisch sie aßen, als allen anderen Tieren. Die AutorInnen schließen daraus, dass diese Hemmung, Tieren komplexe mentale Zustände zuzubilligen, von de Waal »Anthroponegation« genannt, ein psychologischer Selbstschutzmechanismus ist, der den Omnivoren ihren Fleischkonsum erleichtert.

In der folgenden Tabelle (siehe Balluch 2005) werden diese Zusammenhänge dargestellt:

GOTT	gut	böse	SATAN	Konsequenzen
»MENSCH«	»menschlich«	»tierisch«	»TIER«	Speziesismus
Kultur	Geist	Materie	Natur	Person–Sache
Auserwählte (auserw. Volk)	privilegiert, friedlich	geduldet, gefährlich	Andere, Fremde	Nationalismus, Imperialismus, Genozid
Mann	Seele	Körper	Frau	Sexismus
Weiße	Vernunft	Gefühl	Farbige	Rassismus
Staat	Moral	Gewalt	Anarchie	Staatliche Gewalt
Oberschicht	feinsinnig	derb	Unterschicht	Klassenherrschaft
EuropäerIn	kultiviert	primitiv	WildeR	Kolonialismus
Übermensch	höherwertig	minderwertig	Untermensch	Vernichtung, Ausbeutung
Gläubige	Himmel	Hölle	Heiden	Inquisition

In der Spalte ganz links findet sich der Mensch als Kulturwesen. Gott, das ideale Wesen, darüber in Menschengestalt. Die zweite Spalte ordnet dem Menschen die Eigenschaften gut und menschlich zu, ein Wesen des Geistes. In der vierten Spalte rechts das Tier als Naturwesen, mit Satan in Tiergestalt, Hörnern, einem Huf und einem langen Schweif. Die zugeordneten Eigenschaften sind böse, »tierisch« und materiell. In der Spalte ganz rechts die dazugehörige Ideologie: Speziesismus.

In der Spalte unter dem Menschen findet sich jeweils die dominante Menschengruppe in der Gesellschaft, mit rechts daneben ihrer menschlichen Eigenschaft. In der Spalte unter dem Tier die dazugehörige »outgroup«, mit links daneben der tierischen Eigenschaft. In der fünften Spalte ganz rechts wird die entsprechende Ideologie, die diese Ausgrenzung und Abwertung bezeichnet, angeführt. Der Speziesismus ist im Kern jeder Ausgrenzung und Abwertung von Menschengruppen enthalten. Die Abgrenzung vom Tier und die Annahme einer großen Mensch-Tier-Kluft ist eine zentrale Voraussetzung, um die jeweiligen Ausgrenzungsideologien zu ermöglichen.

Dieser Mechanismus findet sich auch in der Sprache. Praktisch alle Tierbezeichnungen sind unter Menschen auch Schimpfworte wie Kuh, Esel, Ochse, Schwein, Sau, Ferkel, Affe, Hund usw. Ein bereits in der wissenschaftlichen Literatur identifiziertes Merkmal der Ausgrenzung, dass ein Individuum der »outgroup« als Repräsentant der ganzen Gruppe wahrgenommen und entindividualisiert wird, finden wir auch im Umgang mit Tieren. In Fabeln und Tiergeschichten spielen die Repräsentanten von Tierarten die Rolle einzelner Charaktere. Auffällig in der Beschreibung von Tieren ist auch die Verniedlichungsform. Statt Frau und Mann werden die Begriffe Weibchen und Männchen verwendet. Ein 300 Kilogramm schwerer Gorillamann wird so zum kleinen Männchen, durch das man sich als Menschenmann nicht herausgefordert fühlen muss.

Zentral für die dominante Ideologie ist die sprachliche Trennung von Begriffen für das gleiche Verhalten von Menschen und Tieren: essen wird zu fressen, die Leiche zum Kadaver, Mord und Vergewaltigung sind für Menschen reserviert, statt schwanger sind Tiere trächtig und gebären keine Kinder, sondern werfen Junge usw. Wie wichtig diese Unterscheidung ist, zeigt sich immer wieder bei Tierschutzdebatten. Dass tierschutzaffine Personen die menschlichen Verhaltensbegriffe für Tiere verwenden, ist für VertreterInnen der Tierindustrie ein Zeichen von Extremismus, der jedes Maß übersteigen würde und deren ProtagonistInnen aus der vernünftigen Diskussion ausschließe. Als der *Verein Gegen Tierfabriken* einen Dokumentarfilm über die Schweineindustrie mit menschlichen Begriffen für tierliches Verhalten besprechen ließ, weigerte sich das österreichische Unterrichtsministerium den Film für die Schulen zu approbieren, obwohl alle grausamen Szenen entfernt waren. Die offizielle Begründung: Man könne SchülerInnen bis 17 nicht zumuten, sie durch die Verwendung menschlicher Begriffe für Tiere zu verwirren. Erst ab 17 seien sie dafür ausreichend gefestigt, daher dürfe der Film nur ab diesem Alter gezeigt werden. Die dominante Ideologie des Speziesismus muss zuerst indoktriniert worden sein, bevor man eine Kritik daran zulässt.

In meiner Dissertation habe ich Beispiele von Medienberichten aufgelistet, in denen Tieren durch die Formulierung bereits Gefühle abgesprochen werden. Als eine Menschenmutter ihr Kind aus einem brennenden Haus rettet, wird ihre heroische Mutterliebe gelobt, die die instinktive Angst vor dem Feuer überwunden hätte. Das Menschliche an ihr habe sie zu dieser Tat befähigt. Kurz darauf rettet eine Hundemutter ihre Kinder aus einem brennenden Haus und schon wird dasselbe Verhalten als Mutterinstinkt abgetan, der das Tier in die Gefahrenzone rennen ließ. Der Umstand, dass sie nur Instinkten folge, über die sie keine Entscheidungsmacht habe, sei der Antrieb für ihre Handlung gewesen. Eine selbsterfüllende Prophezeiung: Dieselbe Handlung bestätigt die Höherwertigkeit des Menschen und die Minderwertigkeit des Hundes, weil die unhinterfragt zugrundegelegte Ideologie dieses Erklärungsmuster nahelegt.

Der Mensch ist kein Tier, ist das Credo des Speziesismus, sondern etwas fundamental Anderes. Um den Speziesismen in der Sprache entgegenzuwirken, wird in diesem Buch das Wort »tierlich« statt »tierisch« verwendet. »Tierlich« soll in Anlehnung an »menschlich« zur Charakterisierung vom Verhalten der Tiere ihre unbewusste Abwertung verhindern.

Die Rechtlosigkeit von Tieren

Im Kielwasser von Kants Metaphysik der Sitten entstand das noch heute gültige Zivilrecht vor mehr als 200 Jahren. Keine Frage, es war ein großer Fortschritt im Vergleich zu dem, was bis dahin als Rechtsschutz für Menschen zur Verfügung stand, und es sollte noch lange dauern, bis es entsprechend umgesetzt wurde. Das Zivilrecht ist die Grundlage des Zusammenlebens der Menschen untereinander, und auch mit Tieren, obwohl letztere im Originaltext nicht einmal erwähnt werden. Aber § 16 des österreichischen Allgemeinen Bürgerlichen Gesetzbuches erklärt alle Menschen zu rechtlich gesehen natürlichen Personen und schließt dabei implizit alle Tiere aus. Sie werden zu Sachen. Wie wir bereits gesehen haben, hat der Zusatz § 285a von 1989, dass Tiere keine Sachen sind, daran nichts geändert. Offensichtlich ist dafür die Zeit noch nicht reif.

Das Eigentumsrecht legt fest, wie mit Sachen verfahren werden kann, die einer Person gehören. Man hat das Recht nach Willkür mit ihnen umzugehen (§ 354), frei über sie zu verfügen, sie beliebig zu benützen oder zu vernichten (§ 362). Das immer noch gültige Zivilrecht bestimmt, dass es BesitzerInnen von Tieren geben darf, und dass diese rechtlich geschützt und ungestört von anderen mit ihren Tieren machen dürfen, was sie wollen. Sollte sie jemand daran zu hindern versuchen, können sie sogar Gerichte anrufen, die die Exekutive einschalten müssen, um ihnen das zu ermöglichen.

Das österreichische Tierschutzgesetz ist nur Teil des Verwaltungsrechts. Es moduliert lediglich diese Feststellungen des Zivilrechts, es kann sie nicht ausheben und aufheben, und es darf ihnen nicht widersprechen. Tierschutz ist nach Kants Ausführungen lediglich ein kulturelles Interesse der Gesellschaft. Tiere sind Sachen und als solche können sie keine Interessen haben. Tierschutz muss das Eigentum – die Tiere – gegenüber seinen EigentümerInnen – den Menschen – schützen. Ein ziemlich hoffnungsloses Unterfangen. Tierschutz erinnert an

Denkmalschutz. In beiden Fällen wird der Umgang von Menschen mit ihrem Eigentum aufgrund von öffentlichem Interesse eingeschränkt.

Da der beliebige Umgang mit dem Eigentum Tier sogar durch ein Recht geschützt ist, nämlich das Eigentumsrecht, kann das Parlament auch mit großer Mehrheit nicht beliebige Tierschutzgesetze beschließen, ohne vorher das Zivilrecht und den Status der Tiere zu ändern. Um eine Änderung des Umgangs mit Tieren zu erreichen, auch nur eine so lächerlich kleine, wie Legehennen nicht mehr in Käfige sperren zu dürfen (Legebatterieverbot), müssen vier Hürden überwunden werden. Die erste besteht darin, eine Mehrheit der Menschen im Land für die Sache zu gewinnen. Man würde meinen, in einer Demokratie sei damit alles erledigt, doch weit gefehlt. Als zweiter Schritt muss nun die Politik dazu gebracht werden, dem Mehrheitswillen entsprechend eine Änderung des Tierschutzgesetzes vorzunehmen. Das ist oft schwieriger als gedacht, weil die Politik sehr stark vom Einfluss der Wirtschaft abhängt, und hier spielt insbesondere die Tierindustrie eine große Rolle. Eine Mehrheit des Wahlvolks für eine Gesetzesänderung, die die Herstellung gewisser Tierprodukte verteuert, etwa weil die Tiere besser gehalten werden sollen, kann sich nur durchsetzen, wenn im Namen ihres Anliegens ein so großer öffentlicher Druck entsteht, dass die Politik nicht ausweichen kann. Das ist aber gerade bei Tierschutzfragen sehr selten der Fall. Und so haben wir momentan die Situation, dass die Mehrheit der Menschen schon längst Tierfabriken ablehnt, sie aber dennoch ohne Aussicht auf Änderung weiter erlaubt bleiben.

Ist nun die Mehrheit der Menschen gewonnen worden und durch öffentlichen Druck eine Änderung des Tierschutzgesetzes gelungen, war das erst die halbe Miete. Nun muss die Polizei dazu gebracht werden, das neue Gesetz auch zu exekutieren. Zumeist fühlen sich die BeamtInnen nicht sehr motiviert, beim Einsatz in Tierbetrieben auf der eben beschlossenen Änderung zu bestehen. Ein ständiger Bruch des Tierschutzgesetzes wird toleriert, selbst wenn engagierte Personen immer wieder Anzeige erstatten. Man nennt das ein Vollzugsdefizit im Tierschutz. Auch hier kommt es nur durch öffentlichen Druck zu einer Änderung. Erst wenn die Exekutive im Rampenlicht steht und ihr Versagen deutlich wird, wird sie ein Verfahren wegen Tierquälerei einleiten.

Und dieses muss nun die vierte Hürde überstehen: den Verfassungsgerichtshof. Die TiernutzerInnen erheben nämlich Berufung gegen den Strafbescheid, den sie erhalten haben, und begründen das damit, dass sie doch nach dem Zivilrecht das Recht haben, mit ihren Tieren beliebig umzugehen. Auch das Parlament könne ihnen dieses Menschenrecht nicht nehmen. Also muss der Verfassungsgerichtshof das Interesse des betroffenen Menschen auf die nun verbotene Form der Tiernutzung mit dem Interesse der Öffentlichkeit an diesem Verbot abwägen. Ein derartiges Verfahren wird praktisch bei jedem neuen Tierschutzgesetz durchexerziert.

Beim Legebatterieverbot in Österreich, das 2009 in Kraft trat, ignorierte der ÖVP-Bürgermeister von Biberbach, Karl Latschenberger, dieses neue Gesetz und führte seinen Betrieb unverändert weiter. Als mehrere Anzeigen nichts fruchteten, wurde seine Legebatterie besetzt. Erst die mediale Berichterstattung führte zu einem Strafbescheid, den Latschenberger dem Verfassungsgerichtshof vorlegte. Dieser erwog, was für Nachteile Latschenberger durch das Verbot in Kauf nehmen musste. Er konnte weiter Eier produzieren, allerdings musste er die Käfige aus den Betriebshallen entfernen und den Hühnern eine Einstreu (Material für die Bodenabdeckung) und Nester bieten. Die Produktionskosten für jedes Ei wurden dadurch etwa doppelt so teuer. Auf der anderen Seite war für die Öffentlichkeit die Legebatterie zur paradigmatischen Tierquälerei geworden, es gab ein großes Interesse daran, sie zu verbieten. Als ich im März 2003 im Beisein von Medien sieben Hühner aus einer Legebatterie befreite, wurde ich zwar in erster Instanz wegen »dauerndem Sachentzug« verurteilt, aber im Berufungsverfahren freigesprochen. Nach Ansicht des Richtersenats hatte ich im Sinne der Gesellschaft gehandelt, meine Tat war daher nicht strafwürdig.

Der Verfassungsgerichtshof entschied, dass das Legebatterieverbot mit dem Zivilrecht vereinbar sei. Immerhin könne Latschenberger ja weiter Eier produzieren, die Einschränkung für ihn sei nicht so dramatisch. Das wäre ganz anders ausgegangen, hätte das Legebatterieverbot auch die Bodenhaltung betroffen und vorgeschrieben, dass Hühner einen Freilauf haben müssen, ganz zu schweigen von einem generellen Nutzungsverbot von Hühnern für die Eierproduktion. Solche Einschnitte im Umgang mit Tieren bedürfen vermutlich einer Änderung des Zivilrechts im Sinne eines neuen Status, der sich von Sachen unterscheidet. Tierschutzrecht ist Kosmetik, solange Tiere weiterhin als Sachen gelten.

Bei der Industrialisierung der Landwirtschaft nach dem Zweiten Weltkrieg wurden die betroffenen Nutztiere dem Raubtierkapitalismus ausgesetzt. Ein freier Markt für Tierprodukte, zusammen mit ihrer völligen Rechtlosigkeit, lieferte sie schutzlos dem Profitmaximierungsprinzip aus. Die Tierfabriken wollen möglichst wenig in die Tiere investieren und möglichst viel aus ihnen herausholen, um preislich am Markt zu bestehen. Die Tiere werden dadurch ans Limit ihrer biologischen Leistungsfähigkeit gedrängt. Wir kennen diese Situation im Umgang mit der Arbeiterschaft im 18. und 19. Jahrhundert. Ohne Arbeitsrechte gab es 16 Stunden Arbeitstage, Kinderarbeit, kein Krankengeld, keinen bezahlten Urlaub, keinen Kündigungsschutz, eine Totalausbeutung. Den sogenannten Nutztieren geht es nun genauso. Beim Menschen hat die sozialistische Bewegung den Kampf gegen diese Ausbeutung geführt und einen gewissen Arbeitsschutz erstritten, bei den Tieren ist es die Tierschutzbewegung heute. Tierschutzorganisationen sind sozusagen die Gewerkschaft der Nutztiere. Doch von echtem Tierschutz in der Nutztierhaltung sind wir noch sehr weit entfernt, bisher sind praktisch kaum Fortschritte feststellbar.

In Österreich leben rund halb so viele Schweine wie Menschen, aber im Alltag sieht man viele Menschen und überhaupt keine Schweine. Diese sind in Tierfabriken weggesperrt, die nach außen Industriehallen entsprechen. Wie heute schon längst niemand mehr einzelne Autos zusammenschweißt und glaubt, er könne sie am Markt verkaufen, so gibt es auch die kleinbäuerlichen Betriebe auch nicht mehr. Tierproduktion funktioniert nur noch im großen Stil, ein Betrieb mit weniger als 600 Schweinen kann preislich nicht mithalten.

In der Tierfabrik werden die Schweine dicht zusammengedrängt. Das Tierschutzgesetz und seine Verordnungen erlauben es, Mastschweine mit bis zu 110 Kilogramm Körpergewicht auf einer Fläche von 0,7 Quadratmetern zu halten, 1 Meter x 70 Zentimeter, ohne frische Luft, ohne Sonnenlicht, ohne jegliche intellektuelle Stimulation. Diese Enge ist die Folge des Profitmaximierungsprinzips. Jede Bewegung der Schweine kostet schließlich Energie, die die FabriksbetreiberInnen in Form von Nahrung bezahlen müssen. Bewegung der Tiere ist entsprechend sinnlos verpufftes Investment. Also zwängt man die Tiere so eng zusammen, dass sie sich nicht bewegen können. So gelingt es, wenigstens 10 % der Nahrungsenergie direkt in Körpermasse und Fleisch umzuwandeln. 90 % gehen trotzdem durch Bewegungsenergie, Wärme und den gesamten Stoffwechsel verloren. Aber wenn man noch mehr Schweine auf noch engeren Raum zusammenpresst, steigt die Sterberate so sehr, dass die Profite wieder zurückgehen. Die Vorgabe von 0,7 Quadratmetern pro Schwein ist genau jenes Platzangebot, das Profitmaximierung verspricht, wie sich nach vielen Versuchen herausgestellt hat. Dass aber ein 100 Kilogramm Schwein bereits 1 Quadratmeter Platz braucht, um seitlich liegen und schlafen zu können, stört die TierfabriksbetreiberInnen nicht, solange der Profit stimmt. Sollen sich die Schweine eben aufeinander stapeln.

Dieses Prinzip findet man bei jedem Aspekt der Schweinehaltung verwirklicht. Stroh kostet Geld. Daher bekommen die Schweine keines. Stattdessen müssen sie auf einem Spaltenboden leben. Durch diesen Boden drücken sie ihren Kot durch die eigenen Körper von selbst in einen Kotgang unter den Schweinebuchten, von wo er automatisch abgesaugt werden kann. Man spart sich eine Hilfskraft, die die Schweinebuchten säubert. Dafür müssen die Schweine lebenslang auf scharfkantigen Spalten liegen und ihre Kotausdünstungen einatmen. Sie bekommen dadurch Probleme mit ihrer Lunge und husten ständig. Aber solange ihre Sterberate nicht zu sehr ansteigt, wird man sie weiterhin so behandeln.

Mangels Stroh beißen sich die Schweine in ihrer Langeweile gegenseitig in die Ringelschwänzchen. Deswegen zwickt man ihnen Zähne und Schwänze ab. Durch die Bisse steigt nämlich die Infektionsgefahr und dadurch wiederum die Sterberate, was zu einem sinkenden Profit führt. Das ist nämlich das einzige Kalkül bei der Tierproduktion – solange Tiere als Sachen gelten. Die Verstümmelung der Schweinekinder geschieht ohne Betäubung durch Laien. TierärztInnen würden Geld kosten. Das Gesetz erlaubt diese Praxis daher auch, man sieht darin die Handschrift der Tierindustrie. Gebe es nicht schon längst eine Mehrheit in der Bevölkerung gegen diese Verstümmelungen ohne Schmerzausschaltung, genauso wie gegen das Kastrieren ohne Betäubung durch Laien? Sicherlich, aber die PolitikerInnen sitzen die Kritik lieber aus, solange sie es können, solange diese leise genug bleibt. Doch wie viele Menschen lassen sich von einem so völlig altruistischen Anliegen wie Tierschutz motivieren, öffentlich zu protestieren oder vielleicht sogar ihr Wahlverhalten zu ändern?

Die Mutterschweine werden in Kastenstände gesperrt, das sind körpergroße Käfige mit dicken Eisenstangen, die sie daran hindern, auch nur einen einzigen Schritt zu gehen. Das Niederlegen ist nur vorsichtig möglich, dazu muss der Kopf unter den Essnapf eingefädelt werden. Diese Haltungsform wurde in den 1970er-Jahren mit der Begründung eingeführt, sie spare Platz und bringe Ordnung in den Stall. So kann man den Geschlechtszyklus der weiblichen Schweine gut kontrollieren und ihre Schwangerschaft überwachen, der einzige Grund, warum sie überhaupt gehalten werden. Sie sind nur Mittel zum Zweck, wie Kant das nannte, ihr Wert wird lediglich daran gemessen, wie viele Ferkel sie in wie kurzer Zeit dem Fleischmarkt liefern können. Weil viele von ihnen in diesen Käfigen völlig verzweifeln und sich mit solcher Kraft gegen die Eisenstangen werfen, dass ihnen sogar das Rückgrat bricht – ein Profitverlust droht! –, bekommen sie Psychopharmaka. Nichts, aber auch gar nichts an der Schweinefleischproduktion orientiert sich am Bedürfnis der Tiere. Es geht nur um Profitmaximierung – und die Schweine werden daran mit Gewalt angepasst. Selbst die Anzahl ihrer Rippen hat man durch Zucht um drei erhöht, damit sie mehr Fleisch liefern.

In der Hühnermast sieht es nicht viel anders aus. Auch hier werden die Tiere dicht zusammengedrängt, damit so wenig Nahrungsenergie wie nur möglich in Bewegungsenergie »verlorengeht«. Je nach Körpergewicht sind über 20 Masthühner pro Quadratmeter keine Seltenheit, die Tiere stehen ganz dicht. Einmal eingestallt, bleiben sie auf ihren Exkrementen sitzen, bis der Schlachttransporter eintrifft. Auf den Füßen entwickeln sich durch das ätzende Ammoniak große Wunden, doch solange die Tiere noch am Leben sind, stört das niemanden. Dafür füttert man sie mit Antibiotika.

Für Masthühner wurden nun so schnell wachsende Rassen gezüchtet, dass sie in gerade einmal 5 Wochen das Schlachtgewicht erreichen. Legehühner werden erst mit 20 Wochen erwachsen. Die Masthühner wachsen in ihrer Kindheit viermal schneller als für ihren Körper von der Natur her vorgesehen wäre. Die Folge sind ständige Gelenksschmerzen und bei einem Drittel der Tiere gebrochene Beinknochen, wenn sie im Schlachthof eintreffen.

Dort werden sie lebend und bei vollem Bewusstsein auf ein Förderband gehängt. Diese Fließbandindustrie hat man bei Hühnerschlachthöfen entwickelt, nachdem sie von anderen Industriezweigen abgeschaut wurde. Automatisch fahren die lebenden Hühner durch die folgenden Bearbeitungsprozesse, wie zunächst eine Gaskammer und ein elektrisch geladenes Wasserbad, bis das automatische Messer im nächsten Abteil in den Hals schneidet. Die Tiere müssen dabei, wie alle Schlachttiere, verkehrt hängen und weiterleben, das Herz muss weiter schlagen, sodass möglichst viel Blut den Körper verlässt, bevor er als Fleisch verarbeitet und von jeder Erinnerung an das erbärmliche Leben der Tiere bereinigt im Supermarktregal landet.

Bei Kühen hat man auf Zuchtauslese gesetzt, um möglichst viel Milch von ihnen zu gewinnen – Profitmaximierung am biologischen Limit und mittels Gentechnik darüber hinaus. Statt 5 Liter pro Tag für ihre Kinder, geben Rekordkühe heute bis zu 100 Liter Milch am Tag. Doch für solche Mengen ist der Körper nicht ausgerichtet. Der vierteilige Pansen, der größte der vier Vormägen, fermentiert und kompostiert Gras und Zellulose, und die »Abfallprodukte« dieses Prozesses würden normalerweise die Kuh versorgen. Doch diese Nahrung ist nicht sehr energieintensiv. Eine Kuh müsste 24 Stunden pro Tag durchessen und hätte trotzdem nicht genug Substanz, um so viel Milch zu liefern, wie von ihr erwartet wird. Die hohe Milchleistung erfordert daher, dass die Kühe energiereiches Kraftfutter erhalten, vor allem Silomais und synthetisches Eiweiß. Für die Kuh ist das weder gesund, noch mit ihrer Magenstruktur verträglich, daher entwickelt sie insbesondere am Anfang der Laktation, wenn der Energiebedarf am größten ist, eine sogenannte Ketose, eine Stoffwechselerkrankung. Dagegen füttert man Propylenglykol, das bis zu 8 % der Ernährung ausmacht und den Körper der Kuh zur Aufnahme des Kraftfutters zwingt.

Die zusätzlich verfütterten synthetischen Aminosäuren und die Fettsäuren würden im Pansen abgefangen und vom Körper der Kuh so nicht verwertbar sein. Deshalb verändert man das Kraftfutter künstlich, indem man es chemisch »pansenstabilisiert«. D. h. die synthetischen Aminosäuren und Fettsäuren werden nach dieser chemischen Behandlung immun gegen die Verdauungsversuche des Pansens und wandern direkt in den Dünndarm weiter, wo sie durch die Darmwände diffundieren. So kann der natürliche Verdauungsapparat, der auf das Kompostieren niederenergetischen Grünfutters eingestellt ist, ausgetrickst werden und die Kuh wird zur Turboleistung in Sachen Milchfluss fähig. Ohne Chemie, synthetischem Eiweiß und chemisch veränderten Amino- und Fettsäuren würde die Kuh einfach an der Energieanforderung ihres überzüchteten Körpers sterben! Stattdessen liefert sie Milchseen und Butterberge, bevor ihr Körper nach zwei Geburtszyklen, etwa 4-5 Jahren Leben, kollabiert. Am 27. Jänner 2014 haben Kühe ihren Stall im deutschen Osthessen selbst in die Luft gesprengt. Die Verdauungsgase von 90 Turbo-Kühen führten bei einer statischen Entladung, ausgelöst durch eine der Stallmaschinen, zur Explosion. Mit ursprünglichen Rindern hat das nicht mehr viel zu tun.

Die Milchkuh ist bereits nach 20 % ihrer natürlichen Lebensspanne so ausgelaugt, dass sie getötet und durch junge, frische Artgenossinnen ersetzt wird! Doch das irritiert die ProduzentInnen nicht. Da jede Kuh pro Jahr sowieso ein Kind gebären muss, um den Milchfluss zu erhalten, gibt es eher zu viel Nachschub. Die männlichen Kinder werden dafür nach Südeuropa exportiert, weil man sie hierzulande nicht brauchen kann. Dass diese Reise 70 Stunden und mehr dauert, die Kälber dabei ununterbrochen schreien, und sie zuletzt in sargähnlichen Boxen für die Kalbfleischmast landen, mit Milchaustauschern unter Eisenmangel anämisch gehalten, sodass ihr Fleisch blass wird, stört weiter nicht. Wozu gibt es Exportsubventionen?

Das Ausmaß der Ausbeutung der sogenannten Nutztiere schreitet immer weiter voran. Solange Tiere Sachen sind, können sie keinen ausreichenden rechtlichen Schutz genießen und der Umgang mit ihnen wird ausschließlich vom Profitmaximierungsprinzip bestimmt. Die Zucht wird weiter von Jahr zu Jahr tierquälerischer, indem sie noch mehr Leistung aus den Tierkörpern herauspresst. Und auch die Tierfabriken und die Schlachthöfe werden größer und intensiver. Diese zunehmende Zentralisierung bringt noch dazu immer mehr Tiertransporte mit sich. Ein Ende dieses Prozesses, geschweige denn eine Umkehr, ist momentan nicht abzusehen.

KAPITEL 6:
Bewusstsein und Autonomie

Die Grundlage des Mensch- und Tierbilds der Aufklärung ist das Tier als gefühllose Biomaschine. Daher wird es auch im Zivilrecht zur Sache erklärt. Diese dominante Ansicht konnte auch durch Darwins Evolutionstheorie nicht erschüttert werden. Stattdessen wurde nun alles Verhalten auf die Genetik zurückgeführt, sozusagen die Mechanik der Biomaschine Tier. Im Sozialdarwinismus fand diese Einstellung ihren Höhepunkt. Später übernahm Mitte des 20. Jahrhunderts der Behaviorismus das Ruder. Tiere galten weiterhin als Biomaschinen, aber nun durch Reiz-Reaktionsmechanismen, statt durch Genetik, bestimmt. Das Tier nimmt einen Reiz wahr und reagiert ohne irgendein Verständnis der Situation auf beliebige Art und Weise. Führt diese Reaktion zu positivem Feedback, wird sie abgespeichert und bei einem ähnlichen Reiz wieder abgerufen. Bei negativem Feedback wird einfach weiter probiert.

Weder für die genetisch bestimmte noch die behavioristische Biomaschine braucht es ein Bewusstsein, ein subjektives Empfinden der betroffenen Wesen. Im Gegenteil, wozu sollten Maschinen etwas empfinden können? Mittlerweile hatte man ja bereits Computer entwickelt und die Begeisterung fand kein Ende: die Transistoren würden die Synapsen im Gehirn simulieren, mit dem Computer habe man daher ein ideales Modell des Gehirns gefunden und die künstliche Intelligenz ergebe sich aus der geeigneten Software. Bewusst erlebte Gefühle wurden vollständig aus der Wissenschaft verbannt und geleugnet. Wer meint schon, Computer würden etwas empfinden?

Diese Einstellung hat sich nur sehr mühsam geändert. Nach und nach wurde akzeptiert, dass Tiere ein Bewusstsein haben und subjektiv leiden können. Noch vor 20 Jahren war es fast noch die Ausnahme, wenn WissenschaftlerInnen das anerkannten, doch heute ist es endlich die Regel. Am 7. Juli 2012 wurde die »Francis Crick Memorial Conference« in Cambridge in England veranstaltet. Die Anwesenden waren führende WissenschaftlerInnen im Bereich der kognitiven und computergestützten Neurowissenschaften, der Neuropharmakologie, Neurophysiologie und Neuroanatomie. Fast alle hatten ihr Wissen über Bewusstsein aus ihrer praktischen Arbeit im Labor und nicht aus Freilandbeobachtungen von Tieren erhalten, zum guten Teil aus Tierversuchen. Und trotzdem erklärten sie feierlich an die Öffentlichkeit gewandt, dass nach allen Kriterien der Naturwissenschaft nun die Existenz von Bewusstsein bei Tieren als bewiesen gelten muss:

»The absence of a neocortex does not appear to preclude an organism from experiencing affective states. Convergent evidence indicates that non-human animals have the neuroanatomical, neurochemical, and neurophysiological substrates of conscious states along with the capacity to exhibit intentional behaviors. Consequently, the weight of evidence indicates that humans are not unique in possessing the neurological substrates that generate consciousness. Nonhuman animals, including all mammals and birds, and many other creatures, including octopuses, also possess these neurological substrates.«

Damit kann die Leidensfähigkeit zumindest der Wirbeltiere und der Kopffüßler nicht mehr bestritten werden. Diese Erklärung wurde sogar von Professor Stephen Hawking unterschrieben, einem bekennenden Positivisten, der sich zu meiner Zeit (Anfang der 1990er-Jahre) an der Universität Cambridge noch Tierbewusstsein gegenüber sehr skeptisch verhielt und meine Tierschutzaktivitäten missbilligte.

Doch mit einer Erklärung ist das Tierbild der Aufklärung noch lange nicht überwunden. Nach Kant unterscheidet die Fähigkeit zu Freiheit und Autonomie den Menschen vom Tier. Letztere würden nach der neuen Erkenntnis zwar leiden können, aber dennoch ausschließlich von ihren Affekten gesteuert werden. Sie seien eben fühlende Biomaschinen, aber Maschinen nichtsdestotrotz.

Das ist die Situation, die wir heute im Tierschutz erreicht haben. Das Tierschutzgesetz anerkennt, dass Tiere leidensfähig sind, aber es ändert ihren Status als Sachen nicht. Tiere sind leidensfähige Sachen. Auf der anfangs dieses Buchs genannten Vorlesung über Tierethik an der veterinärmedizinischen Universität Wien im Jahr 2008 wurde dieser Standpunkt mit Bezug auf Kant bekräftigt. Tiere seien dazu getrieben, so zu handeln, wie sie es tun. Sie würden Spielball ihrer Affekte sein und keine willentliche Kontrolle darüber haben. Deshalb sei ihre Zuordnung zu den Sachen gerechtfertigt. Zwar würde ihre Nutzung aufgrund ihrer Leidensfähigkeit gewissen Einschränkungen unterliegen, man müsse sie so human wie möglich behandeln, brauche ihren Eigentumsstatus aber nicht in Frage zu stellen. Wenn Kuksi von einem Auto am Zebrastreifen überfahren oder freilaufend von einer Jägerin erschossen wird, ist das nur eine Sachbeschädigung, die ich schlimmstenfalls sogar selbst zu verantworten habe. Schließlich obliegt es mir, auf meine Sachen besser aufzupassen.

In diesem Kapitel möchte ich mich der Frage widmen, ob diese Einschätzung stimmt, dass Tiere keine Autonomie besäßen und nicht die Freiheit hätten, darüber bestimmen zu können, was sie tun. Sind Tiere wirklich nur leidensfähige Sachen und lediglich Menschen vernünftige Personen?

Nahe Verwandtschaft

Wenn uns die Evolution etwas gelehrt hat, dann, dass es nur kontinuierliche Entwicklungen gibt, ein Kontinuum von Tieren zum Menschen. Natürlich kann ein Kontinuum im Kleinen auf längere Distanz gesehen zu einem großen Sprung werden und qualitativ Neues produzieren. Ist das bei der evolutionären Entwicklung des Menschen der Fall?

Und welchen Menschen meinen wir? Man geht mittlerweile davon aus (Stringer 2012), dass in den letzten 2 Millionen Jahren etwa 10 verschiedene Menschenarten zumeist gleichzeitig auf der Erde existiert haben – mit allen kontinuierlichen Übergängen dazwischen. Welche davon sollen jetzt im Ebenbild des christlichen Bibelgottes geschaffen sein? Welche davon bilden gemeinsam das »menschliche Bewusstsein«, das laut manchen Sozialwissenschaftlern die Wirklichkeit konstruiert, welche davon sind nach unserem Gesetz Personen und welche Sachen?

Vor mehr als 2 Millionen Jahren entwickelten sich Wesen in Afrika, die heute als Begründer der Gattung Homo, oder Mensch, gelten. Schon bald danach wandern sie nach Eurasien aus. In Georgien im Kaukasus sind sie erstmals vor 1,75 Millionen Jahren nachweisbar. Auf die Insel Flores in Südostasien verschlug es sie spätestens vor 800.000 Jahren, aber vielleicht sogar deutlich früher, allerdings sicherlich nicht mit Booten. Die Flores-Menschen hatten ein Gehirn der Größe von Schimpansen, einfache Steinwerkzeuge und nutzten Feuer, wenn sie es auch höchstwahrscheinlich nicht selber entfachen konnten. Sie starben erst vor 17.000 Jahren aus. 5.000 Jahre später besiedelte der moderne Mensch die Insel, auf der er bis heute lebt.

Vor 1,5 Millionen Jahren gab es weitere Einwanderungswellen von Afrika nach Eurasien, bis vor 650.000 Jahren jene Art der Gattung Homo einwanderte, die in Ostasien zum Denisova-Menschen wurde. Später entwickelten sich Auswanderungswellen derselben Art im westlichen Eurasien zum Neandertaler. In Afrika dürfte währenddessen gleichzeitig eine ganze Reihe von Menschenarten gelebt haben. Von Denisova-Mensch und Neandertaler gibt es vollständige Genomsequenzen, d. h. man könnte sie jederzeit mittels Klonen zum Leben erwecken. So tragisch das für die betreffenden Individuen wäre, so sehr würde es vielleicht den hartnäckigen Anthropozentrismus ins Wanken bringen. Wie würden wir diese Wesen behandeln, als Person oder als Sache? Und wovon hinge das ab? Der letzte gemeinsame Vorfahre der heutigen Menschen und des Denisova-Menschen lebte vor ca. 600.000 Jahren, der vom heutigen Menschen und vom Neandertaler vor ca. 350.000 Jahren.

Unsere Art Homo sapiens entstand vor 140.000 Jahren in Ostafrika inmitten verschiedener archaischer Menschenarten. Laut DNA-Analyse haben sich viele Jahrzehntausende hindurch jeweils nur etwa 5000 Frauen dieser Art zur gleichen Zeit fortgepflanzt, und zwar jeweils ein Mann mit mehreren Frauen, es gab keine monogame Beziehung. Etwa vor 55.000 Jahren wanderten unsere Vorfahren aus Afrika aus, in erster Linie Männer. In einer einige Jahrtausende später folgenden Auswanderungswelle kamen weitere Männer nach, die die ersteren vollständig ersetzten und von deren Frauen übernommen wurden. Nach Europa kamen sie mit schwarzer Hautfarbe und verdrängten die weißhäutigen und rothaarigen Neandertaler. Erst vor 12.000 Jahren entwickelten sie eigenständig auf einem anderen Gen eine weiße Hautfarbe und schon vor 20.000 Jahren erstmals blaue Augen.

Und die Menschenarten haben sich fröhlich untereinander gepaart. EuropäerInnen haben 2 % Neandertaler-Gene, MelanesierInnen 8 % Denisova-Gene und AfrikanerInnen 2 % archaische Gene von Menschenarten, die seit mehr als 700.000 Jahren vom Homo sapiens getrennt waren. Der letzte gemeinsame Vorfahre aller heute lebenden Menschen ist gut 140.000 Jahre alt, die Genvariation unter heute lebenden Menschen daher beträchtlich.

Alle Menschen hatten offenbar seit Beginn des Genus Homo kein Fell mehr. Das weiß man, weil sich zu dieser Zeit getrennte Arten von Kopf- und Schamhaarlaus entwickelten. Die Hirngröße dürfte sich in den letzten 600.000 Jahren eher verkleinert haben, selbst beim Homo sapiens ist sie heute 10 % kleiner und das Kleinhirn im Verhältnis zur Hirnrinde größer, als noch vor 20.000 Jahren. Vor 40.000 Jahren lebten neben dem Homo sapiens der Neandertaler, der Denisova, der Flores-Mensch und – bis vor 20.000 Jahren – noch archaische Menschenarten in Afrika. Reiner Zufall, dass wir die einzigen Überlebenden sind!

Beim Neandertaler waren Frauen und Männer gleich groß und gleich stark. Sie hatten rote Haare und eine weiße Haut. Die Frauen wechselten zur Partnersuche die Gruppe. Die Bevölkerungsdichte war sehr gering, mit 3500 sich fortpflanzenden Frauen weltweit, praktisch niemand wurde älter als 35 Jahre. Der Neandertaler dürfte sich hauptsächlich von Fleisch ernährt haben, sein Protein stammte mehrheitlich von Rentier, Mammut, Bison und Pferd. Aber es gibt auch viele Belege von Kannibalismus. Allerdings wurden 2014 bei Ausgrabungen in El Salt in Spanien 50.000 Jahre alte versteinerte Exkremente von Neandertalern gefunden, die beweisen, dass auch diese Menschenart einen signifikanten Anteil an pflanzlicher Nahrung zu sich nahm. Das ergänzt Ergebnisse von 2012 aus El Sidron in Nordspanien, wo zwischen Neandertalerzähnen pflanzliche Reste gefunden wurden.

Der Hund und sein Philosoph

Beim Homo sapiens dagegen sind Frauen körperlich um 20% schwächer als Männer, was auf eine andere Nachwuchsstrategie hindeutet: die Kinder brauchen länger, bis sie erwachsen werden (ein 4-, 11- bzw. 16-jähriger Homo sapiens entspricht in der Entwicklung einem 3-, 8- bzw. 11-jährigem Neandertaler), und trotzdem kann er in kürzerem Abstand Nachwuchs bekommen. Homo sapiens hatte auch mehr pflanzliche Nahrungsanteile, mit eigenen Werkzeugen für deren Verarbeitung und Pflanzenstärke als Kindernahrung statt Muttermilch, was ein früheres Absetzen und eine raschere erneute Schwangerschaft ermöglichte. In Homo-sapiens-Gruppen gab es viermal so viele ältere Individuen als beim Neandertaler.

Der Neandertaler kannte keine Kunst außer Körperbemalung. Die Steinwerkzeuge blieben im Wesentlichen einfach, es gab keine Wurfwaffen, die auf Distanz tödlich wirken konnten. Die wenigen belegten Grabstätten vom Neandertalern lassen sich dadurch erklären, dass man die Toten aus dem Lebensraum schaffen wollte. Eine Verbindung mit Religion oder einem Glauben an ein Leben nach dem Tod lässt sich nicht herstellen. Sein Kehlkopf ermöglichte eine Sprechfähigkeit vergleichbar mit heutigen 2-jährigen Menschenkindern. Der Neandertaler aß sein Fleisch roh, kochte aber Muscheln und buk Brot. Gegen die Kälte behängte er sich mit Fellen, war aber nicht in der Lage, daraus Kleidung oder Schuhe zu nähen oder zu weben. Dennoch gibt es mehrere Funde von Neandertalern, die mit schwerer körperlicher Behinderung das Erwachsenenalter erreicht haben, und von ihrer Gruppe essenzielle Hilfe erhalten haben mussten. Der Neandertaler dürfte nie ein Boot gebaut und Fische gefangen haben. Im Gegensatz zum Homo sapiens zur selben Zeit lebte der Neandertaler nicht mit Hunden zusammen. Vor ca. 30.000 Jahren starb der Neandertaler aus, nachdem er zuvor an die Südspitze Spaniens verdrängt worden war (Stringer 2012).

Sprechen wir vom Unterschied zwischen Mensch und Tier, so stellt sich die Frage, ob wir den Unterschied zwischen Denisova-Mensch und Schimpanse meinen, oder den zwischen Neandertaler und Homo sapiens. Dass diese vielen verschiedenen Menschenarten ausgestorben sind, kann ethisch jedenfalls keine Rolle spielen. Der Neandertaler hatte ein größeres Gehirn als wir heute lebenden Menschen. An der Gehirngröße kann kein qualitativer Unterschied festgemacht werden. Es ist schwer vorstellbar, dass sich in diesen kurzen Zeiträumen grundsätzlich andere Fähigkeiten entwickelt haben sollen.

Ich stehe dem Schimpansen Hiasl gegenüber und schaue ihm in die Augen. Wir hatten einen letzten gemeinsamen Vorfahren vor ca. 5 Millionen Jahren (Goodman und andere 1998) und teilen 99,4 % unserer Gene. Seine

Mutter wurde zwar 1982 erschossen, doch für ein Gedankenexperiment soll er sie jetzt an seiner linken Hand nehmen. Ihr gegenüber steht nun meine Mutter, die ich an der rechten Hand nehme. Diese Mütter hatten ebenfalls jeweils Mütter, die sie nun gedanklich wiederum an der Hand nehmen und so bilden wir eine Kette von Müttern und Töchtern, die sich Generation für Generation gegenüberstehen. Dass wir vor 5 Millionen Jahren eine letzte gemeinsame Ururur…ururgroßmutter hatten, bedeutet, dass die beiden Ketten sich schließen. Seine Ururur…ururgroßmutter ist auch meine Ururur…ururgroßmutter, tatsächlich ein und dasselbe Wesen. Geben wir jeder dieser Frauen in der Kette einen Meter Platz und nehmen an, dass sie im Durchschnitt im Alter von 25 Jahren ihre Töchter bekommen haben, die sie in der Kette an der Hand halten, die letztlich in direkter Folge zu Hiasl oder mir führt, dann ist unsere Kette, die Hiasl und mich verbindet, genau 200 Kilometer lang. Sie hat daher keine astronomischen Dimensionen, sondern ist überschaubar. Ich könnte diese Strecke in 3 Tagen entlang gehen und jeder der Frauen ins Gesicht schauen. Der Unterschied zwischen den Personen (oder Sachen?) in der Kette ist nur so groß, wie Unterschiede zwischen Müttern und Töchtern eben sein können.

Wenn am einen Ende der Kette eine Sache steht, nämlich Hiasl, und am anderen Ende eine Person, nämlich ich, wo dazwischen ist dieser fundamentale Sprung geschehen? Welche Mutter war eine Sache und brachte eine Person zur Welt? Es gibt keine halben Sachen und keine halben Personen. Wie ist dieses diskontinuierliche Weltbild mit den Fakten in Einklang zu bringen?

Und Kuksi? Die letzte gemeinsame Ururur…ururgroßmutter von uns beiden hat vor etwa 54 Millionen Jahren gelebt. Das ist auch nicht die Welt. Aber ein Wesen wird durch mehr als seine Genetik bestimmt. Kuksi und ich leben seit vielen Jahren sehr eng zusammen und das schafft ebenfalls eine nahe Verwandtschaft, wie ich nun ausführen will.

Selbst Nobelpreisträger Konrad Lorenz ging noch von einem Arterhaltungstrieb in allen Tieren aus, die durch das Opfern ihres Lebens ihre Tierart erhalten würden. Das Individuum sei nichts, seine Art alles. Der Nationalsozialismus spitzte diese Annahme darauf zu, dass das Individuum in allererster Linie seinem Volk zu dienen habe. Heute hören wir diese Idee häufig als Argument gegen Tierschutz: es sei dem Menschen angeboren, seine eigene Art anderen Tierarten vorzuziehen, und daher wäre der Speziesismus natürlich und richtig.

Dieses Argument scheitert, neben vielen anderen Problemen, schon am Konzept der Tierart. Tierarten gibt es nämlich als konkrete biologische Realität nicht, worauf schon Charles Darwin in seinem Buch »The Origin of Species« 1859 hinwies. Die Uridee hinter dem Begriff »Tierart« war, dass es sich dabei um einen Pool an Individuen handelt, die sich ausschließlich untereinander fortpflanzen und außerhalb ihrer Art nicht fruchtbar vermehren können. Praktisch ist dieses Konzept so nicht anwendbar, weil sich zahllose Arten untereinander vermischen und sich manche Arten sogar nur durch Sex mit artfremden Tieren fortpflanzen können, wie der Ambystoma-Salamander oder der Amazonenkärpfling, von denen es nur weibliche Individuen gibt, die nach dem Geschlechtsverkehr mit artfremden Männern Teile der Chromosomen von deren Spermien verwenden, um sich damit selbst zu klonen. Die Tierart ist nur ein künstliches Konzept, um eine möglichst praktische Einteilung unter den Tieren zu schaffen.

Auch die Menschen untereinander zeigen zum Teil sehr große genetische Unterschiede. Dazu kommen noch im Mittel pro Mensch 400 Mutationen, die in essenziellen Teilen der DNA auftreten, sowie viele weitere Mutationen an irrelevanten Stellen zusätzlich. Aber selbst wenn es ein 100 % eindeutiges menschliches Genom gäbe, wäre damit der Effekt der Gene unter den Menschen nicht gleich. An den Proteinen, die die Gene der DNA tragen, hängen Moleküle, die die Verwendung des jeweiligen DNA-Teils bestimmen. Gewisse Moleküle führen dazu, dass sich die DNA-Teile dicht einrollen und damit nicht mehr zur Produktion von Proteinen gelesen werden können. Man nennt dieses Abdrehen von DNA-Teilen auch Epigenetik. Es entwickelt sich durch Umwelteinflüsse und ermöglicht eine genetische Adaptierung ohne Mutation. Kuksi und ich könnten daher eine sehr ähnliche Epigenetik haben, weil wir ja derselben Umwelt ausgesetzt sind.

Und nicht zuletzt trägt jedes Tier, so auch jeder Mensch, sein individuelles Spektrum an Mikroben überall im Körper mit sich herum. Diese Mikroben haben einen großen Einfluss darauf, welche Nahrung für einen gut verdaulich ist, gegen welche Krankheiten man starke Abwehrkräfte besitzt und welche ausbrechen, aber auch wer sich mit wem fortpflanzen kann, wie fit das Individuum ist und wie es sich verhält. Die Mikroben sind für den individuellen Geruch von Tieren verantwortlich. Menschen, die sich gegenseitig nicht riechen können, erkennen, dass sie inkompatible Mikrobenkulturen mit sich tragen. Ich empfinde Kuksis Körpergeruch als sehr angenehm.

Die Tierart ist nur ein künstliches Konzept, das Individuum samt seiner spezifischen Genetik, Epigenetik und Mikrobenwelt ist aber real. Und bezüglich Epigenetik und Mikrobenwelt teilen Kuksi und ich vermutlich Aspekte, die mich von anderen Menschen trennen. In diesen Bereichen sind wir miteinander »näher verwandt« und ähnlicher, als ich zu anderen Menschen.

Was ist Bewusstsein?

Als ich vor einiger Zeit mitten durch den Wald wanderte, begann einer meiner Zähne ungeheuerlich zu schmerzen. Wie sich später herausstellen sollte, war Karies, die der Zahnarzt übersehen hatte, bis an die Wurzel vorgedrungen. Diese Schmerzen sind kaum zu beschreiben. Sie erfassen einen mit Haut und Haaren. Alle Sinneseindrücke der Umgebung verlieren an Bedeutung. Ich setzte mich auf einen Stein und spürte nur noch Schmerz. Mein gesamtes subjektives Erleben war auf eine einzige Empfindung reduziert. Das ist das Paradebeispiel davon, was ich mit Bewusstsein meine.

Ein Lebewesen hat Bewusstsein, wenn es subjektiv für sich etwas empfinden kann, wenn es Hunger und Durst, Lust und Freude, Angst und Verzweiflung spüren kann. Bewusstsein verschwindet im Schlaf. Erst wenn ich dabei träume, nehme ich wieder bewusst etwas wahr, und seien es meine eigenen mentalen Bilder und Erinnerungen, die mein Gehirn erzeugt.

Bewusstsein macht aus einem biologischen ein biographisches Leben. Wo Bewusstsein ist, da ist ein Wesen, das seine eigene Geschichte durchlebt, das seine eigenen Erlebnisse und seine eigene subjektive Sicht auf die Welt hat. Bewusstsein macht aus einem Objekt ein Subjekt.

Bewusstsein ist aber auch immer singulär. Selbst gespaltene Persönlichkeiten sind einmal so und einmal so, hintereinander. Auf diese Weise macht das Bewusstsein ein Subjekt zu einem einzigartigen Individuum, das es so nirgends mehr sonst auf der Welt gibt.

Der Unterschied zwischen bewusstem und unbewusstem Erleben wurde mir vor einigen Jahren bei einer Schulteroperation deutlich. Nach einem Sturz in eine Gletscherspalte war mir der Oberarm aus dem Gelenk gesprungen und dieses in der Mitte zerbrochen. Bei einer Operation musste es wieder zusammengeschraubt werden. Da die Schmerzen dabei zu groß sind erhält man ein Anästhetikum und wird bewusstlos. Doch das allein reicht noch nicht. Selbst wenn ich bewusstlos bin, während mir die ÄrztInnen das Schultergelenk zusammenschrauben, zeigt mein Körper eine starke Schmerzreaktion. Das Herz beginnt zu rasen, der ganze Körper wird in Alarmbereitschaft versetzt und in große Mitleidenschaft gezogen. Ohne dass mir diese körperlichen Schmerzen bewusst wären. Doch um diese Reaktion zu vermeiden, erhielt ich während der Operation zusätzlich zum Narkosemittel noch starke Schmerzmedikamente, um die Schmerzreaktion zu unterbinden. Ob wir es glauben wollen oder nicht, es gibt einen unbewussten Schmerz. Zu einem bewussten Schmerz und einem Leiden wird er erst, wenn die entsprechenden Empfindungen ins Bewusstsein dringen und direkt erlebt werden.

Das Verhältnis zwischen bewusstem und unbewusstem Schmerz, die Bildung von Bewusstsein, haben die Neurobiologen Antonio Damasio (2000a und 2000b) und Lawrence Weiskrantz (1999) im Detail nachgewiesen. Sie lassen sich durch die evolutionäre Entstehung von Bewusstsein, durch ihre Phylogenese, nachvollziehbar darstellen.

Jedes Lebewesen ist einer Umgebung ausgesetzt, von der es sich abgrenzen muss. Dabei hat es die Aufgabe, das innere Milieu gegenüber äußeren Einflüssen stabil zu halten. Eine Zelle ist von einer Membran umgeben und hat einige Regelungsmechanismen, die verhindern, dass geänderte äußere Umweltbedingungen sofort ihr Innenleben umstoßen. Den Prozess, dieses innere Gleichgewicht zu erhalten, nennt man Homöostase.

Für eine Zelle ist die Homöostase noch relativ einfach, weil sie auf einen beschränkten Raum lokalisiert ist. Mehrzellige Lebewesen wie Tiere, Pflanzen und Pilze bestehen aus einem Zusammenschluss von Zellen, die verschiedene Aufgaben übernehmen. Sie haben einen gemeinsamen Stoffwechsel, d. h. nehmen arbeitsteilig Nahrung auf und versorgen damit ihren Zellenverband. Die Homöostase dieses Gesamtorganismus aufrechtzuerhalten ist schon viel komplizierter. Am besten wird das durch ein Nervensystem ermöglicht, das die Aufgabe hat, die Information einer Störung, wie das Eindringen körperfremder Bakterien, weiterzuleiten und eine Verteidigung zu ermöglichen. Durch das Nervensystem sind die verschiedenen Zellen des Organismus miteinander verbunden und bilden eine gemeinsame Einheit mit einer gemeinsamen Abwehrreaktion, die wiederum durch das Nervensystem vermittelt wird. Dadurch ist eine koordinierte, globale Homöostase des Gesamtorganismus möglich.

Der nächste Schritt in der Evolution war die Schaffung eines Verrechnungszentrums dieser Tätigkeit des Nervensystems. Die Schadensmeldung kommt in einem Zentrum an, wird dort verarbeitet und führt zu einer Reaktion. Ein Organismus mit dieser Eigenschaft besitzt ein Zentralnervensystem. Bei den Wirbeltieren besteht dieses Zentrum aus dem Gehirn und dem Rückenmark. Es ermöglicht eine zentral koordinierte, globale Homöostase, die allerdings noch nichts mit einem Bewusstsein zu tun hat. Sie läuft noch immer völlig unbewusst ab.

Nun ging die Evolution dazu über, im Gehirn einen Teil der Neuronen dafür zu reservieren, das Nervensystem selbst abzubilden, ähnlich wie ein elektronischer Weichenschaltplan eines Schienennetzes für Züge. Die Schienenstränge selbst sind in diesem Vergleich die Nervenbahnen, die Züge die Nervenimpulse und die Weichen die Synapsen. Dieser Schaltplan des Schienennetzes in einer Zentrale, die alle Züge koordiniert, ist eine Darstellung erster Ordnung des Schienennetzes und seiner Eigenschaften. Er erleichtert die Koordination und

Verwaltung des Zugfahrplans und ermöglicht es, Lösungsstrategien zu entwickeln, wenn es durch Verspätungen oder Unfällen zu Problemen kommt. Diesen Schaltplan aller Nervenbahnen, die Darstellung erster Ordnung des Nervensystems im Gehirn, nennt Damasio (2000b) das Protoselbst. Es funktioniert immer noch unbewusst, ermöglicht aber, sich auf unvorhergesehene Vorfälle einzustellen. Ein fixes Netz von Nervenbahnen kann lediglich auf vorhersehbare Vorfälle reagieren, für das fix verschaltete Reaktionsweisen einprogrammiert sind. Durch das Protoselbst ist nun eine – noch immer unbewusste – variablere Reaktion möglich, die einem lernfähigen Computerprogramm entspricht. Die Homöostase bei unvorhergesehenen Problemen wird dadurch erleichtert.

Bewusstsein ist nun die Darstellung zweiter Ordnung der Wechselwirkung dieses Protoselbst mit einem mentalen Objekt, etwa einem Gedanken, einer Erinnerung oder einer Vorstellung. Im Beispiel des Schaltplans des Zugnetzes entspricht das einem menschlichen Betrachter, der die Warnleuchte einer defekten Weiche blinken und gleichzeitig einen Zug darauf zurasen sieht. Die Vorstellung des bevorstehenden Unfalls ist nun die Darstellung zweiter Ordnung, die mit dem Schaltplan in Wechselwirkung tritt. Sie entspricht einem Verstehen dessen, was der Schaltplan darstellt und was sich aus seinen Meldungen ergibt. Damasio (2000b) sagt nun, dass sich hirnphysiologisch nachweisen lässt, dass erst dieser Schritt, die Darstellung zweiter Ordnung dieser Wechselwirkung, die einem Verstehen der Situation entspricht, Bewusstsein bedingt.

Betrachten wir dazu die drei Grade der Reaktion auf Sinneswahrnehmungen bei Descartes. Wir greifen mit einer Hand auf eine heiße Herdplatte. Der Hitzeschaden auf der Haut wird von Nervenzellen aufgegriffen und direkt ins Rückenmark geleitet und verarbeitet. Von dort kommt ein Befehl der Nerven an die Muskeln zurück, zu kontrahieren. Gleichzeitig wird eine Schmerzreaktion des Körpers ausgelöst. Diese Vorgänge gehen sehr rasch und unbewusst vor sich. Das Protoselbst, der Schaltplan aller Nervenbahnen und deren Tätigkeit im Gehirn, gibt nun dieses Geschehen und die Schmerzreaktion darauf wieder. Es ermöglicht unbewusstes Lernen, zum Beispiel den Anblick der Herdplatte mit dem Angstgefühl vor Schmerzen zu verbinden. Das Protoselbst kann verbesserte Verhaltensweisen auslösen, wie grundsätzlich nie auf Herdplatten zu greifen, ohne vorher zu testen, ob sie heiß sind. Dafür ist Bewusstsein nicht nötig, der Ablauf entspricht einem Ritual oder einer Automatik, die durch einen Reiz, in diesem Fall den Anblick der Herdplatte, ausgelöst wird.

Der Schmerz wird erst bewusst gefühlt, wenn nun das Protoselbst und sein Schmerz vorgestellt bzw. gedacht werden. Das Lebewesen erlebt den Schmerz bewusst und versteht, dass es selbst diesen Schmerz hat. Darauf aufbauend kann es nun die Umstände des Vorfalls in seine Planungen für zukünftige Handlungen miteinbeziehen und intentional vorgehen. Das ist der Sinn von Bewusstsein: ein Problem zu verstehen und bewusst Schlüsse zu ziehen bzw. davon abhängig Strategien zu entwickeln, es in Zukunft zu umgehen oder zu bewältigen.

Descartes hatte recht: das Zurückzucken von einer heißen Herdplatte und die damit verbundene Schmerzreaktion des Körpers selbst benötigen kein Bewusstsein und keine bewusste Wahrnehmung. Das kann alles durch ein unbewusst funktionierendes Nervensystem erledigt werden. Selbst aus dem Vorfall zu lernen, Herdplatten assoziativ mit Schmerzen zu verbinden, setzt kein Bewusstsein voraus. Dieses dient ausschließlich dafür, den Vorfall zu verstehen und daraus für die Zukunft in einer Art zu lernen, die über bloße Assoziationen von Reiz und Reaktion hinausgeht. Vielleicht ist verständlich, dass Descartes mit dem damaligen Wissen zu seiner Schlussfolgerung kam. Doch die Hirnforschung hat mittlerweile nicht nur diese Dreistufigkeit des Bewusstseins bestätigt, sondern auch nachgewiesen, dass zumindest alle Wirbeltiere und Kopffüßler, wie Oktopusse, dazu in der Lage sind. Kuksi und Hiasl haben ein Bewusstsein, sie können auch Probleme verstehen und daraus Handlungsstrategien ableiten. Kuksi zeigt das durch sein Verhalten im Umgang mit dem Straßenverkehr und Hiasl dadurch, dass er die Videokamera mit dem Livebild auf dem Monitor auf seine großen Eckzähne hält, um diese sich einmal anschauen zu können. Das ist beides durch bloße Reiz-Reaktions-Assoziationen nicht erklärbar.

Das Singuläre am Bewusstsein können wir dadurch auch erkennen. Dieses konzentriert sich immer auf eine Sache, es stellt etwas in den Fokus der Aufmerksamkeit. Damasio (2000b) spricht davon, dass das Bewusstsein das Geschehen nonverbal kommentiert. Es interpretiert die Situation und versteht sie auf seine Weise. Dabei sind im Fall des Beispiels der Herdplatte die unmittelbare körperliche Schmerzreaktion, die Repräsentation dieser Schmerzreaktion im Protoselbst und das bewusste Schmerzempfinden jeweils durch verschiedene, spezifische, nachweisbare, komplexe, neuronale oder chemische Aktivitätsmuster im Gehirn identifizierbar.

Voraussetzungen für das Vorhandensein von Bewusstsein sind:

- ein Zentralnervensystem
- ein Gehirn, das zur mentalen Repräsentation des Nervensystems (Protoselbst) fähig ist
- ein Kurzzeitgedächtnis, das mentale Inhalte wenigstens für einige Sekunden behält
- Hirnstrukturen, die die Darstellung zweiter Ordnung der Wechselwirkung mentaler Inhalte mit dem Protoselbst erlauben

De facto sind diese Strukturen im Gehirn nicht zentralisiert, sondern liegen an verschiedenen Stellen, die miteinander verbunden sind. Es gibt es keinen Ort, an dem sich das Protoselbst befindet. Stattdessen ist das Nervensystem in vielen Hirnteilen jeweils partiell in erster Ordnung repräsentiert, die über weitere Strecken miteinander kommunizieren. Bewusstsein ist entsprechend ein globales Phänomen des Gehirns. Und Phänomene der jeweiligen Stufen lassen sich deutlich unterscheiden, so kann man ein unbewusstes Lächeln durch einen Hirnscan von einem bewussten Lächeln klar und deutlich anhand des Aktivitätsmusters verschiedener Zentren trennen.

Aus der Evolution können wir nun direkt auf die Rolle und Funktion des Bewusstseins schließen. Es kann kein Epiphänomen sein, das nur die Gefühle verfolgt und bewusst macht, die sich sowieso aufgrund unbewusster Körperreaktionen einstellen. Dafür ist es viel zu energieaufwendig. Die Kiwis in Neuseeland sind Vögel, die aber nicht fliegen können. Statt Flügeln haben sie kleine Stummelchen an der Seite. Aber sie stammen von flugfähigen Vögeln ab, die sich in Neuseeland niederließen. Dort gab es aber keine Raubtiere auf dem Boden, sodass es keinen Sinn gemacht hätte, fliegen zu können, um vor ihnen zu flüchten. Das Fliegen ist aber sehr energieaufwendig. Und obwohl fliegen sehr schön sein mag und das Leben der Vögel bereichert hat, ging es in der Evolution der Kiwis verloren. Weil jeweils die flugfähigen Tiere mehr Energie benötigten, um ihre Flugfähigkeit zu erhalten, als jene, die weniger flugfähig waren, und diese Zusatzenergie durch vermehrte Nahrungsaufnahme wettgemacht werden muss, pflanzten sich die nichtfliegenden Tiere häufiger fort und nach einiger Zeit konnten die Tiere nicht mehr fliegen.

Ähnlich verhält es sich mit dem Bewusstsein. Würde es nur körperliche Ereignisse in Form von bewusst erlebten Gefühlen begleiten, aber keine Möglichkeit haben, selbst in das Geschehen einzugreifen, wäre Bewusstsein nur ein Energieaufwand ohne Vorteil. Es würde rasch durch die natürliche Selektion verschwinden. Daher muss das Bewusstsein in die Handlungen des Lebewesens eingreifen und sie gestalten können. Tiere sind in der Lage, auf der Basis des bewussten Verstehens eines Sachverhalts eine bewusste Entscheidung zu treffen und intentional zu handeln. Und diese Fähigkeit des Bewusstseins, diese Auswirkung des Bewusstseins auf die Handlungen des Lebewesens mit Bewusstsein, nenne ich Autonomie.

Das Bewusstsein hat nun folgende Eigenschaften:

- Die einfachste Form von Bewusstsein ist es, wenn einem Lebewesen seine elementaren Gefühle, die es gerade erlebt, bewusst werden:

Der Hund und sein Philosoph

»Ich habe Schmerzen«. Das bewusst erlebte Schmerzgefühl entspricht dem Umstand, dass das Tier versteht, selbst das Gefühl von Schmerzen zu haben.

- Die Leidensfähigkeit ist also einer von vielen Aspekten des Bewusstseins. Wir erinnern uns an meinen Zahnschmerz, der so umfassend war, dass er alle anderen Sinneswahrnehmungen ausschaltete. Das bewusste Erleben von Freude und Leid, von Lust und Schmerz, entspricht dem Verstehen, dass der Körper gerade diese Gefühlsreaktion zeigt.
- Damit ist jedes Bewusstsein im Kern ein Bewusstsein des körperlichen Selbst. Die einfachste und ursächlichste Form des Bewusstseins ist jene, die einen elementaren Zustand des eigenen Körpers bewusst macht.
- Nur das Lebewesen mit Bewusstsein ist ein Individuum. Durch die Eigenschaft des Bewusstseins, auf einen Vorgang zu fokussieren und diesen ins Zentrum der Aufmerksamkeit zu stellen, wird das bewusste Wesen singulär.
- Bewusstsein bringt Freiheit und Autonomie mit sich. Das ist die wesentliche Funktion von Bewusstsein, weshalb es sich evolutionär durchgesetzt hat, obwohl es sehr energieaufwendig ist. Bewusstsein ermöglicht die Entkoppelung der Handlungen von der unmittelbaren Reizreaktion des Nervensystems. Wenn dem Tier ein Umstand bewusst wird, hat es etwas verstanden und kann daraus Konsequenzen ziehen und bewusste Entscheidungen treffen.

Instinkt, Konditionierung und Autonomie

Die Dreistufigkeit der Fähigkeit des Zentralnervensystems, von einer fixen Verschaltung über ein Protoselbst bis hin zum Bewusstsein, spiegelt sich auch in einer Dreistufigkeit der Verhaltensvariabilität wider. Die einfachste Form, ein Verhalten zu steuern, geschieht über den Instinkt. Wir vergleichen ihn mit einem Computerprogramm. Auf einen Auslöser hin wird das Programm abgespult, die Nerven und Synapsen agieren dabei wie die Leitungen und Transistoren eines Computers. Phylogenetisch handelt es sich dabei um die älteste Form des Verhaltens, die auch kein Bewusstsein und kein Lernen benötigt.

Beispiele wären das Kauen und Schlucken von Nahrung, aber auch gehen, laufen, lächeln und bei den Menschen der Augenbrauengruß. Diese Verhaltensweisen brauche ich nicht zu lernen und sie laufen völlig ohne Einsicht ab. Weder muss ich mir bewusst sein, dass ich gerade so handle, noch bin ich mir klar, warum. Wenn ich am Telefon eine Person begrüße, hebe ich die Augenbrauen, obwohl mich diese Person gar nicht sehen kann. Die Reaktion ist automatisiert und läuft ohne mein Zutun von selbst ab.

Instinkthandlungen sind aber auch ziemlich starr und kaum abzuändern. Weil sie eben einem fixen Computerprogramm entsprechen, sind sie nicht variabel. Für ein Lebewesen kann das zu einem Problem führen, wenn das Programm zur falschen Zeit anspringt. Agiert ein Wesen lediglich auf Basis von Instinkten, muss praktisch bei der Geburt klar sein, was alles passieren könnte, weil die dafür die passenden Instinkte bzw. Verhaltensprogramme nicht mehr abzuändern sind. Insekten fliegen in der Nacht instinktiv auf eine Lichtquelle zu und sterben daran, wenn es sich um elektrisches Licht einer heißen Glühbirne handelt. Diese Instinkthandlung hat sich evolutionär entwickelt, als es noch keine Glühbirnen gab und diese Reaktion daher sinnvoll war. Mit Glühbirnen führt die einst sinnvolle Reaktion in den Tod. Doch die Insekten können nichts dagegen tun.

Mit zunehmender Komplexität des Zentralnervensystems bildete sich deshalb die Fähigkeit im Gehirn aus, das eigene Nervensystem in erster Ordnung abzubilden. Das ist das Beispiel des elektronischen Schienennetzes an der Wand in der Bahnzentrale. Damit gibt es ein Metaprogramm, das das Elementarprogramm, die Instinkte, kontrolliert und darauf achtet, dass sie sinnvoll ablaufen. Wenn nicht, werden ihre Programme umgeschrieben. In der Terminologie des Programmierens an Computern nennt man so etwas ein lernfähiges Computerprogramm. Auch dieses kommt natürlich ohne Bewusstsein aus. Bei Tierverhalten nennen wir es Konditionierung.

Ein Beispiel für ein lernfähiges Computerprogramm wäre die Berechnung der Fahrzeit eines GPS-Navigationssystems. Ich kann dafür ein Programm schreiben, das jedem Kilometer eine fixe Zeit zuordnet, die dem Zurücklegen der Strecke mit 90 % der maximal erlaubten Fahrgeschwindigkeit entspricht. Das Pendant bei Lebewesen ist der banale Instinkt, eine simple Form des Verhaltens. Dieses elementare Programm lässt sich auch komplexer gestalten, indem ich eine noch geringere Geschwindigkeit im innerstädtischen Bereich annehme, und einen weiteren Zeitpuffer bei Stoßzeiten, weil da vermutlich Staus auftreten, usw. Doch ist das (elementare) Programm einmal geschrieben, bleibt es fix und unabänderlich, wie es ist. Einerseits kann es völlig falsche Fahrzeiten angeben, und damit einhergehend den AnwenderInnen Routen als zeitlich kürzeste vorschlagen, obwohl sie langsamer sind, weil sich die Umwelt geändert hat, die Ampelschaltung gewechselt oder eine neue Shoppinghalle eröffnet wurde, und so unerwartete Staus auftreten. Andererseits sind vielleicht die angewandten Regeln zu simpel und in manchen Situationen einfach nicht ausreichend.

In so einem Fall kann ich ein lernfähiges Computerprogramm für die Fahrtzeiten des GPS-Navigationssystems schreiben. Das ist ein Metaprogramm, das nach jeder Fahrt kontrolliert, ob die angegebene Fahrtzeit der durch das Elementarprogramm errechneten entspricht oder nicht. Ist der Fehler zu groß, wird das Elementarprogramm entsprechend adaptiert. So stellt das Metaprogramm fest, dass es zur Stoßzeit in dieser oder jener Stadt in den Ausfallsstraßen zu einer größeren Staubildung kommt, in anderen Städten aber zu einer geringeren. Der Code zur Fahrtzeitberechnung kann das ab sofort berücksichtigen.

In der Praxis besteht ein lernfähiges Programm aus einem Algorithmus, der im Rahmen gewisser vorgegebener Parameter das Problem optimiert. Zunächst weiß ich beim Beispiel unseres Navigationssystems nicht, aus welchem Grund die Fahrtzeit vom Elementarprogramm falsch errechnet worden ist. Das Metaprogramm betrachtet nun alle vorher festgelegten möglichen Fehlerquellen, wie Stoßzeit, Ausfallsstraße, Urlaubszeit, innerstädtische Verhältnisse usw., und optimiert die Wegstrecke. Mithilfe eines mathematischen Algorithmus berechnet es, welche Form der Berücksichtigung dieser Aspekte die beste Vorhersage für die Fahrtzeit ergibt. Und diese Optimierung wird laufend verbessert, nämlich jedes Mal, wenn das GPS verwendet wird und die berechneten Fahrtzeiten mit den tatsächlichen Werten einer Fahrstrecke verglichen werden.

Da sieht man bereits das Problem, in das auch lernfähige Programme geraten können. Sie sind nur fähig, anhand vorher festgelegter Parameter zu optimieren. Was, wenn sich nun die Umwelt ändert und ein neuer Faktor auftaucht, der bisher noch nie relevant war und daher vom lernfähigen Programm nicht berücksichtigt werden kann? Dann wird letztlich auch dieses Programm scheitern. Im Fall des GPS-Navigationssystems könnte das sein, dass es eine Saison für Straßenbaustellen gibt, die sich am guten Wetter orientieren, oder eine neue Regierung ins Amt kommt, die den Straßenzustand verbessern will, indem sie alle Beläge austauscht. Ohne Berücksichtigung einer Baustellensaison wird die Optimierung des Metaprogramms immer fehlgehen und nie zu wirklich guten Fahrtzeitenberechnungen kommen. Im Gegenteil, die Optimierung an falschen Parametern, die im vorliegenden Fall gar nicht entscheidend sind, kann die gesamte Fahrtzeitenberechnung verschlechtern.

Bei Menschen und Tieren steht die Konditionierung für das lernfähige Computerprogramm. Die klassische Konditionierung nach Pawlow verbindet einen Reiz mit einer Reaktion, die vom bewussten Lebewesen gar nicht bemerkt werden muss. Typisches Beispiel dafür ist beim Menschen ein kaum spürbarer schwacher Luftstrahl, der bei einem gewissen Ton menschlichen ProbandInnen ins Auge geblasen wird, sodass sich dieses schließt. Ein paar Mal wiederholt und die Menschen schließen allein schon bei diesem Ton kurz von selbst die Augen, obwohl es gar keinen Luftstrahl gab. Pawlows Versuche mit Hunden, die bei einem Ton Leckerlis bekamen und ihnen bald darauf beim Ton allein schon der Mund wässrig wurde, gelten als bekanntestes Beispiel für Konditionierung.

Daneben gibt es noch die operante Konditionierung nach Skinner, veranschaulicht mit der sogenannten Skinner-Box. Ein hungriger Hund wird in eine reizarme Box gesteckt, in der sich eine Lampe und ein Hebel befinden. Drückt der Hund zufällig den Hebel, passiert gar nichts, solange die Lampe nicht leuchtet. Wenn aber der Hund zufällig gleichzeitig mit dem Leuchten der Lampe den Hebel drückt, wird ein Leckerli ausgegeben. Da die Skinner-Box reizarm ist, wird der Hund immer wieder zufällig den Hebel drücken, bald zusammen mit dem Licht und schließlich setzt die operante Konditionierung ein und der Hund hat assoziativ gelernt, dass er beim Leuchten den Hebel drücken muss, um ein Leckerli zu bekommen.

Dieselbe operante Konditionierung wird bei der Dressur von Zirkustieren angewandt. Der Bär am Fahrrad, der Affe am Esstisch, der Elefant beim Kopfstand und die Hyäne auf den Hinterbeinen sind alle mittels operanter Konditionierung für ihre Kunststücke ausgebildet worden. Dazu zerlegt man die Übung in einzelne kleine Teilstücke und wartet, bis das Tier bei einem Zeichen zufällig den ersten Schritt absolviert. Das wird mit Leckerli belohnt, falsche Handlungen mit negativen Reizen bestraft. Gelingt der erste Schritt, geht man den nächsten an und die Kette von Schritten, alle mit Leckerlis verstärkt, führen zum Zirkuskunststück. Dabei sind die einzelnen Schritte nicht miteinander kausal verknüpft, das zu konditionierende Tier setzt sie ohne Einsicht rein zufällig, nach Versuch und Irrtum. Erst bei der Zusammensetzung der Handlungsstränge ergibt sich ein Sinn, der dem Tier aber verborgen bleibt. Dabei führen die Tiere nur eine Kette von Reiz-Reaktionen aus, wie Maschinen. Der Behaviorismus geht so weit zu behaupten, alle Handlungen von Tieren seien Reiz-Reaktionen dieser Art.

Operante Konditionierung erlebe ich täglich auch an mir. So konditionierte ich mich darauf, weil ich in meiner Wohnung immer Hausschuhe anhatte, diese durch eine Schüttelbewegung des Fußes abzustreifen, bevor ich in die Straßenschuhe stieg, wenn ich die Wohnung verlassen wollte. Eines Tages ertappte ich mich dabei, die »Hausschuhe-Abschüttel-Bewegung« vor dem Anziehen der Straßenschuhe durchzuführen, ohne überhaupt Hausschuhe anzuhaben. Diese Reizreaktion läuft eben sinnlos ab, sozusagen als Selbstzweck. Ich agiere wie eine Maschine. Selbiges gilt für den Griff in meine Hosentasche, bevor ich das Haus verlasse, um zu checken, ob ich den Hausschlüssel mithabe. Oder das Öffnen des Visiers am Motorradhelm, wenn ich bei der Ampel stehenbleibe, damit es nicht anläuft. Alle diese Handlungen laufen ohne Einsicht in ihren Sinn ab, wenn ich z. B. gar kein Visier am Helm habe oder keinen Schlüssel brauche. Sie sind im täglichen Leben praktisch, weil sie mir das mühsame bewusste Denken ersparen. Sie laufen von selbst ab. Auch im Leerlauf, wenn der entsprechende Reiz empfunden wird, ohne dass die Situation adäquat ist. Aber verstanden habe ich dafür überhaupt nichts.

Daher sind die operante Konditionierung und das Lernen durch Verstehen etwas grundsätzlich Anderes. Das Verstehen setzt voraus, ein Problem zu bedenken und eine Lösung zu wünschen. Dafür geht man bewusst und zielgerichtet vor, durch Nachdenken oder durch Abschauen einer Lösung von anderen, denen man mehr Erfahrung und Wissen zutraut. Wenn man merkt, dass diese Lösung funktioniert, hat man etwas verstanden. Ein Beispiel wäre das Öffnen einer Tür durch Drücken der Türschnalle. Es macht einen großen Unterschied, durch blinde und planlose Versuche mit operanter Konditionierung auf die Lösung zu kommen, oder sie sich von jemandem anderen, den man beim Lösen dieses Problems des Türöffnens beobachtet, abzuschauen. Dann ist das Türöffnen wesentlich mehr als ein Zirkustrick auf einen Reiz hin. Es ist eine echte Intelligenzleistung und eine freie und bewusste Entscheidung. Hunde und Katzen sind dazu in der Lage.

Bewusstsein setzt erst bei einer Metabetrachtung des Protoselbst, des lernfähigen Computerprogrammes, ein. Bewusstsein bedeutet, eine Wechselwirkung des Protoselbst mit einem mentalen Objekt zu begreifen. Bewusstsein ermöglicht dann aufgrund dieses Verständnisses zu entscheiden, was ich als nächstes tun will. Kuksi empfindet instinktiv Angst, wenn er laute Autos schnell vorbeifahren hört oder sieht. Doch mit diesen Instinkten allein, die überhaupt nicht am Straßenverkehr evolutionär entwickelt wurden, könnte er nie ohne Hilfe und Leine überleben. Kuksi hat auch die Fähigkeit, seine automatisierten Reaktionen durch Konditionierung umzuprogrammieren, indem er blind Handlungen versucht und diese durch positive oder negative Verstärkung mit einem Reiz assoziiert oder nicht. Doch auch damit könnte er nie alleine im Straßenverkehr zurecht kommen. Ein Fehler, Unfall mit einem Auto, und er wäre tot. Erst wenn man ihm die Freiheit gibt, den Straßenverkehr verstehen zu lernen, ist er in der Lage, damit umzugehen. Das Bewusstsein ist der Schlüssel zur Lösung der komplexen Probleme des Lebens, weil Instinkte und Konditionierung dafür zu wenig variabel sind und stumpfsinnig und ohne Einsicht ablaufen.

Instinkte und ankonditionierte Reizreaktionen zeigen sich im Lebewesen mit Bewusstsein durch Affekte, durch unmittelbare Handlungsmotivationen.

Julius und andere (2014) stellen fest, dass die komplexen sozialen Beziehungen zumindest von Säugetieren viel zu variabel sind, um bloß mit diesen Mechanismen erklärbar zu sein. Alle Wirbeltiere haben im Wesentlichen dieselben Hirnstrukturen wie wir Menschen. Dazu gehören der evolutionär älteste Hirnstamm zusammen mit dem Basalganglion und dem limbischen System, die dem Lebewesen seine Affekte bewusst machen und die automatisch-instinktiven Aktivitäten koordinieren. Daneben gibt es noch das Kleinhirn, das für die Konditionierung zuständig ist. Die durch die Erfahrung automatisierten Handlungen werden dort festgelegt.

Dem entgegen steht das Endhirn (Telencephalon), das die Aufgabe hat, die Affekte zu kontrollieren. Es bildet Konzepte für die relevante Umwelt, interpretiert soziale Beziehungen und steuert ein episodisches Gedächtnis bei. Für Säugetiere besteht das Endhirn vor allem aus dem Neocortex. Bei Vögeln hat sich der Paleocortex des Endhirns viel größer als der Neocortex entwickelt und dessen Funktionen übernommen. Aufgrund des eingeschränkten Neocortex hielt man Vögel früher für »dumm«, bis man herausfand, dass sich die analogen Funktionen nur in einem anderen Hirnteil entwickelt haben. Bei Fischen macht der Paleocortex den größten Teil des Endhirns aus.

Wenn Kuksi am Gehsteig entlangläuft und auf der anderen Straßenseite einen Hund sieht, spürt er den Affekt, hinüberlaufen zu wollen. Doch sein Neocortex kontrolliert diesen Impuls, weil er sich bewusst ist, wie gefährlich das werden kann. Das Kleinhirn würde Kuksi mitteilen, bei jedem Gehsteigrand stehen zu bleiben und auf den Reiz für das Losgehen-Dürfen zu warten. Doch sein Neocortex sagt ihm, dass er auf einer wenig befahrenen Straße ohne ankommenden Verkehr trotzdem loslaufen kann. Ich halte Kuksi ein Stück Tofu hin und in seiner Begeisterung beißt er mich versehentlich. Trotzdem sein limbisches System eine Befriedigung seiner Lust auf Tofu erfährt und sein Kleinhirn daraufhin die Reaktion abspeichert, auf den Reiz ein Stück Tofu zu sehen, sofort hin zu schnappen, sagt ihm sein Neocortex, dass er mich dabei verletzt hat. Mit Hilfe seiner Spiegelneuronen kann er meinen Schmerz mitfühlen und der von mir geäußerte Schmerzlaut wird für ihn verständlich. Und ganz unabhängig von seinen Affekten hat er sich die Regel gegeben, mir nicht wehtun zu wollen. Deshalb überwindet er sowohl den Affekt, den ihm sein Instinkt zu diktieren versucht, als auch jene Reizreaktion, die ihm sein Kleinhirn suggeriert, und entscheidet sich bewusst, beim nächsten Stück Tofu vorsichtiger mit mir umzugehen. Er hat sich den Zweck gesetzt, unsere Beziehung wichtiger zu nehmen, als die kurze, hedonistische Lustbefriedigung, die ihm der Tofu bietet, und entsprechend gehandelt. Das ist Autonomie.

Zuweilen wird in der Diskussion über Egoismus und Altruismus eingewandt, dass immer, wenn ein Wesen handelt, es so handelt, wie es handeln will, also egoistisch. Echten Altruismus könne es nicht geben. Ähnlich könne man nicht von einer Kontrolle der Affekte sprechen, sondern nur von einem weiteren Affekt, der die anderen überlagere. Im obigen Fall würden der Affekt, am Leben bleiben zu wollen, den Affekt, zum Hund auf der anderen Straßenseite zu laufen, überlagern, genauso wie der Affekt, mir nicht wehtun zu wollen, den Affekt, den Tofu essen zu wollen, Kuksis Handlungen bestimmt. Er sei affektdeterminiert.

Bei dieser Terminologie müsste man die Menschen ebenso charakterisieren. Doch diese Begriffe von Affekt und Egoismus versus Rücksichtnahme und Altruismus sind nicht hilfreich. Es macht sowohl subjektiv psychologisch, als auch neurobiologisch, einen wesentlichen Unterschied, entweder spontanen Affekten zu folgen, oder darüber zu reflektieren und nach übergeordneten Regeln, die man sich selbst gegeben hat, zu handeln. Andere Hirnteile sind für diese Entscheidungen zuständig. Und die bewusste Kontrolle solcher spontanen Impulse hängt sehr vom psychologischen Zustand des betroffenen Wesens ab. Kuksi kann sich kontrollieren, wenn er innerlich ruhig und gelassen ist. Aber unter großem Stress oder wenn er seit geraumer Zeit Konflikte mit sich herumträgt, wird er unrund und anfällig, spontanen Impulsen zu folgen. Diese Situation ist ihm deutlich anzusehen. Diesbezüglich erscheint es sinnvoll, zwischen Affekt und bewusster Kontrolle zu unterscheiden. Wir müssen die sprachliche Terminologie den physikalischen Gegebenheiten anpassen.

Gödels Unvollständigkeitstheorem

Artificial Intelligence ist eine Forschungsrichtung, die intelligente Leistungen und manchmal auch Störungen des Gehirns durch Computerprogramme simulieren will. So können heutzutage die besten Schachcomputer bereits mit den Leistungen der besten menschlichen Schachspieler der Welt mithalten. Durch diese und ähnliche Erfolge beflügelt, wurde behauptet, alle intelligenten Leistungen seien letztlich vergleichbar mit Computersoftware, das Hirn agiere wie eine Rechenmaschine und wenn das Computerprogramm nur komplex genug erstellt werde, könne sich Bewusstsein entwickeln. Manchmal wird das Bewusstsein auch als ein metaphysisches Ereignis bezeichnet, das der wissenschaftlichen Methode grundsätzlich nicht zugänglich sei. In guter positivistischer Tradition sei es daher ausreichend, menschliche Intelligenzleistungen des Bewusstseins am Computer zu simulieren und alle weiteren Fragen nach dem Bewusstsein für unwissenschaftlich zu erklären.

Demgegenüber scheint mir selbstverständlich, dass das Bewusstsein Teil der physikalischen Realität ist. Bewusstsein ist im Gehirn lokalisiert. Bewusstsein ist messbar, man kann feststellen, wenn ein Wesen bewusstlos wurde. Bewusstsein ist ein physikalischer Zustand eines physikalischen Systems. Bleibt nur die Frage, ob es sich das Gehirn auf einen Computer und das Bewusstsein auf dessen Software reduzieren lässt, beziehungsweise, etwas eingeschränkt, ob sich überhaupt die Tätigkeit des Bewusstseins in allen Details mit einem Computerprogramm simulieren lässt. Nach dem bisher Gesagten ist Bewusstsein mehr als ein lernfähiges Computerprogramm. Lässt sich dafür auch unabhängig von Neurobiologie und Verhaltensforschung argumentieren?

Ja, erstaunlicherweise. Dem österreichischen Logiker und Mathematiker Kurt Gödel gelang es im Jahr 1931, ein Theorem zu beweisen, das dazu eindeutige Aussagen zulässt (DePauli-Schimanovich 2005). Es nennt sich das Unvollständigkeitstheorem. Gödel ging es dabei um die Frage, ob sich die Mathematik auf eine Anzahl von unhinterfragbaren Grundsätzen, sogenannten Axiomen, reduzieren lasse. Seit Jahrtausenden schon wird diskutiert, ob die Mathematik eine Erfindung der Menschen sei oder Allgemeingültigkeit beanspruchen könne. Faktum ist, dass alle Menschen aus allen Kontinenten, allen Kulturen und zu allen Zeiten sich darüber einig waren und sind, was ein mathematischer Beweis ist und welche mathematischen Feststellungen als wahr zu gelten haben. Diese Überzeugung geht so weit, dass man bei physikalischen Experimenten, deren Resultate den theoretischen Vorhersagen widersprechen, immer die physikalischen Annahmen als widerlegt betrachtet, niemals aber die verwendete Mathematik. Allen Beteiligten ist selbstverständlich klar, dass die Mathematik stimmt. Jeder Mensch kann ganz unabhängig von seinem Erfahrungshintergrund alle bekannten mathematischen Behauptungen und ihre Beweise nachvollziehen und wird zustimmen, dass sie wahr sind. Dazu muss man keiner Autorität irgendwelche Behauptungen glauben, es ist einfach evident. Das ist der bewusste Prozess des Verstehens.

Bei dem Versuch, die Mathematik nun auf möglichst wenige Axiome zu reduzieren, aus denen alle bekannten mathematischen Erkenntnisse ableitbar wären, scheiterte man aber immer wieder. Die Mathematik stellte sich vielmehr wie ein Baum heraus: Der Stamm entspricht den Wahrheiten, die wir als absolut sicher erkennen. Die mathematische Forschung schreitet voran und findet laufend neue Theoreme und deren Beweise, die sich immer mehr ins Detail verlieren. Dies entspricht den Ästen des Baums, die nach oben hin zur Krone immer dünner werden. Um die Axiome zu finden, müssen die Forscher nun in den Boden zu den Wurzeln vordringen. Doch auch da verästelt sich der Baum zusehends. In der Praxis zeigte sich, dass keine Axiome, die die Mathematik ausmachen, angebbar sind. Vielmehr werden immer mehr und mehr notwendig, und auch hier verlieren sie sich im Detail.

Gödel konnte diese praktische Erfahrung sogar zu einem mathematischen Theorem umgestalten und beweisen. Wenn wir einen Satz von Axiomen annehmen, lassen sich damit viele Theoreme herleiten. Doch Gödel konnte zeigen, dass es für jeden solchen Satz von Axiomen immer ein mathematisches Theorem gibt, das wir als wahr erkennen können, das aber nicht aus den Axiomen ableitbar ist. Es ist wahr, aber nicht beweisbar. Deshalb spricht man vom Unvollständigkeitstheorem, weil jede beliebige Menge von Axiomen, die sich nicht widersprechen, niemals vollständig alle mathematischen Theoreme beweisen können. Sie bleiben immer unvollständig. Das gilt selbst dann, wenn wir unendlich viele Axiome annehmen, und versuchen, damit die Mathematik aufzuspannen.

Dieses mathematische Theorem ist nun auf das Bewusstsein anwendbar, weil es einen Schritt enthält, der das Bewusstsein ausmacht: ein (mathematisches) Theorem als wahr zu erkennen setzt Bewusstsein voraus (Penrose 1994). Ein Computerprogramm besteht aus Axiomen, also Grundsätzen, die sozusagen in berechenbare Formeln gegossen sind. Das war auch die ursprüngliche Intention, die Mathematik auf Axiome zu reduzieren. Wäre das gelungen, hätte man einfach ein entsprechendes Computerprogramm schreiben können, das alle nur möglichen und wahren mathematischen Theoreme beweist. So wäre die Mathematik abschließbar gewesen. Doch das gelang eben nicht. Und mit Gödel wissen wir warum.

Die Mathematik umfasst jene mathematischen Erkenntnisse, die wir verstehen können. Da sich nach Gödel diese Mathematik aber nicht durch ein Computerprogramm simulieren lässt, kann unsere Fähigkeit, mathematische Erkenntnisse zu haben, nicht von einem Computerprogramm simuliert werden. Mit anderen Worten: unser Bewusstsein kann weder von einem Computerprogramm simuliert werden, noch ist es auf eines reduzierbar.

Diese Erkenntnis möchte ich, weil sie so wichtig ist, in Form eines Syllogismus der Aristotelischen Logik darstellen:

Prämisse 1: Mein Bewusstsein ist ein Computerprogramm bzw. durch eines vollständig simulierbar.

Prämisse 2: Wenn mein Bewusstsein ein Computerprogramm ist bzw. durch eines vollständig simulierbar, ist jede von mir als wahr erkannte mathematische Erkenntnis von dem Computerprogramm berechenbar bzw. beweisbar.

Konklusion 1: Alle von mir als wahr erkannten mathematischen Erkenntnisse sind von einem Computerprogramm berechenbar bzw. beweisbar.

Prämisse 3: Gödels Theorem – für alle Computerprogramme existiert eine mathematische Erkenntnis, die ich als wahr erkenne, die aber nicht vom Computerprogramm berechenbar bzw. beweisbar ist.

Konklusion 2: Für das Computerprogramm, das mein Bewusstsein ist bzw. es vollständig simuliert, gibt es eine mathematische Erkenntnis, die ich als wahr erkenne, die aber nicht von diesem Computerprogramm berechenbar bzw. beweisbar ist.

Das ist ein Widerspruch zu Konklusion 1. Nach der Aristotelischen Logik kann eine der Prämissen nicht stimmen. Da die Prämissen 2 und 3 richtig sind, muss Prämisse 1 falsch sein! Das Bewusstsein ist daher weder ein Computerprogramm, noch durch eines simulierbar.

Es liegt entsprechend ein zentraler Unterschied darin, ein Problem durch ein Computerprogramm zu lösen oder es bewusst zu verstehen. Dieser Umstand lässt sich durch ein Beispiel veranschaulichen. Ich stelle mir vor, dass ich einen Computer simuliere. Dazu setze ich mich in einen Kasten ohne eigene Sinneseindrücke, nehme einen Input entgegen und befolge fixe Rechenregeln, die mir angegeben werden. Dann erhalte ich einen Output und gebe diesen ab. Dazu muss ich überhaupt nichts verstehen oder verstanden haben, habe dennoch einen Input in einen Output verwandelt und damit ein Problem gelöst. Mit anderen Worten: Computer verstehen nichts.

In der Mathematik habe ich als Universitätsassistent auch Vorlesungen gehalten und danach Prüfungen abgenommen. Es ging mir dabei nicht darum, dass meine StudentInnen möglichst viele Formeln oder Regeln auswendig können, ganz im Gegenteil. Ich wollte, dass sie die mathematischen Probleme, wie wir sie in der Vorlesung diskutiert hatten, tatsächlich begreifen. Und deshalb legte ich bei der Prüfung absichtlich mathematische Probleme vor, die vorher konkret so noch nie aufgetaucht waren. Wer nur Regeln und Formeln auswendig gelernt hatte, musste jetzt scheitern. Jede gute Prüfung an der Uni dreht sich immer darum, diejenigen, die nur auswendig gelernt haben, die nur durch Konditionierung und das Wiedergeben von Regeln mathematische Probleme lösen, von denjenigen, die tatsächlich verstanden haben, worum es geht, zu trennen.

Das ist auch der Grund, warum in der Verhaltensforschung bei Tieren immer sehr darauf geachtet wird, dass die ProbandInnen nicht unabsichtlich konditioniert worden sind. Irene Pepperberg nutzte bei ihrem Graupapagei Alex deshalb die sogenannte Model-Rival-Methode statt Leckerlis, und Sue Savage-Rumbaugh mit ihrem Bonobo Kanzi dezidiert ein konditionierungssicheres System, um ihm Sprache beizubringen. Der Grund dahinter ist, dass Konditionierung weder eine Intelligenz noch ein Bewusstsein voraussetzt. Um etwas konditionieren zu können, reicht ein lernfähiges Computerprogramm, wie bei einem Roboter. Aber um tatsächlich etwas zu verstehen und bewusst zu entscheiden, wie zu handeln ist, muss ich über bloße Konditionierung hinaus gehen. Ich brauche Bewusstsein und Verstand.

Ein Beispiel dafür liefert uns ein Schachproblem:

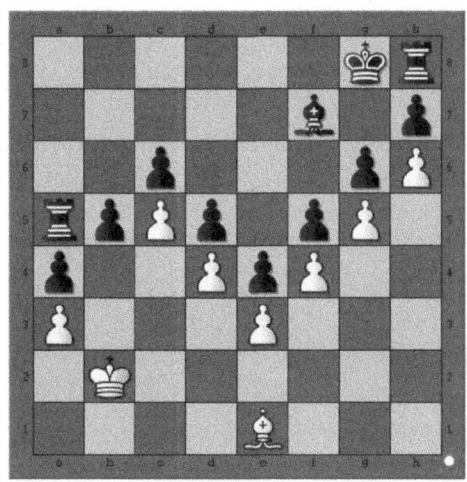

Weiß ist am Zug. Schwarz hat durch die beiden Türme eine so eklatante Überlegenheit, dass ein Remis für Weiß ein großer Erfolg wäre. Ein menschlicher Betrachter, der ein bisschen mit Schach vertraut ist, sieht sofort die Lösung. Die Bauern von Weiß und Schwarz, die sich gegenüberstehen, bilden für die schwarzen Figuren eine undurchdringliche Kette. Es klafft nur eine einzige Lücke. Wenn Weiß nun mit dem Läufer in diese Lücke zieht, sodass seine Figur die Funktion eines Bauern übernimmt, ist die Bauernkette vollständig und das Spiel muss als Remis enden. Ein Schachspieler, der wie ein Computer blind nur nach Regeln agiert, müsste jetzt alle Optionen durchprobieren. Insbesondere könnte der weiße Läufer den schwarzen Turm nehmen, ohne geschlagen zu werden, was nach großem Erfolg klingt.Nun würde aber der schwarze Bauer vorrücken und die Bauernkette brechen, mit der Folge, dass Schwarz definitiv gewinnt.

Der Umstand, dass ein Schachspieler rasch erkennt, wie das Remis für Weiß zu retten ist, zeigt, dass er nicht einfach nach Regeln vorgeht. Er versteht die Situation. Als behavioristische Reiz-Reaktions-Maschine würde er den schwarzen Turm nehmen. Das ist der erste Affekt, der einen lockt. Doch damit würde er das Spiel verlieren.

Bewusstsein bei Mensch und Tier kann weder ein Computerprogramm sein, noch durch ein solches vollständig simuliert werden. Es muss entsprechend mehr können als, von Instinkten oder Konditionierung getrieben, lediglich auf Reize reagieren zu müssen. Und Bewusstsein wird in einem noch so komplexen Computer niemals auftreten. Dafür braucht es mehr als Leitungen und Transistoren.

Zusammenfassung

Bewusstsein ist in der Evolution offenbar entstanden, um den Tieren die Möglichkeit zu bieten, aus dem starren Korsett von Instinkt und Konditionierung auszubrechen. Bewusstsein ermöglicht es, Umstände zu verstehen. Die simpelste Form dieses Verstehens besteht darin, bewusst wahrzunehmen, dass man selbst ein Gefühl hat, wie Angst, Hunger oder Schmerz. Aber weit davon entfernt, diesem Affekt insbesondere mit vorgegebenen Reizreaktionsregeln folgen zu müssen, eröffnet das Bewusstsein die Möglichkeit, sie mehr oder weniger zu kontrollieren. Die bewusste Entscheidung ist natürlich nicht unabhängig von Affekten, aber sie ist mehr als eine determinierte Reaktion darauf.

Die Freiheit, die das Bewusstsein mit sich bringt, ermöglicht es den Tieren, sich selbst Zwecke oder Regeln zu setzen, an die sie sich halten, auch wenn ihre hedonistischen Wünsche und Affekte ihnen anderes nahelegen. Kuksi hält sich an die Regeln des Spiels mit einem Partner, auch wenn er im Eifer fester zubeißen will. Er toleriert die Eskapaden von Hunde- und Menschenkindern und geht sehr vorsichtig mit ihnen um, auch wenn sie ihm auf die Nerven gehen oder sogar wehtun. Er jagt keine Rehe im Wald, obwohl er einen starken Impuls danach spürt. Er läuft nicht über die Straße zu einem anderen Hund, auch wenn er große Lust darauf hätte. Und er stellt unsere Beziehung über alle Affekte, die ihn antreiben, selbst wenn es um Spazierengehen oder Leckerlis geht.

KAPITEL 7:
Kant revisited

In meinem Leben mit Kuksi und in meiner Freundschaft zu Hiasl erlebe ich diese beiden Wesen als mir in allen essenziellen Aspekten gleich. Unsere Beziehung ist beidseitig, sie respektieren meine Bedürfnisse und tolerieren meine Eigenheiten, wie ich ihre umgekehrt. Ich habe die starke moralische Intuition (Eingebung), dass sie um nichts weniger wert sind als ich. Doch andere Menschen in meiner Gesellschaft sehen das offensichtlich nicht so. Für sie, und die Gesellschaft als Ganzes samt ihrem Zivilrecht, sind Kuksi und Hiasl minderwertige Wesen, die nach dem Gesetz als Sachen gelten. Kuksis Schutz beschränkt sich darauf, als mein Eigentum von anderen nicht beschädigt werden zu dürfen, und unter das Kulturgut Tierschutz zu fallen, das eine gewisse Einschränkung der Nutzungsrechte durch Menschen ermöglicht. Weder werden seine Interessen anerkannt, noch seine Freiheit und Autonomie.

Bei einer Podiumsdiskussion in Graz zum Vegetarismus im April 2014 hörte ich aus der letzten Reihe zu. Ein Fleischer erzählte davon, dass er seine Tiere respektiere und nur zwei Rinder pro Tag schlachte. Darauf antwortete der anwesende Universitätsprofessor Kurt Remele, dass dieselbe Rede in Bezug auf Menschen als sehr widersprüchlich empfunden würde. Man könne niemals Menschen respektieren und sie »human« töten und das als ethisch akzeptabel verkaufen. Schließlich griffen zwei Ärzte in die Diskussion ein und meinten, dass es purer Extremismus sei, Menschen mit Tieren zu vergleichen. Das wäre offenbar völlig absurd. Tiere seien klar minderwertig und müssten beim kleinsten menschlichen Bedürfnis zurückstehen. Ich versuchte mich zu Wort zu melden, doch es gelang mir nicht. Was ich aber gerne gesagt hätte: Hier neben mir sitzt mein Hundefreund Kuksi. Ich habe zu ihm eine engere Beziehung als zu allen anderen Wesen dieser Erde. Wir gehen gemeinsam durch dick und dünn und verbringen praktisch jede Minute miteinander, und das seit über 6 Jahren. Ich verbitte mir, dass Sie meinen Freund hier als minderwertiges Lebewesen bezeichnen und abschätzig von ihm sprechen. Ich empfinde das zutiefst als Beleidigung.

Wie gehen wir damit um, dass in ein und derselben Gesellschaft so verschiedene moralische Ansichten aufeinandertreffen? Wie gehe ich damit um, dass mein bester Freund wie ein minderwertiges Wesen behandelt wird? Was passiert, wenn ich für Kuksi oder Hiasl ein Nothilferecht geltend mache, das aber rechtlich nicht gedeckt ist und zu Polizeigewalt gegen mich führen kann?

Hier treffen moralische Intuitionen aufeinander. Intuitionen sind aber keine verlässlichen Einflüsterer. Ein Mensch, der in den Sklavenstaaten des Südens der USA im 19. Jahrhundert aufwuchs, hatte ganz andere Intuitionen, als jemand, dessen Elternhaus und Gesellschaft die Gleichberechtigung unter Menschen als gegeben annimmt. Es ist eine moralische Entwicklung in der Gesellschaft feststellbar, die auch durch den Diskurs über diese Themen geprägt wurde. Ich möchte daher in diesem Kapitel Überlegungen darüber anstellen, was aus den bisherigen Erkenntnissen über Kuksi, Hiasl und andere Tiere auf moralischer Ebene abzuleiten ist.

Anthropozentrismus oder Pathozentrismus

De Waal hat sich in einer Serie von Büchern zu moralischen Fragen geäußert. Zurecht identifiziert er moralische Gefühle und soziale Regeln quer durch das Tierreich und hält sie für ein uraltes evolutionäres Erbe. Doch er versteigt sich zu bedenklichen Äußerungen in der Anwendung seiner Erkenntnisse. Bei verschiedenen indigenen Jäger-Sammler-Völkern habe man entdeckt, dass diese jene Mitglieder ihrer Gruppen ausschließen und oft töten, die sich nicht sozialverträglich verhalten und ihren Egoismus über das Wohl der Gruppe stellen. Es sei nach de Waal ein »faszinierender Gedanke«, die Menschheit habe in ihrer Vorgeschichte in dieser Weise selektierend eingegriffen, um unmoralische Individuen auszumerzen und so Moralität zu produzieren. Für mich ist der Gedanke eher erschreckend.

De Waal scheint zwischen moralischen Forderungen, dem Sollen, und den faktischen moralischen Gefühlen, dem Sein, nicht zu trennen. Er meint weiter, die Idee, dass es davon unabhängig Moralprinzipien geben könnte, sei völlig absurd und würde ihn an den religiösen Kreationismus erinnern. Zwar ist ihm das Argument gegen den naturalistischen Fehlschluss, dass aus dem Sein kein Sollen abgeleitet werden kann, bekannt, doch lässt er seinen Bonobo in der Diskussion mit einem moralphilosophischen Atheisten (de Waal 2013) darüber lachen. Sein und Sollen seien komplementär, man könne von einem Wesen nicht mehr verlangen, als seine moralischen Gefühle ihm ermöglichen.

Vom Standpunkt der mathematischen Physik scheint die Welt im Wesentlichen exakten Prinzipien zu folgen, wie den Erhaltungssätzen von Energie und Impuls. Diese Prinzipien werden auch bei den kleinsten Elementarteilchenkollisionen exakt eingehalten und ermöglichen so das Verständnis der Natur dieser Entitäten. Prinzipien sind der Natur nicht fremd und haben mit Kreationismus und einer Ablehnung von Naturwissenschaften überhaupt nichts zu tun.

Aber davon abgesehen bleibt de Waal schuldig, genauer zu erklären, was er denn für eine Moral vorschlägt. Soll ein jedes Wesen so handeln, wie es selbst sein Handeln für richtig hält? De Waal scheint beispielsweise aus seinen Erkenntnissen, dass Mitgefühl gegenüber Lebewesen, die mit einem nah verwandt oder gut bekannt sind, größer sei, zu schließen, dass man diese Wesen auch moralisch bevorzugen dürfe. Das mag angehen, wenn es darum geht, wie viel Energie man in Hilfeleistungen investiert. Aber wenn es darum geht, andere nicht willkürlich zu beeinträchtigen und ihnen ihre Autonomie zu nehmen, ist das keine Moral mehr, sondern das Recht des Stärkeren. Abgesehen davon muss ich diese Aussage aus eigener Introspektion bezweifeln, weil ich sehr wohl zu ganz starkem Mitgefühl mit mir völlig fremden Wesen fähig bin, sonst würde ich mich nicht schon seit 30 Jahren im Tierschutz in einem Ausmaß engagieren, das mich schon ins Gefängnis gebracht hat.

Und tatsächlich sind für de Waal Speziesismus und Anthropozentrismus akzeptierte logische Konsequenzen seiner Moralvorstellungen. Zu Rassismus, Sexismus und Nationalismus schweigt er sich aus, obwohl hier auch das Argument von Nähe und Verwandtschaft anwendbar wäre. Jedenfalls sieht de Waal für das Zivilrecht, das Tiere als Sachen klassifiziert, keinen Änderungsbedarf. Man solle Tiere zwar nach Möglichkeit schützen, aber paternalistisch und von oben herab. Rechtskonzepte, wie im Umgang mit anderen Menschen, lehnt er für Tiere ab, wie er mir im Gespräch persönlich versicherte.

Seltsam, dass de Waal trotz seiner Forschungsergebnisse nicht in der Lage ist, über den Tellerrand zu blicken. Gerade er führt uns doch vor Augen, wie wenig sich Mensch und Tier unterscheiden. Wenn ich nun Menschen als Personen anerkenne, wie kann ich Tiere zu Sachen erklären? Brensing (2013), selbst Meeresbiologe und Verhaltensforscher, hat sich mit dem Leben der Delfine auseinandergesetzt und daraus den Schluss gezogen, dass sie Persönlichkeitsrechte bekommen müssten. Er drückt sein Unverständnis gegenüber ForscherInnen wie de Waal aus, die diesen Schritt nicht vollziehen, obwohl sie sich ebenfalls mit Tieren so intensiv beschäftigt haben und ihr komplexes mentales Leben bestätigen. Vielleicht trifft auch hier zu, was de Waal seinerseits über wissenschaftlichen Fortschritt schreibt: Paradigmenwechsel werden oft erst bei einer Generationenablöse in der Forschung möglich. Dogmen, die sich festgesetzt haben, können auch angesichts offensichtlichster Gegenargumente nur dann aufgehoben werden, wenn die Autoritäten, die ihr Leben lang diese Dogmen vertreten haben, die Bühne verlassen. Vielleicht stammt de Waal einfach aus einer Generation, für die Grundrechte für Tiere absurd erscheint. Wie Brensing beweist, fällt es der neuen Generation an ForscherInnen leichter, in diesem Punkt umzudenken.

»Was ist denn der große Unterschied?«, rief ich aus der letzten Reihe heraus, als bei einer Podiumsdiskussion wieder einmal die große Kluft zwischen Mensch und Tier betont wurde. Menschen würden es als unmoralisch empfinden, Tiere zu essen, aber Tiere könnten das niemals, war die Antwort. »Ich kenne Menschen, die das auch nicht tun!«, stieß ich nach. Aber es gäbe keine Menschen, die es für moralisch akzeptabel halten, andere Menschen zu essen, kam nun zurück. »Es gab und gibt Kannibalen«, rief ich dann. Daraufhin wurde erklärt, dass alle Menschen spirituelle Erfahrungen machen könnten und zu einer Gottesbeziehung fähig wären, Tiere aber nicht. Das sei der Unterschied.

Ich persönlich hatte noch nie spirituelle Erfahrungen und bin zu diesen definitiv nicht fähig. Außer man subsummiert darunter auch die Bewunderung eines Sonnenuntergangs oder die Mystik von dichtem Schneefall in der Abenddämmerung in menschenleerer Wildnis. Doch genau das habe ich bei Kuksi auch erlebt: dass er stundenlang von erhöhter Aussicht aus mit den Augen dem untergehenden Sonnenball folgt, oder dass wir gemeinsam im steilen felsdurchsetzten Gelände an der Baumgrenze im Dämmerlicht in den Schneefall schauen, völlig ruhig, beide total fasziniert. Nein, Kuksi sucht dann keine Nahrung oder gar Beutetiere. Definitiv bestaunt er die Umgebung und ist durch den Anblick so gefesselt, dass er tatsächlich eine Stunde lang und mehr sehr aufmerksam bei der Sache bleibt. Genauso wie ich.

Im Gefängnis habe ich viele Menschen getroffen, die überhaupt nicht moralisch reflektieren oder irgendwelchen allgemeinen Prinzipien folgen. An soziale Regeln können sie sich aber anpassen und einen Begriff von fair und gerecht haben sie auch. Aber das gilt genauso für Kuksi und andere Tiere. Sie folgen sozialen Regeln und wissen, wann sie sie brechen. Kuksi hat dabei definitiv keine Angst vor Strafe, weil es die zwischen uns grundsätzlich nicht gibt, reagiert aber trotzdem eindeutig mit schlechtem Gewissen, mit einem spezifischen Unwohlsein, mit Unruhe, sollte er eine Regel brechen. Andererseits fühlt er mit mir mit, wenn ich krank bin oder Schmerzen habe und wirkt sehr zerknirscht, wenn er mir unabsichtlich Schmerzen zugefügt hat. Und fühlt er sich ungerecht behandelt, lässt er mich das nur zu deutlich wissen, keine Frage.

Wo war noch einmal der große Unterschied?

In der philosophischen Diskussion ist man aber mittlerweile sowieso schon weiter. Der axiologische Anthropozentrismus, jene Weltanschauung, nach der alles nur in Bezug auf Menschen einen Wert haben könne, wird als überwindbar gesehen. Dagegen wäre die letzte Bastion des Anthropozentrismus der epistemische. Alles, was der Mensch in diesem Kosmos zu erfassen versuche, könne er nur auf Basis seines Anthropozentrismus. Und deshalb sei es offenbar vertretbar, die Präferenzen der eigenen Art zu verabsolutieren und andere Tiere für sich zu nutzen. Einen epistemischen Anthropozentrismus kann man aber nur für richtig halten, wenn man sich nie mit mathematischer Physik ernsthaft auseinandergesetzt hat. Dort wird nämlich genau dieser Schritt von der menschlichen Begrifflichkeit weg vollzogen. Wie könnten sonst die kleinsten Einheiten von Materie und Energie in unendlich dimensionalen Räumen existieren, grundsätzlich komplexwertig sein und eine seltsam nichtlokale Zwischenform von Welle und Teilchen annehmen, die sich jeder menschlichen Begrifflichkeit und Vorstellungskraft entzieht! Oder nehmen wir Singularitäten (Unendlichkeiten), Schwarze Löcher, gekrümmte vierdimensionale Raumzeiten usw. Nichts an diesen Erkenntnissen ist menschlich. Und dennoch sind sie objektiv real existent. Wir nutzen sie längst für unsere Technik, kein Handy würde ohne sie funktionieren.

Und es ist dieser epistemische Anthropozentrismus, der auch die Definition von Bewusstsein zu verwirren versucht. Bewusstsein bedeutet für AnthropozentrikerInnen offenbar der Zustand des (menschlichen) Geistes nach Jahren von Meditation. Deshalb, so die Logik, könne ein Wolf kein Bewusstsein haben, jedenfalls keines, das qualitativ mit dem menschlichen zu vergleichen wäre und daher diese Bezeichnung verdiene. Wenn ein Wolf eine Forststraße sieht, assoziiert er damit vermutlich das einfachere Fortkommen und die Gefahr, auf Menschen zu treffen. Ich assoziiere dagegen die Zerstörung der Natur, die Probleme der Jagd und dass die Zivilisation immer weiter fortschreitet. Man könnte sagen, durch mein zusätzliches Wissen in diesen Bereichen habe ich ein im Verhältnis zum Wolf erweitertes Bewusstsein. Aber das ist nur eine quantitative Erweiterung, keine qualitative. Der qualitative Sprung findet zwischen einem Wesen statt, das kein Bewusstsein hat, und einem, dem zumindest die elementarste Form eines Gefühls bewusst wird, z. B. »Jetzt geht sich's leichter«. Und der Schritt von diesem bewusst erlebten Gefühl, das bereits auf sich selbst reflektiert und daher Selbstbewusstsein ist, zu einem erweiterten Bewusstsein, enthält nichts essenziell Neues mehr.

Und so hilft uns die Naturwissenschaft auch in der Ethik, den Anthropozentrismus zu überwinden und der menschenunabhängigen Realität zu begegnen. Bewusstsein, und damit verbunden Autonomie, sind sich gegenseitig bedingende Entitäten, die nicht nur völlig menschenunabhängig sind, sondern bereits in ihrer einfachsten Form ihre gesamte Essenz enthalten. Bei ethischen Überlegungen mit rational-objektivem Anspruch sind diese elementaren Begriffe die wesentlichen, insbesondere, wenn sie von anthropozentrischer Überhöhung gereinigt werden.

Spätestens seit Ende des 20. Jahrhunderts ist anerkannt, dass Tiere ein Bewusstsein haben und deshalb leiden können. Damit trat das subjektive Leiden in den Mittelpunkt der moralischen Überlegungen in der Tierethik, genannt Pathozentrismus. Mayr (2003) sieht darin einen Fortschritt gegenüber dem Anthropozentrismus, vor allem, weil Tiere für sich und nicht als Mittel zum Zweck für Menschen berücksichtigt werden. Die Folge ist eine »humane« Nutzung von Tieren, wenn das für Menschen ausreichend Vorteile bringt. Auch der Pathozentrismus stellt das Mensch-Tier-Bild der Aufklärung nicht in Frage. Tiere bleiben Sachen, wenn auch fühlende Sachen.

Dabei wird übersehen, dass Bewusstsein als bloßes Epiphänomen, als lediglich begleitendes Fühlen von Ereignissen, die dem Tier widerfahren, völlig unmöglich wäre. Bewusstsein ist viel mehr. Bewusstsein ist die Fähigkeit, zu verstehen, dass man selbst etwas fühlt, und daraus Konsequenzen zu ziehen. Bewusstsein lässt einen bewusst entscheiden, ob man einem Affekt folgt oder nicht. Und dieser Aspekt von Freiheit und Autonomie wird im Pathozentrismus völlig ignoriert, als ob Tiere immer nur so handeln würden, um möglichst wenig zu leiden und möglichst viel Glück zu empfinden. Das mag in erster Annäherung stimmen, doch geht Kuksi in seinem Verhalten weit darüber hinaus. Er setzt sich Regeln und kontrolliert seine Affekte, hedonistische Lust und Leidvermeidung sind nicht seine höchsten Handlungsprinzipien.

Im österreichischen Tierschutzprozess (März 2010 bis Mai 2011) ging es um die Frage, ob die Befreiung eines Nerzes aus einer Pelztierfarm eine Tierquälerei darstelle. Dazu meinte der gerichtlich beeidete Sachverständige Klaus Hackländer, dass Leid naturwissenschaftlich auf Stress zu reduzieren wäre. Und der Nerz würde in Freiheit wesentlich mehr Stress erleiden als in Gefangenschaft im Käfig. In letzterer Situation bekäme er ausreichend Wasser und Nahrung und müsse keine Raubfeinde fürchten. In der Natur dagegen müsse er ständig auf der Hut sein und würde sozusagen von der Hand in den Mund leben. Völlig außer Acht ließ Hackländer, dass der Nerz in Freiheit selbst entscheiden kann, wo er wohnt, ob er eine Familie gründet und was er den Tag über tut. Hackländer ignorierte auch, dass der Nerz ja selbst entschieden hatte, den Käfig zu verlassen, die BefreierInnen hatten ihm nur die Option gegeben, indem sie den Käfig öffneten. Der Nerz wollte lieber sein Glück in einer ungewissen Freiheit versuchen als in der Sicherheit des Käfigs zu bleiben, der ihm aber jede Autonomie nahm. Heute noch leben die Nachfolgegenerationen dieser Pioniernerze in der Umgebung der ehemaligen Pelzfarm. Dass den Nerz im Käfig ein gewaltsamer Tod erwartet hätte, war für Hackländer kein Thema. Im Pathozentrismus spielt der Tod an sich keine Rolle, bestenfalls der Schmerz, der damit einhergeht. Tatsächlich aber ist der Tod der größte Schaden für ein Lebewesen mit Bewusstsein und Autonomie, weil es ihm genau diese Fähigkeiten nimmt, die sein Wesen ausmachen, und es damit völlig zerstört.

Utilitarismus

Der deutsche Philosoph Dieter Birnbacher (2006) meint, dass es nur subjektive, aber keine objektiven Werte auf dieser Welt gibt. Eine Ethik könne sich daher nur an den subjektiven Interessen und Präferenzen all jener Wesen orientieren, die solche besitzen. Er geht damit einen Schritt über den einfachen Pathozentrismus hinaus, der sich nur an Leid orientiert, und erweitert ihn auf Interessen und Präferenzen. Moralisch gut wird eine Handlung dann, wenn sie das Wohlbefinden (als Gegenstück zur hedonistischen Lust) aller Wesen mit Bewusstsein maximiert. Birnbachers Ethik ist konsequentialistisch, d. h. ihn interessiert nur, was für Konsequenzen eine Handlung hat. Wenn man von allen metaphysisch-religiösen Annahmen unabhängig bleiben will, wäre dieser Utilitarismus die einzige Möglichkeit.

Der vieldiskutierte australische Philosoph Peter Singer (2013) zeigt in seiner praktischen Ethik die Konsequenzen auf, die dieser Zugang mit sich bringt. Um ein Wohlbefinden verschiedener Lebewesen zu maximieren, auch wenn es nicht nur hedonistische Freuden, sondern auch Interessen und Präferenzen umfasst, muss man die jeweiligen Wohlbefinden vergleichen. Wie viel zählt die Freude an guter Musik im Vergleich zur Möglichkeit, wandern zu gehen? Oder, noch schlimmer, wie sehr fällt das Leid eines Wesens im Vergleich zur Präferenz eines anderen ins Gewicht? Der Utilitarismus führt dazu, dass man sich zumindest mit der Frage auseinandersetzen muss, ob nicht das Wohlbefinden mancher Wesen geopfert werden muss, um die Präferenzen anderer Wesen umso besser erfüllen zu können. Bei Menschen wurde dieser Nützlichkeitsabwägung durch Grundrechte ein Riegel vorgeschoben. Es bleibt aber ein inkonsistentes Verhalten, Menschen mit Rechten vor einem Utilitarismus zu schützen, den man ungezähmt auf Tiere loslässt. Welcher Unterschied zwischen Mensch und Tier würde diese Andersbehandlung rechtfertigen?

Denn wenn ich von außen abschätzen soll, welche Lebensführung für ein Wesen in welchem Ausmaß seinen Interessen entspricht, nehme ich diesem dazu die Entscheidungsgewalt aus der Hand. Statt die Autonomie zu respektieren, wird es für moralisch handelnde AkteurInnen plötzlich legitim, andere zu ihrem Glück zu zwingen, wenn man meint, einen besseren Einblick in zukünftige Entwicklungen zu haben. Seinen schlimmsten Auswuchs erreicht diese Position in dem sattsam bekannten Beispiel, es sei besser, ein behindertes Kind nach der Geburt zu töten, wenn die Eltern zustimmen, und durch ein erneut Gezeugtes zu ersetzen, weil nach »objektivem« Maßstab von außen für letzteres ein besseres Leben möglich wäre.

Wenn ich mir dazu mein Leben mit Kuksi vor Augen halte, wird das Problematische dieses Zugangs offensichtlich. Kuksi ist ein einzigartiges Lebewesen. Seine Einzigartigkeit ist durch sein Bewusstsein und damit verbunden durch seine Autonomie und Freiheit gegeben. Er ist nicht durch ein anderes Lebewesen in irgendeinem Sinn ersetzbar, auch wenn dieses ein besseres Leben haben sollte. Die Singularität aller Wesen mit Bewusstsein macht utilitaristische Erwägungen dieser Art obsolet. Sie sind mehr als bloß Gefäße für ein gewisses Ausmaß an befriedigten Interessen, das austauschbar ist.

Damit in engem Zusammenhang steht die Problematik des Todes. Nach utilitaristischer Sicht spielt der Tod keine moralische Rolle. Epikur hat dieses Argument bereits vor 2300 Jahren gebracht. Solange ein Wesen noch am Leben ist, kann ihm der Tod keinen Schaden zugefügt haben. Ist das Wesen aber tot, existiert es nicht mehr, also gibt es niemanden, der geschädigt wurde. Der schmerzfreie Tod selbst ist demnach kein Schaden und jede konsequentialistische Ethik, der es nur um die Auswirkungen von Handlungen geht, kann ihn nicht direkt negativ bewerten, sondern nur seine indirekten Auswirkungen auf andere.

Die Richtlinie der EU zu Tierversuchen von 2010 gibt genau diese Sicht wieder. Darin werden alle Tierversuche nach dem Ausmaß an Schaden, den sie Tieren zufügen, eingeteilt. Der größte Schaden ist schweres Leid, dann folgt mittleres und zuletzt geringes Leid. Der kleinste Schaden betrifft tatsächlich Tierversuche, bei denen die betroffenen Tiere für den Versuch betäubt und danach getötet werden, ohne wieder aufzuwachen. Nach Ansicht der EU ist es weniger schlimm und ein kleinerer Schaden, einem Tier geringes Leid zuzufügen (wie ihm Blut abzunehmen), als es schmerzlos zu töten, obwohl es dabei alles verliert, was es hat, sein Leben, sein Bewusstsein und seine Autonomie.

Von utilitaristischer Seite hat man versucht (Singer 2013), dem durch einen Personenbegriff entgegenzuwirken. Dieser Begriff beschreibt Wesen, die eine Präferenz dafür haben, ihre Existenz in der Zukunft fortzusetzen. Doch Zukunft ist ein dehnbarer Begriff. Geht es dabei um Jahre, Monate, Tage oder den nächsten Moment? Der Tod würde auch die Präferenz, jetzt gleich diese oder jene Handlung zu setzen, unterbinden. Doch jedes Bewusstsein existiert in der Zeit, ist doch seine zentrale Eigenschaft, einen Umstand zu verstehen und daraus Schlüsse für zukünftige Handlungen abzuleiten. Doch auch damit lässt sich der Tod in einer konsequentialistischen Moraltheorie nicht fassen. Selbst einem Lebewesen mit kompliziertesten Zukunftsplänen für die nächsten 100 Jahre werden diese nicht vom Tod durchkreuzt, solange es noch lebt. Ist es tot, hat es diese Präferenzen nicht mehr und der Tod kann sie ebenfalls nicht durchkreuzen. Kein Wunder, dass man in der Moral für Menschen andere Wege beschritt.

Tierrechte wie Menschenrechte

Heute ist man sich einig, dass Menschen Grundrechte haben, die auch das Recht auf Leben umfassen. In der UNO-Menschenrechtsdeklaration von 1948 wurde das international fixiert, und später durch eine Reihe weiterer Deklarationen wie für Subjekte medizinischer Versuche (1964), Kinder (1990) und Behinderte (2006) erweitert. Regan (1988) möchte die Vorteile von diesen Rechten auch für Tiere nutzen und schlägt eine Neuformulierung vor. Nicht nur alle Menschen, sondern alle »Subjekte eines Lebens« sollen Grundrechte genießen. Subjekte eines Lebens seien alle Wesen, die ein ausreichend komplexes mentales Leben aufweisen. Für Regan waren das anfänglich nur Säugetiere ab dem Alter von 1 Jahr, doch später wurde der Kreis der betroffenen Tiere erweitert.

Doch jede Form der Grenzziehung ist willkürlich. So wie jeder, der von einer natürlichen Hierarchie unter Lebewesen spricht, sich immer selbst an die Spitze setzt, so wählen jene, die ein Kriterium für die Aufnahme in den Kreis der RechtsträgerInnen angeben, immer ein solches, das ihren eigenen Fähigkeiten möglichst entspricht. Man könnte diese Ethik mit Fug und Recht wieder anthropozentrisch nennen. Sind wir doch nicht in der Lage, von einem anderen Ausgangspunkt als dem Menschen auszugehen?

Die deutsche Schriftstellerin Hilal Sezgin (2014) geht in ihrem weit beachteten Werk *Artgerecht ist nur die Freiheit* einen anderen Weg als Regan. Sie setzt einen Konsens bezüglich Menschenrechten voraus und prüft anhand dessen unseren Umgang mit Tieren. Durch Konsistenzüberlegungen und ihren Erfahrungsschatz im Zusammenleben mit Tieren werden intuitiv moralische Regeln aufgestellt und mit rationaler Kritik solange korrigiert, bis sie ein konsistentes, harmonisches Ganzes ergeben, das mit Menschenrechten kompatibel ist. Dafür sind sowohl utilitaristische als auch prinzipienbezogene Argumente willkommen. Für Sezgin können Tiere nicht nur leiden, sondern wollen ihr Leben führen, das bedeutet vor allem, am Leben bleiben, aber auch ihre Freiheit genießen. Sezgin schließt daraus letztlich, dass Tiere zu quälen (am Beispiel von Tierversuchen und Massentierhaltung), sie zu töten (Schlachten), aber auch sie zu nutzen (Einschränkung der Freiheit), moralisch mit unseren Intuitionen nicht kompatibel ist. Sie plädiert für einen breiten, gesellschaftlichen Veganismus. Ihre Voraussetzung dafür sind nur die Akzeptanz von Menschenrechten und die Anforderung, eine rational konsistente Moral zu vertreten.

Problematisch an diesem Zugang ist allerdings, dass der paradigmatische Mensch, der »normale« Mensch mit als »typisch menschlich« empfundenen Fähigkeiten, zum Maßstab wird, an dem sich alle anderen messen lassen müssen. Nur wer ausreichend ähnlich ist, darf in Analogie zu Menschenrechten mit Schutz rechnen. Grundrechte wurden aber eigentlich nach Immanuel Kant für voll rationale Wesen geschaffen, die sich pflichtbewusst an Zwecken orientieren, die als allgemeines Gesetz gelten können. Alle anderen werden von Sezgin sozusagen gnadenhalber einbezogen, weil sie in relevanten Aspekten zu diesen hauptsächlich wichtigen Wesen ähnlich sind. Das Individuum und seine Autonomie stehen nicht im Zentrum dieser Moral, sondern seine mentalen Fähigkeiten, die nicht »zu weit« von Kants vollrationalen Subjekten abweichen dürfen. So eine Ethik bleibt in gewissem Rahmen willkürlich und anthropozentrisch.

Kuksi im Reich der Zwecke

Wie ist es möglich, einerseits keine willkürlichen Werte anzunehmen, die immer auf mich selbst bezogen sein müssen und mich bzw. jene, die ich als mir gleich erlebe, als Maßstab nehmen, und andererseits nicht auf die utilitaristische Maximierung von Wohlbefinden zu verfallen, die die einzelnen Wesen nur als prinzipiell austauschbare Behälter von Gefühlen behandelt und ihre Individualität und Unersetzbarkeit übergeht? Immanuel Kant versucht einen ganz anderen Weg zu beschreiten. Er möchte keinerlei moralische Werte oder Axiome erfinden, dazu ist die Intuition viel zu sehr von Traditionen und der Sozialisation in der Kindheit abhängig. Man könne auch gar nicht wissen, ob eine Religion (und welche) richtig wäre, und daher könne keine Moral darauf fußen, die Allgemeingültigkeit beansprucht. Kant analysiert lieber Rationalität an sich und möchte daraus Gesetzmäßigkeiten ableiten, die logisch zwingend jedes Wesen, das rational ist, automatisch befolgen bzw. ihnen zustimmen muss. Sein Anspruch an die Moral ist, dass Wesen von anderen Welten, die ebenfalls rational sind, zur selben Schlussfolgerung kommen. Wie die Naturgesetze im Reich der Natur, denen man sich nicht verschließen kann und die den freien Willen einengen, so gelten Moralgesetze im Reich der Zwecke, die alle rationalen Wesen binden. Und nach langer Analyse findet Kant dafür seine verschiedenen Formen des kategorischen Imperativs. Kategorisch heißt er, weil er zwingend logisch aus der Rationalität bzw. Vernunft folgt. Egal welche Religion, welche Erziehung, welche Kultur: alle Wesen, die rational sind, werden den kategorischen Imperativ genauso als richtig anerkennen müssen, wie sie, wenn sie rational sind, mathematische Wahrheiten als richtig anerkennen müssen. Das Moralprinzip wird zur mathematischen Wahrheit, unabhängig von jeglichen subjektiven Werten. Das ist die Aufgabe, die er sich in seiner Grundlegung zur Metaphysik der Sitten gestellt hat und ihn zum dominierenden Vordenker in der Moralphilosophie machte.

Doch für den Tierschutz ist das sehr nachteilig. Zwar erwähnt Kant an vielen Stellen in seinen Büchern, dass man human mit Tieren umgehen solle, doch die Begründung dafür liefert er nur indirekt: ansonsten würden die Menschen auch im Umgang untereinander verrohen. In der Metaphysik der Sitten stellt Kant unzweideutig fest, dass ein Mensch nur Menschen gegenüber moralische Pflichten hat. Und auch die Kritik der reinen Vernunft hat anthropozentrische Konsequenzen, weil nach ihr sind Raum und Zeit nur menschliche apriori, die in jeder menschlichen Wahrnehmung vor jeder Erfahrung schon stecken, und man könne grundsätzlich nicht sagen, wie das Ding an sich, die objektive Realität, wirklich aussehe. Insofern seien Raum und Zeit nur Maßstäbe der menschlichen Wahrnehmung, von der die anderen Tiere ausgeschlossen sind. Darauf basiert diese fatale Ansicht, dass der epistemologische Anthropozentrismus unumgänglich wäre, mit all seinen Konsequenzen für die Tierethik.

Kant erarbeitete seine Gedankengebäude allerdings mit einem gänzlich anderen Wissen über Menschen und Tiere, als wir es heute besitzen. Für Kant war es vermutlich selbstevident, dass Menschen von Gott geschaffen sind und zumindest in ihrer Idealform eine Vernunft und absolute Rationalität besitzen, die ihnen entsprechende Schlüsse erlaubten. Gleichzeitig sah er Tiere als Wesen an, die vielleicht intelligent agieren können, aber überhaupt keine Vernunft besitzen. Vor diesem Hintergrund sind seine Feststellungen zu sehen, dass nur Menschen Zwecke an sich sind und Tiere lediglich Mittel zu menschlichen Zwecken. Dabei ist ein Zweck für Kant ein Ziel, das als Handlungsmotivation dienen kann.

Blumen drehen ihre Blätter Richtung Sonne, um möglichst viele Strahlen einzufangen. Der Zweck ihrer Handlung ist die Photosynthese, doch ist das den Pflanzen nicht bewusst. Ähnlich meine unwillkürlichen Körperfunktionen, wie mein Herzschlag, der den Zweck verfolgt, meine Organe mit sauerstoffreichem Blut zu versorgen. Doch mir selbst ist dieser Zweck nicht bewusst. Vielleicht trifft das auch auf die Spinne zu, die in Richtung einer Fliege krabbelt, die sich in der Mitte ihres Netzes gefangen hat. Selbst wenn sie auf diese Weise Nahrung aufnehmen will, reagiert sie vermutlich auf Erschütterungen der Netzfäden instinktiv und ohne Einblick in den Sinn. Das haben Instinkthandlungen so an sich, dass sie automatisiert ablaufen. Der Zweck solcher Handlungen ist, wenn man so will, von der Evolution vorgegeben worden: nur jene Instinkthandlungen konnten sich durchsetzen, die zu einem erhöhten Vermehrungserfolg geführt haben, also einen wichtigen Zweck erfüllten. Dasselbe gilt für ankonditioniertes Verhalten.

Doch Kuksi hat oft einen Einblick in den Zweck seiner Handlungen. Zwar mag es bei ihm ebenfalls die Situation geben, dass eine Handlung ohne Einsicht abläuft – wie bei mir der Augenbrauengruß am Telefon – doch noch öfter handelt er zielgerichtet. Wird ihm sein Hunger bewusst, macht er sich auf die Suche nach etwas Essbarem. Das ist eine bewusst zweckgerichtete Handlung. Es mag sein, dass ihm bei der Erfüllung seiner Zwecke Probleme entstehen und man kann es Intelligenz nennen, wenn er durch Nachdenken diese Probleme umgeht und seinen Zweck erreicht. Dass Kuksi und andere Tiere dazu in der Lage sind, bewusst Zwecke zu verfolgen, die ihnen ihre Affekte diktieren, anerkennt auch der Pathozentrismus.

Doch Kuksi kann entscheidend mehr. Er kann sich auch bewusst Zwecke aussuchen, die ihn dazu bringen, Handlungen zu setzen, die seinen Affekten widersprechen, sodass er diese kontrollieren muss. Für Kuksi gilt seine Beziehung zu mir und deren Erhalt als höchster Zweck. Selbst wenn er gerne spazierengehen würde, und jemand ihn sogar mit Leckerlis dafür lockt, kontrolliert er diesen Impuls und bleibt bei mir. Und das nicht als Affekt, sondern weil ihm die intakte soziale Beziehung ein so hoher Wert ist. Auf diese Weise bindet er sich selbst im Sinne einer Verpflichtung, derart zu handeln, auch wenn seine hedonistische Lust und seine Affekte ihm anderes diktieren wollen. Er befolgt seine eigene, von ihm aufgestellte Regel.

Kant ging davon aus, dass neben Instinkt und Konditionierung, dem blinden Folgen der Affekte, nur die rationale Entscheidung dafür verantwortlich sein kann, Zwecke zu setzen. Ein Wesen, das sich von seinen Affekten absetzt und diese kontrolliert, würde nur durch rationale Überlegungen motiviert. Doch diese Begrifflichkeit bedarf einer Korrektur. Kuksi führt in nur sehr beschränktem Ausmaß abstrakt rationale Schlussfolgerungen durch, um sich für seine Zwecke zu entscheiden. In viel stärkerem Ausmaß benutzt er dafür seine emotionale Intelligenz. Doch diese ist nicht mit bloßen Affekten zu verwechseln. Damasio (2000a) belegt diesen Umstand durch eine beeindruckende Fülle von Daten aus seiner neurobiologischen Forschung. Wenn bei Menschen gewisse Gehirnzentren ausfallen, sind sie weiterhin völlig rationale Wesen und zu logischen Schlüssen, abstrakten Deduktionen und auch mathematischen Berechnungen fähig. Sie sind intelligent. Doch sie können ihre Gefühle nicht in die Entscheidungen mit einbeziehen. Diese sind aber offensichtlich wichtig, um vernünftige Beschlüsse zu fassen.

Diese PatientInnen mit abstrakter aber ohne emotionaler Intelligenz verlieren sich in Details und verfolgen Widersprüche, ohne zu erkennen, dass diese für das anstehende Problem eigentlich nicht relevant sind. Die Komikfigur »Mr. Logic« gibt diese Problematik wieder. Die abstrakt rationale Denkerin ist zwar zur Problemanalyse fähig, aber nicht zur Synthese von Gedanken, die für eine vernünftige Entscheidung notwendig ist. Ein »Mr. Logic« ist in der Praxis nicht mehr lebensfähig.

Wenn man zur Rationalität neben der abstrakten auch die emotionale Intelligenz zählt, können wir die Schlussfolgerung anerkennen, dass nur die rationale Überlegung dazu führt, Entscheidungen zu treffen, die die sich aufdrängenden Affekte überwinden. In diesem Sinne rationale Wesen, wie Kuksi, haben die Freiheit, sich selbst Zwecke zu setzen, die von den Zwecken ihrer Affekte, ihren hedonistischen Wünschen, unabhängig sind. Natürlich ist diese Unabhängigkeit nicht vollständig. Auch ich kann mich nicht blind über meine Affekte hinwegsetzen, aber dennoch gibt es bei Kuksi und mir zumindest grundsätzlich einen mehr oder weniger ausgeprägten Freiraum, selbst zu entscheiden.

Die normative Selbstbestimmung von Lebewesen beginnt dort, wo ein Wesen sein eigenes Verhalten zumindest in gewissem Ausmaß bewusst gestaltet und kontrolliert. Dafür muss es das Verhalten und die Gefühle anderer, sowie die Folgen seiner eigenen Handlung vorhersehen, eine soziale Situation verstehen (Andrews 2013). Bei Kuksi ist das definitiv der Fall. Er unterscheidet zwischen absichtlicher und unabsichtlicher Handlung, und er reagiert mit größerer Ungeduld, wenn ich ihm etwas geben könnte, aber nicht gebe, im Gegensatz dazu, wenn ich ihm dieses Etwas gar nicht geben kann. Diese soziale Intelligenz ermöglicht ihm sowohl ein rationales Verständnis im obigen Sinne, als auch sich an seine eigenen Regeln zu halten, die den von ihm selbst gesetzten Zwecken entsprechen. Kuksi hat demnach eine Autonomie: er gibt sich selbst Gesetze, an die er sich hält.

Natürlich kann er sich irren, aber im Prinzip ist Kuksi in der Lage, sich Zwecke zu setzen, für die er gute Gründe hat, die andere rationale Wesen nachvollziehen könnten. Folgen wir Kant, so bedeutet diese Einsicht, dass alle rationalen Wesen diese Zwecke anerkennen und für gut halten müssen. Sie basieren auf Kuksis freier Entscheidung und seinen Werten. Da es keine höhere Instanz gibt, die subjektive Werte gegeneinander abwägen könnte, müssen Kuksis Zwecke als gleichrangig respektiert werden, wie die aller anderen Subjekte, die sich Zwecke bewusst selbst setzen können. Das ist die Autonomie aller Tiere bzw. aller Wesen mit Bewusstsein: durch ihre Fähigkeit, bewusste Entscheidungen darüber zu treffen, was für sie gut oder schlecht ist, schaffen sie sich sozusagen ein eigenes Wertesystem, das nicht schlechter und besser, weder minder- noch höherwertig gegenüber anderen Wertesystemen ist. Kuksi gestaltet deshalb das Reich der Zwecke mit, das aus allen solchen Zwecken gebildet wird, die unabhängig von bloßen Affekten sind und bewusst gewählt wurden.

Auch Kuksi ist ein Zweck an sich

Nach Kant ist es nun die moralische Pflicht eines jeden Wesens, das moralische Pflichten erfassen kann, alle Zwecke im Reich der Zwecke zu achten. Das geht so lange gut, solange diese Zwecke nicht die Freiheit anderer Wesen einschränken. Allgemeingültiges moralisches Prinzip können daher nur Zwecke werden, die als allgemeines Gesetz widerspruchsfrei für alle gedacht werden können, also niemandes Freiheit unzulässig (mehr als notwendig, um die Freiheit aller anderer zu erhalten) einschränken. Das ist der kategorische Imperativ der Universalisierbarkeit, der sich aus der Vernunft ergibt. Zwang ist für Kant nur dann legitim, wenn er von einem Zwang gegen einen anderen Zwang, der die Freiheit einschränkt, spricht.

Ein Zweck kann den Anspruch haben, von allen anderen zu fordern, ihn auch zu verfolgen, quasi als moralisches Gesetz zu gelten. Oder er kann lediglich den passiven Anspruch haben, von allen anderen als gleichwertig gut anerkannt zu werden, weil er gut für dieses eine Wesen ist (Korsgaard 2012). Nach Kant machen diese Ansprüche die Wesen, um deren Zwecke es geht, zu Zwecken an sich, statt zu Mitteln zum Zweck für andere. Kant vermischt diese beiden Ansprüche aber zu einem, weil er vom Menschen als einzigem Wesen im Reich der Zwecke ausgeht, das gleichzeitig gleichwertige Zwecke verfolgen und an andere moralische Ansprüche stellen kann. Da alle Wesen mit Bewusstsein im Reich der Zwecke partizipieren und zumindest im passiven Sinn Zwecke verfolgen, für die der Anspruch gilt, dass sie als gleichwertig gut an sich anzuerkennen sind, müssen alle Wesen mit Bewusstsein als Zwecke an sich anerkannt werden, nicht nur die Menschen, wie bei Kant. Das bedeutet, dass es moralische Pflichten gegenüber allen Wesen mit Bewusstsein gibt und dass der kategorische Imperativ lautet, alle Wesen mit Bewusstsein niemals nur als Mittel zum Zweck, sondern immer auch als Zweck an sich zu respektieren.

Dass sich auf diese Weise die Zwecke an sich in passive und aktive trennen,

entspricht der Idee von Leonard Nelson (1932), der in Bezug auf Kants Sittenlehre in Objekte und Subjekte der Moral trennte. Objekte der Moral sind alle
jene Wesen, die als Zweck an sich gelten, von denen aber nicht erwartet werden
kann, dass sie ausreichend moralische Reflexion besitzen, um auch andere entsprechend zu respektieren. Dagegen kann man Subjekte der Moral oder aktive Zwecke an sich als voll für ihre Handlungen verantwortlich ansehen und in
die Pflicht nehmen. Diese Trennung ist aber nicht absolut, sondern kontinuierlich zu sehen. Andrews (2013) bezeichnet Kinder als »limitierte moralische
Subjekte«. Auch Kuksi hat ein gewisses Ausmaß an Verantwortung für seine
Handlungen, aber nicht ein ausreichendes, um ihn unter die moralischen Subjekte nach Nelson zu zählen.

Bei Kants Herleitung haben wir im Wesentlichen seinen Begriff für »rational« durch »bewusst« ersetzt. Die rationale Entscheidung für einen Zweck
wird zu einer bewussten Entscheidung, weil Bewusstsein ja genau diese Funktion der freien, autonomen Entscheidung hat, nach der sich das Lebewesen Regeln setzt, die es selbst befolgt. Kants Formulierung, dass Dinge, die für rationale Wesen gut sind, als absolut zu betrachten wären, erweitert sich dazu, dass
alle Dinge, die für Wesen mit Bewusstsein gut sind, als absolut gut betrachtet werden müssen.

Der zentrale Grund für die moralische Berücksichtigung von Lebewesen ist
nach Kant nicht, dass sie Interessen haben. Vielmehr geht es letztlich nur darum, die Freiheit aller Wesen zu respektieren, die überhaupt eine Freiheit ihres
Willens haben. Der kategorische Imperativ stellt sicher, dass die Freiheit der
Einzelnen maximiert und nur durch die Freiheit anderer eingeschränkt werden kann. Kants letztliche Schlussfolgerung, dass alle Wesen, die sich selbst Regeln geben, nur allen anderen Wesen dieser Art moralische Pflichten schulden,
ist keinesfalls kontraktionalistisch zu interpretieren. Für ihn gilt nicht, »wie du
mir, so ich dir«, »eine Hand wäscht die andere«, und daher respektieren sich
moralische Wesen im gegenseitigen Einverständnis zum gegenseitigen Vorteil.
Nach Kant erwächst die moralische Pflicht aus einem Respekt vor sich selbst
und seiner eigenen rationalen Natur heraus, wir schulden die Einhaltung moralischer Prinzipien letztlich uns selbst. Und wenn andere sie nicht einhalten,
sind wir trotzdem daran gebunden. Das ist keine Frage der Reziprozität, sondern Respekt vor der eigenen Autonomie. Und das eröffnet die Möglichkeit in
die Trennung von moralischen Objekten und moralischen Subjekten, in passive und aktive Zwecke an sich.

Aus dem neuen kategorischen Imperativ, dass alle Tiere mit Bewusstsein
immer auch als Zweck an sich zu betrachten sind, folgt, wie im 19. Jahrhun-

dert hinsichtlich aller Menschen im Zivilrecht festgelegt wurde, dass Tiere niemandes Eigentum sein können. Wer sich im Besitz eines anderen befindet, ist für diesen lediglich Mittel für seine Zwecke. Ein Wesen, das sich selbst Zwecke setzen kann, darf nicht durch die Zwecke anderer gebunden werden.

Dass Tiere als Zwecke an sich zu behandeln sind, ist nicht Folge einer willkürlichen Bewertung. Hier wird nicht einfach Intelligenz oder die Fähigkeit, freie Entscheidungen zu treffen, höher bewertet, als etwa das Leben oder die Leidensfähigkeit. Vielmehr wird festgestellt, dass nur Bewusstsein dazu führt, dass Wesen ihre Umwelt bewerten. Und mangels der Existenz oder zumindest der Einsicht in metaphysische Werte können nur diese subjektiven Werte als reale Werte dieser Welt gelten. Da es keine übergeordneten Werte gibt, sind diese subjektiven Werte grundsätzlich gleichrangig. Der kategorische Imperativ ist nun die moralische Pflicht, diese Werte maximal zu berücksichtigen. Das gebietet die Rationalität und ist daher für alle jene Wesen, die ausreichend reflektieren können, eine kategorisch zwingende Folge richtigen Handelns.

Welche Tiere nun ein Bewusstsein haben und welche nicht, ist eine Frage der Naturwissenschaft. Bewusstsein als ein physikalisches Phänomen eines physikalischen Systems müsste sich im Prinzip jedenfalls unzweideutig nachweisen lassen. Für den Moment ist davon auszugehen, dass zumindest alle Wirbeltiere und alle Kopffüßer ein Bewusstsein haben.

Bewusstsein bedeutet, ein subjektives Erleben zu haben. Das ist entweder vorhanden oder nicht. Bewusstsein entsteht nicht kontinuierlich, sondern schaltet sich wie ein Aggregatzustand der Materie sozusagen ein oder aus, wie ich persönlich bei meinen verschiedenen Operationen im Spital bemerkt habe. Ein Versuch, durch ein Mehr oder Weniger von Bewusstsein gewissen Tieren mehr oder weniger an Schutz als Zweck an sich zu bieten, muss daher scheitern. Man kann auch keine Abstufung durch die Intensität von bewusst erlebten Gefühlen erreichen. Manchmal wird argumentiert, Menschen hätten tiefere oder komplexere Gefühle, die daher wichtiger seien als jene der Tiere. Kants Herleitung des kategorischen Imperativs unterscheidet aber nicht in diesem Sinn. Subjektiv sind für ein Lebewesen mit Bewusstsein seine eigenen Gefühle zentral und wesentlich. Dieser subjektive Standpunkt ist für alle Wesen gleich, rational können diese Gefühle nur als gleichberechtigt eingestuft werden.

Ebenso lässt sich keine Lebenswerthierarchie aus der intellektuellen Kapazität oder der kognitiven Komplexität der verschiedenen Lebewesen ableiten. Kants Sittenlehre kommt ohne die willkürliche Zuordnung von Werten aus. Zwar sagt er, dass einem Lebewesen, das ein Zweck an sich ist, eine Würde zukommt, die er als inneren Wert bezeichnet. Doch ist damit kein Preis gemeint, der diesen Wesen entspricht und bei mehreren Wesen zusammenaddiert werden könnte. Vielmehr zeichnet sich die Würde gerade dadurch aus, keinen Preis zu haben. Im gewissen Sinn ist also jedes autonome Wesen gleichermaßen unendlich viel wert.

Wenn ich Tiere als Zwecke an sich respektiere, bedeutet das, ich kann sie nicht einfach nur für meine Zwecke nutzen. Das impliziert, dass ich ihnen nicht das Leben nehmen darf, nur weil ich daraus Vorteile ziehe. Der Tod wird dadurch moralisch zentral relevant. Ein autonomes Wesen darf ich nur töten, um andere autonome Wesen zu schützen, oder wenn es dem Wunsch dieses autonomen Wesens entspricht, den es ausreichend unbeeinflusst getroffen hat.

Zusammenfassung

Immanuel Kants Sittenlehre ist bis heute für unser Mensch-Tier-Verhältnis und unser Zivilrecht, das Tiere zu Sachen erklärt, bestimmend. Sein Ausgangspunkt war aber eine Vernunft, die bei Menschen vollständig und bei Tieren überhaupt nicht ausgebildet sei. Und das würde den Unterschied zwischen Menschen und Tieren ausmachen: Tiere wären nur durch ihre Affekte bestimmte Biomaschinen, aber Menschen könnten durch ihre Rationalität diese Abhängigkeit überwinden und frei entscheiden. Nur Menschen wären in der Lage, sich selbst Zwecke zu setzen, die zu Regeln führen, an die sie sich halten. Nur Menschen hätten Autonomie, die Fähigkeit zur Selbstgesetzgebung.

Doch Kuksi kann das auch. Er entwickelt unser beider soziale Regeln mit, er gibt Regeln im Spiel vor und er hat sich selbst den Zweck gesetzt, unsere Beziehung über alle seine Affekte zu stellen. Er ist definitiv keine Biomaschine, die ein Spielball ihrer Affekte ist. Er kann sich selbst kontrollieren und in seinem Rahmen vernünftig entscheiden. Die Rationalität, die dem zugrunde liegt, ist vor allem eine soziale Intelligenz, weniger ein Abstraktionsvermögen. Doch dennoch hat er dadurch die Fähigkeit zur Freiheit, die grundlegend für Kants Überlegungen ist. Und das gilt nicht nur für Kuksi. Jedes Wesen mit Bewusstsein ist in diesem Sinne autonom, und sei es nur in beschränktem Ausmaß. Doch das ist die zweite Korrektur, die uns die Naturwissenschaft seit Kants Überlegungen lehrt: auch Menschen sind nicht vollständig frei, sie unterscheiden sich in dieser Hinsicht von Tieren nur graduell.

Ersetzen wir Kants Begriff von »rational« durch den Begriff »bewusst«, können wir ableiten, dass neben den Menschen auch Kuksi und andere Tiere ebenfalls als Zwecke an sich zu betrachten sind. Für sie gilt auch der kategorische Imperativ: Behandle alle Wesen mit Bewusstsein so, dass sie nicht nur als Mittel zum Zweck, sondern immer auch als Zweck an sich respektiert werden. Das stellt sicher, dass die Autonomie aller Wesen, die zu einer Autonomie fähig sind, maximalen Spielraum erhält. Der kategorische Imperativ soll die Freiheit aller maximieren. Sie darf nur eingeschränkt werden, wenn sie die Freiheit anderer behindert.

Der Wert von Tieren ist damit nicht nur auf ihren Nutzen für Menschen reduziert, sondern sie haben in Kants Sinn eine eigene Würde, die mit materiellen Preisen nicht aufzuwiegen ist. Als Zwecke an sich können sie nicht Eigentum jemandes anderen sein, sondern gehören sich selbst.

KAPITEL 8:
Eine Multi-Spezies-Gesellschaft

Sowohl mein persönliches Zusammenleben mit Kuksi, als auch die naturwissenschaftliche Betrachtung haben gezeigt, dass mein Hundefreund eine Persönlichkeit mit Autonomie ist und eigenen Anspruch auf Lebensgestaltung hat. Der ethische Umgang mit ihm muss diesen Umstand berücksichtigen. Autonomie wird zur zentralen moralischen Größe, nicht das Leid.

Bei Menschen ist dieser Zugang schon längst selbstverständlich geworden, doch gegenüber Tieren hat man immer noch Hemmungen, von Autonomie zu sprechen. Anerkennen wir einmal, dass Kuksi autonom leben soll, folgt der Rest von selbst. Ginge es nur um Leidvermeidung, müsste es eine gute Tat sein, ins Trinkwassernetz von Menschen ohne deren Wissen Psychopharmaka zu mischen, die in ihnen Glücksgefühle auslösen, oder die Medienwelt so zu arrangieren, dass es immer nur gute Nachrichten gibt und die schlechten vertuscht werden. Das ergäbe eine Gesellschaft von »happy fools«, deren Leiden geringer ist als jenes aufgeklärter BürgerInnen. Doch niemand würde dieses Vorgehen moralisch akzeptieren. Die Selbstbestimmung im Rahmen ihrer Autonomie ist den Menschen wichtiger als Leidvermeidung. Sonst hätten sie nicht jahrhundertelang um Selbstbestimmungsrechte gekämpft und Revolutionen dafür ausgefochten. Ähnlich in der Frage der Frauenbefreiung. Vor 100 Jahren hatten bürgerliche Frauen keinerlei politisches Mitspracherecht, wurden aber versorgt. Mit der rechtlichen Gleichstellung müssen sie nun selbst für ihren Unterhalt aufkommen, haben dafür aber Rechte auf Autonomie und Mitbestimmung erhalten. Autonomie ist eben der zentrale Wert für uns, lange vor Leidvermeidung.

Dasselbe gilt für Tiere. Auch ein noch so goldener Käfig behindert ihre Autonomie und ist deshalb moralisch nicht akzeptabel. Artgerecht ist nur die Freiheit. Es steht ihnen zu, ein autonomes Leben zu führen, auch wenn das unter Umständen mehr Leid mit sich bringen kann.

Veganismus und Gesundheit

Vegan zu leben bedeutet, nach Möglichkeit ohne alle Tierprodukte auszukommen, weder jene zur Kleidung (Leder, Pelz) oder zur Nahrung (Fleisch, Milch, Eier), noch zur Unterhaltung (Tierzirkus, Zoo, Jagd) oder für die Entwicklung von Medikamenten (Tierversuche). Da ein Produkt vom Tier fast immer darauf basiert, dass dieses Tier als Mittel zum Zweck missbraucht wurde, statt als Zweck an sich respektiert worden zu sein, ist das vegane Leben zunächst einmal die unmittelbare moralische Reaktion auf die Ausführungen im letzten Kapitel. Dass Veganismus aber nicht die Antwort auf alle tierethischen Fragen ist, wird weiter unten noch diskutiert.

Bei jeder neuen moralischen Forderung, die in die Praxis umgesetzt werden soll, muss man sich die Frage stellen, ob und in welchem Ausmaß das möglich ist. Gibt es gesundheitliche Bedenken?

Eine Studie an der Medizinischen Universität Graz ließ Anfang 2014 aufhorchen: angeblich seien VegetarierInnen gesundheitlich gefährdet. Das jedenfalls behauptete ein deutscher Ernährungswissenschaftler in einer Presseaussendung mit Bezug auf diese Studie und schrieb nach der Überschrift »Vegetarier: Mehr Krankheiten & weniger Lebensqualität als Viel-Fleischesser« wörtlich: »Im Hinblick auf die aktuellen Erkenntnisse wirken die unhaltbaren Gesundheitsversprechen von Vegetarierlobbyisten noch weitaus fragwürdiger.«

Die Studie wurde Anfang Februar 2014 veröffentlicht. Sie nutzte Daten des Austrian Health Interview Survey mit über 15.000 TeilnehmerInnen, von denen 0,2 % vegan und 0,8 % ovo-lacto-vegetarisch (Aufnahme von Eiern und Milchprodukten) gelebt hatten, zusammen 1 %. Zu dieser Gruppe wurden noch 1,2 % FischesserInnen addiert und das Ganze »VegetarierInnen« genannt. Deren subjektive Angaben, ohne jede Kontrolle über die faktische Wahrheit ihrer Aussagen, wurden mit 23,6 % FleischesserInnen mit hohem Obst- und Gemüseanteil, 48,5 % FleischesserInnen mit geringerem Fleischanteil und 25,7 % FleischesserInnen mit hohem Fleischanteil verglichen. Dabei gab diese »VegetarierInnen« genannte Gruppe von mehrheitlich FischesserInnen subjektiv zu einem sehr geringen Prozentsatz häufiger an, krank zu sein oder sich nicht wohl zu fühlen.

Die deutsche Tageszeitung *Die Welt* sprach mit der Hauptautorin und fragte: »Ihre Studie sagt, Leute, die viel Fleisch essen, leben gesünder als Vegetarier, wie kommen Sie zu diesem Schluss? »Darauf antwortet sie: »Nein, nein, das stimmt nicht. Auf Grund unserer Ergebnisse ziehen wir die Schlussfolgerung gar nicht, dass viel Fleisch gesund sei. Es gab eine Pressemitteilung, mit der wir nicht einverstanden sind. Da werden die Ergebnisse der Studie einfach falsch dargestellt.«

So schreiben die AutorInnen in den Schlussfolgerungen ihres Artikels:

> »Unsere Ergebnisse zeigen, dass Vegetarier öfter von chronischen Krankheiten und einer schlechteren gesundheitlichen Verfassung berichten. Das könnte darauf hinweisen, dass die Vegetarier in unserer Studie diese Art der Diät aufgrund ihrer Leiden gewählt haben, weil eine vegetarische Diät oftmals empfohlen wird,

um Gewicht und Gesundheit ins Gleichgewicht zu bringen. [...] Deshalb kann keine Aussage getroffen werden, ob die schlechtere Gesundheit der Vegetarier in unserer Studie durch ihre diätischen Maßnahmen verursacht wurde, oder ob sie diese Diät aufgrund von einem schlechteren Gesundheitszustand gewählt haben«.

Mit anderen Worten: möglicherweise begannen jene Menschen, die schon vorher Krankheitssymptome hatten, sich vegetarisch zu ernähren, und nicht umgekehrt.

In einer weiteren Studie, die ebenfalls im Februar 2014 von denselben fünf AutorInnen zusammen mit einem weiteren Wissenschaftler in der *Wiener klinischen Wochenschrift* veröffentlicht wurde, steht in der Zusammenfassung wörtlich:

»An Populationen durchgeführte Studien zeigen, dass sich eine Ernährung, die viel Obst und Gemüse beinhaltet, vorteilhaft auf die Gesundheit und die Mortalität auswirkt. [...] Unsere Ergebnisse zeigen, dass eine vegetarische Ernährung mit einem besseren Gesundheitsverhalten, einem niedrigeren BMI und höherem SES einhergeht. Personen, die moderat Fleisch essen, haben eine schlechtere subjektive Gesundheit, leiden an mehr chronischen Krankheiten, haben ein höheres vaskuläres Risiko und eine niedrigere Lebensqualität. Zusammenfassend zeigen unsere Ergebnisse, dass der Konsum einer Ernährung mit viel Obst und Gemüse mit einer verbesserten Gesundheit und einem besseren Gesundheitsverhalten einhergeht. Daher sind Gesundheitsförderungsprogramme, die das Gesundheitsrisiko, das mit Fleischkonsum einhergeht, nötig.«

So findet sich selbst bei »Ausrutschern« dieser Art bald eine Richtigstellung. Ich glaube, man kann mit Fug und Recht davon ausgehen, dass vegan zu leben zumindest in industrialisierten Nationen für alle Menschen möglich ist, ohne davon krank zu werden, sondern im Gegenteil, dass sie davon sogar einige gesundheitliche Vorteile genießen.

Es wurde viel über die »Urkost« des Menschen geschrieben. An welche Nahrungsform sind wir evolutionär angepasst und welche Nahrungsmittel überlasten unseren Körper und führen zu Krankheiten? Gibt es überhaupt so etwas wie eine »Urkost«? Faktum ist jedenfalls, dass bei Menschen, die viele gesättigte Fettsäuren zu sich nehmen, die Arterienwände durch Fettablagerungen schmäler werden (Arteriosklerose), während das bei Hunden nie passiert, wie viel Fett welcher Art sie auch immer essen.

Jared Diamond, Professor für Geographie an der Universität von Los Angeles, ist kein Vertreter des Veganismus. Deshalb ist besonders interessant, was seine jahrzehntelange Erfahrung mit der Ernährung der indigenen Bevölkerung von Neuguinea und deren Gesundheit in diesem Zusammenhang belegt (Diamond 2013):

> »Als ich 1964 mit meiner Arbeit in Papua-Neuguinea begann, lebten die Bewohner des Landes größtenteils noch nach der traditionellen Lebensweise: Sie wohnten in Dörfern, bauten ihre eigenen Lebensmittel an und ernährten sich salz- und zuckerarm. Die Grundnahrungsmittel im Hochland waren Wurzelgemüse [...]. Zu den vielen Dingen, die mich damals an den Neuguineern beeindruckten, gehörte ihre körperliche Verfassung: Sie waren schlank, muskulös und körperlich aktiv. [...] Während dieser ganzen ersten Jahre sah ich in Neuguinea keinen einzigen fettleibigen oder auch nur leicht übergewichtigen Einheimischen. Die Krankenhausakten aus Neuguinea und die ärztliche Untersuchung von Neuguineern bestätigen dieses Bild einer guten Gesundheit – jedenfalls teilweise. Die nicht übertragbaren Krankheiten, an denen heute die meisten Bewohner der Ersten Welt sterben – Diabetes, Bluthochdruck, Schlaganfall, Herzinfarkt, Arteriosklerose, Herz-Kreislauf-Erkrankungen im Allgemeinen und Krebs – waren bei den traditionellen Bewohnern der ländlichen Gebiete Neuguineas selten oder unbekannt. [...] Schon 1964 erschienen die neuen Todesursachen der Ersten Welt auch in Neuguinea auf der Bildfläche; betroffen waren Bevölkerungsgruppen, die am längsten mit Europäern in Kontakt standen und deren Ernährung und Lebensweise übernommen hatten.«

Die vegane Ernährung ist im Vergleich zur omnivoren Ernährung genau das: reich an Ballaststoffen und mit einem geringeren Anteil an Fett und insbesondere an ungesättigten Fettsäuren. Die von Diamond beschriebenen BewohnerInnen von Neuguinea leben zweifellos nicht strikt vegan. Aber ihre Nahrungszusammensetzung entspricht wesentlich mehr der veganen als der in der westlichen Welt typischen omnivoren Ernährung. Dass damit so ein deutlicher Sprung in der Häufigkeit des Auftretens der Zivilisationskrankheiten einhergeht, ist durchaus bemerkenswert.

Ich lebe jetzt seit 1989 strikt vegan, vegetarisch einige Jahre länger. Erst 8 Jahre nach Beginn meiner veganen Lebensweise ließ ich zum ersten Mal meine Blutwerte testen. Ich hatte überhaupt keinen Mangel, alles war bestens. Einige Jahre später unternahm ich den nächsten Bluttest – und war mit Vitamin B12 unterversorgt. Da wurde mir klar, dass man auf dessen Zufuhr extra achten muss. Vitamin B12 wird von Bakterien im organischen Schmutz produziert. Erst durch das hygienisch saubere Leben in der Stadt wird dieses Vitamin von den Nahrungsmitteln entfernt und ist daher bei der rein pflanzlichen

Ernährung nicht mehr dabei. Tiere, die organischen Schmutz zu sich nehmen, erhalten so Vitamin B12 und speichern das in ihren Körpern.

Vitamin B12 kann man bei der veganen Ernährung aus Gemüse beziehen, das nicht gewaschen wurde, oder auch aus fermentierten Produkten, aber diese Quellen sind nicht zuverlässig, jedenfalls beim Stadtleben. Daher empfiehlt die Vegane Gesellschaft Österreich Vitamin B12 zu supplementieren. Nach meinem Bluttest mit Vitamin-B12-Mangel entschied ich mich dafür, angereicherte Nahrungsmittel in meinen Speiseplan einzubauen. Darunter sind z. B. Multivitaminfruchtsaft und angereicherte Marmelade, sowie Margarine und Sojamilch zu verstehen. Mittlerweile gibt es sogar Zahnpasta, die mit diesem Vitamin versetzt ist, das direkt vom Zahnfleisch absorbiert wird. Mein nächster Bluttest 1 Jahr danach wies wieder einen gesunden B12-Spiegel aus.

Vitamin B12 gebe es ja ausreichend in tierlichen Nahrungsmitteln und diese seien deshalb offensichtlich natürlicher, könnte jemand argumentieren. Doch Vitamine werden auch im großen Stil künstlich in die Nahrung der sogenannten Nutztiere hinzugefügt, darunter Vitamin B12. Sage und schreibe 90 % des künstlich mittels Bakterienkulturen hergestellten Vitamins wandert in die Nahrung von Nutztieren in Tierfabriken und nicht in vegane Produkte!

Es ist also ein schwaches Argument, zu sagen, vegan zu leben sei unnatürlich, weil in unserer hygienisch sauberen Gesellschaft Vitamin B12 supplementiert werde. De facto wird B12 hauptsächlich in der Tiernahrung zugesetzt, um über das Fleisch dieser Tiere von Omnivoren gegessen zu werden, die in noch größerem Umfang mit Ergänzungsmitteln angereicherte Nahrung aufnehmen als VeganerInnen. Ergänzt nämlich mit synthetischem Eiweiß, Ölen, zahlreichen Mineralien und Vitaminen. Und mit einem Schuss Antibiotika.

Im Jahr 2005 untersuchte mich das Institut für Ernährungswissenschaften der Uni Wien im Rahmen einer Studie über Veganismus und bestätigte, dass ich mit allen Nährstoffen exzellent versorgt war (Balluch 2005). Zusätzlich wurde gefunden, dass die VeganerInnen in allen Lebenslagen mit ihrer Ernährung auskommen.

Im Jahr 2014, nach 25 Jahren veganem Leben, habe ich wieder mein Blut testen lassen. Alle meine Werte sind gut, lediglich beim Vitamin D gibt es etwas zu beanstanden, wie bei den meisten Menschen heutzutage, insbesondere in den Wintermonaten.

Mitte der 1990er-Jahre wurde in England in der Ernährungswissenschaft heiß über die gesundheitlichen Auswirkungen der veganen Ernährung diskutiert. Langsam aber sicher sickerte damals die Erkenntnis durch, dass es neben den offensichtlichen gesundheitlichen Vorteilen kaum bis keine Nachteile gibt. Das Vitamin B12 ließ sich leicht durch Anreicherung in den Lebensmitteln zuführen. Nur die Omega-3-Fettsäure blieb ein Thema.

Unter den mehrfach ungesättigten Fettsäuren sind auch welche, die essenziell sind und dem Körper zugeführt werden müssen, weil er sie nicht selbst synthetisieren kann. Darunter zählen insbesondere die Omega-6- und die Omega-3-Fettsäuren. Erstere gilt als gesundheitlich problematisch, insbesondere weil ein zu viel davon die Aufnahme der Zweiteren, die für die Gehirnentwicklung so wichtig sei, behindere. Omega-3-Fettsäuren aber sind in veganen Nahrungsmitteln eher Mangelware. Zwar gibt es sie in Leinsamen, Rapsöl, Walnüssen und Sojaprodukten, doch offenbar ist der Bedarf nicht so ganz leicht damit zu decken. In der englischen Debatte wurde jedenfalls erklärt, dass die vegane Ernährung zu wenig Omega-3-Fettsäuren biete, obwohl deshalb bisher noch kein gesundheitlicher Nachteil bei VeganerInnen identifiziert worden sei.

In einer ganz neuen wissenschaftlichen Studie hat Eric Ammann (2014) von der Universität Iowa 2000 Frauen im Alter zwischen 60 und 80 Jahren nach deren jeweiligem Omega-3-Level im Blut in jene mit hohen und jene mit niedrigen Werten eingeteilt. Dann wurden diese Blutwerte über 6 Jahre hindurch regelmäßig gemessen und gleichzeitig begleitend kognitive Tests der Bewegungskoordination, der Sprache und der Merkfähigkeit durchgeführt. Das Ergebnis: Weder im Ausmaß noch in der altersbedingten Abnahme geistiger Leistungsfähigkeit gab es einen Unterschied zwischen jenen Personen mit gleichbleibend hohen und jenen mit gleichbleibend niedrigen Omega-3-Werten im Blut! Veganismus wird in dieser Studie nicht erwähnt. Doch falls es stimmt, dass vegan lebende Menschen im Mittel niedrigere Omega-3-Werte im Blut aufweisen, könnte diese Studie die beruhigende Botschaft enthalten, dass das auf die kognitiven Leistungen und ihren altersbedingten Rückgang keine Auswirkungen hat.

Veganismus: sozial zumutbar?

Im Oktober 2012 wurde in Vorarlberg vom Meinungsforschungsinstitut »Berndt« eine Umfrage durchgeführt. Auf die Frage »Sind Sie Vegetarier oder Veganer?« antworteten 89 % der Befragten mit nein und 8 % mit ja. Auf die Zusatzfrage, ob sich diese so deklarierten VegetarierInnen vorstellen könnten, irgendwann auf sämtliche tierlichen Produkte wie Eier und Milch völlig zu verzichten, schlossen das nur 36 % aus.

Im August 2013 untersuchte das Institut für Empirische Sozialforschung (IFES) die Anzahl der VegetarierInnen in Österreich. In einer repräsentativen

Umfrage (maximaler Fehler +/-1,9 %) wurden die Menschen gefragt: Vegetarismus bedeutet, weder Fleisch noch Fisch zu essen. Sind Sie selbst oder eine andere Person in Ihrem Haushalt Vegetarier oder vegan? Das Ergebnis: durchschnittlich deklarierten sich 9 % (!) als vegetarisch! Man kann bei solchen Zahlen von einem dramatischen Wandel in der Gesellschaft sprechen:

- 12 % der Menschen mit fertiger Schulbildung leben vegetarisch oder vegan
- In 15 % der Haushalte ist mindestens 1 Person vegetarisch/vegan
- 16 % der 18-29-Jährigen und 17 % der 30-39-Jährigen ernähren sich vegetarisch/vegan
- Ebenso 17 % der Selbstständigen und 15 % derjenigen mit Einkommen von 1501-2500 Euro pro Monat sind vegetarisch/vegan

Bei Personen, die älter als 50 Jahre sind, bei PensionistInnen, bei Menschen mit weniger Bildung und bei jenen mit höherem Einkommen hat der Vegetarismus noch nicht Fuß gefasst. Aber das ist nicht erstaunlich, gelten diese Personenkreise doch eher als konservativ und damit Neuem gegenüber weniger aufgeschlossen. Dennoch kann man aus diesen Zahlen schließen, dass bereits ein signifikanter Anteil der Bevölkerung auf den Verzehr von Fleisch verzichtet und daher einer Umstellung der gesamten Gesellschaft auf eine pflanzliche Lebensweise weder gesundheitlich noch gesellschaftspolitisch ein Hindernis im Weg stehen dürfte.

VeganerInnen hätten Blut an ihren Händen, meinte ein australischer Universitätsprofessor in einem Blogeintrag. Er betrachtete extensiv gehaltene Rinder in den großen Weideflächen dieses Kontinents und verglich das mit der Massenproduktion von Getreide. Bei letzterer würden sehr viele Mäuse leiden, sodass pro Kilogramm Protein das Fleisch dieser Rinder unter dem Strich weniger Leid bedeute als der Weizen aus der Agrarindustrie. Dieser seltsame Vorwurf machte weltweit die Runde. Die amerikanische Tierschutzorganisation PETA schlug scherzhaft vor, nur noch das Fleisch von Walen zu essen, weil das ein besonders gutes Verhältnis von Proteineinheit zu Leidmenge biete. Immerhin würde ein Wal das Fleisch zig tausender Hühner aufwiegen.

Die moralische Intuition, dass das Aufrechnen solcher Leidmengen keinen Sinn macht, ist durch die Ausführungen im letzten Kapitel bestätigt. Es geht nicht darum, möglichst viel Leid zu vermeiden und deshalb eher große als kleine Tiere zu töten, oder lieber extensiv gehaltenes Rindfleisch statt Weizen aus der Agrarindustrie zu essen. Wäre sonst nicht der Verzehr von Raubtieren die beste Lösung? Immerhin erspart man damit ihren zukünftigen Opfern das Leid!

Das fundamentale moralische Gebot im Umgang mit Tieren ist, sie nicht als Mittel zum Zweck zu verwenden. Rinder zu halten, zu züchten und zu töten, damit wir sie essen können, widerspricht diametral dem kategorischen Imperativ und ist daher überhaupt keine Option. Dass beim Weizenanbau Mäuse sterben müssen, auch wenn man sich bemüht, das zu vermeiden, ist tragisch, aber moralisch auf einer ganz anderen Ebene angesiedelt. Beim Menschen würde niemand einen versehentlichen Tod (etwa bei Autounfällen – und auch da weiß man von vornherein, wie viele Todesfälle der Autoverkehr pro Jahr mit sich bringen wird) mit einem vorsätzlichen Mord abwägen.

Doch das Argument dieses australischen Wissenschaftlers hinkt auch auf anderen Ebenen. Er erzählt davon, dass Raubvögel die Mähmaschinen begleiten und die Mäuseopfer gleich aufessen würden. Müssen diese Raubvögel aber nicht sowieso Mäuse essen? Wenn sie nicht die Opfer der Mähmaschinen bekommen, würden sie diese Tiere selbst jagen, aber sie würden gleich viele davon essen müssen, wenn sich ihre Population nicht verändert. Das ist aber ein Nullsummenspiel. Ob die Mäuse durch die Mähmaschine oder die Raubvögel sterben, bleibt doch für die Leidkalkulation gleich. Abgesehen davon essen die allerwenigsten Menschen Fleisch aus einer so extrem extensiven Rinderhaltung, wie hier geschildert. Das Beispiel wirkt als Argument gegen Veganismus wenig überzeugend.

Grundrechte

Menschen werden in unserer Gesellschaft aufgrund des kategorischen Imperativs von Kant Grundrechte zuerkannt, die in Artikel 3 der UNO-Menschenrechtsdeklaration von 1948 zu finden sind: die Rechte auf Leben, Freiheit und Unversehrtheit. Dasselbe muss auch für Tiere möglich sein.

Rechte gibt es nur in Gesellschaften, die die Regelung der individuellen Gewalt einem Gewaltmonopol übertragen haben. Die Idee dahinter ist die, dass diese von allen mit Macht ausgestattete Exekutive und Judikative so weitgehend jedem Individuum und jeder Gruppierung überlegen ist, dass sie die Regeln der Gesellschaft durchsetzen kann. Statt zwei Individuen oder Gruppen ihre Konflikte mit Gewalt lösen zu lassen, weichen sie der Macht des Gewaltmonopols und delegieren die Konfliktlösung an Gerichte.

In einer Gesellschaft dieser Art kann aber das Gewaltmonopol jede noch so lebensfeindliche Regel durchsetzen. Daher müssen die einzelnen Mitglieder der Gesellschaft vor dem Gewaltmonopol grundsätzlich geschützt werden. Der erste Schritt dazu sind die Grundrechte, die eine Forderung an das Gewaltmonopol darstellen, den Einzelnen ihren Freiraum zu lassen.

Gewirth (1978) leitet diese Grundrechte für Menschen aus ihrer Fähigkeit zu werten ab, Pluhar (2013) wendet diese Eigenschaft auf Tiere an. Wir können das nun auf die Autonomie übertragen. Das zu ausreichender moralischer Reflexion fähige Wesen, das eine Autonomie hat, möchte, dass diese geschützt wird. Also fordert es vom Gewaltmonopol ein Grundrecht auf Autonomie, weil es selbst eine Autonomie hat. Aufgrund des kategorischen Imperativs von Kant, der besagt, dass jede moralische Forderung so formuliert sein muss, dass sie als allgemeines Gesetz gelten kann, ist dieses zu ausreichender Reflexion fähige Wesen rational gezwungen, eine entsprechende Forderung auf Schutz durch Grundrechte für alle Wesen mit Autonomie an das Gewaltmonopol zu stellen (Balluch 2005).

Wenn ich von meiner Arbeitgeberin fordere, sie solle mir eine Gehaltserhöhung geben, weil ich eine gewisse Zusatzausbildung absolviert habe, muss ich, sofern ich rational handle, diese Gehaltserhöhung für alle anderen mitfordern, die dieselbe Zusatzausbildung vorweisen können. Im Falle der Grundrechte ist ihre Basis die Autonomie. Als rationale Wesen müssen wir daher allen, die ebenfalls eine Autonomie haben, dieselben Grundrechte bieten. Das ist das Prinzip der Universalisierbarkeit, dem eine rationale Moral genügen muss.

So erhalten alle Tiere, die in der Gesellschaft leben, Grundrechte auf Leben, Freiheit und Unversehrtheit als Ableitungen des zentralen Rechts auf Autonomie. Die Autonomie kann eben nur gewährleistet werden, wenn die Wesen am Leben, frei und unversehrt sind. Kategorisch ist diese Forderung nach einem Recht auf Autonomie deshalb, weil jedes Wesen, das überhaupt etwas wollen kann, implizit logisch zwingend die Voraussetzungen, etwas wollen zu können, als gut bewerten muss. Auch die Selbstmörderin muss, wenn sie sich das Leben nehmen will, dafür am Leben sein und die Freiheit dazu haben. Und die Voraussetzung etwas wollen zu können ist Autonomie, ihr Schutz sind die Grundrechte.

Was hat das nun für Konsequenzen, wenn jene Tiere, die wir als Nutztiere in unserer Gesellschaft bezeichnen, Grundrechte auf Leben, Freiheit und Unversehrtheit haben? Der scheinbare Widerspruch zwischen einem abhängigen domestizierten Tier, das nicht selbstständig leben kann, und der Zuschreibung von Grundrechten, die aber dieses selbstständige Leben quasi voraussetzen, führt in der Tierrechtsliteratur zur Forderung, die Nutztiere abzuschaffen, sie aussterben zu lassen. So wie bei der Sklavenbefreiung in den Südstaaten der USA im 19. Jahrhundert noch vorgeschlagen wurde, man solle die Jahrhunderte davor aus Afrika entführten Menschen einfach dorthin zurückschicken, will man nun die domestizierten Tiere aus der Gesellschaft entfernen. Die Befreiung der

Kuh an der Kette im Stall solle so aussehen, dass ihre Nachkommen einfach – wenn auch mehr oder weniger gewaltfrei – aus der Welt geschafft werden, indem man alle Kühe an der Fortpflanzung hindert.

Doch diese Position übersieht den Umstand, dass wir alle keine vollständig unabhängigen Wesen sind, die ohne die Hilfe der anderen leben können. Es gibt nicht den Fall des autonomen »Normalmenschen«, der als einziger unabhängig ist, und dem die aus der Norm fallenden Anderen angepasst werden müssen, so gut es geht. Donaldson und Kymlicka (2013) analysieren dazu die Bewegung für Rechte von Behinderten und sehen hier eine parallele Problematik. Auch diese Personen würden nicht als vollwertig gesehen, weil sie diese oder jene Fähigkeit eines »Normalmenschen« nicht hätten. Doch in Wirklichkeit sind wir alle voneinander abhängig, die einen zu gewissen Zeiten mehr, die anderen zu gewissen Zeiten weniger, alle in gewissem Ausmaß und alle zu gewissen Zeiten sehr stark, sei es in der Kindheit oder im hohen Alter. Donaldson und Kymlicka plädieren deswegen dafür, die Stellung in der Gesellschaft nicht nach einer Norm auszurichten. Entstand nach dem Ende der Sklaverei eine pluralistische multi-ethnische Gesellschaft, so soll es nach der Tierbefreiung eine genuine Multi-Spezies-Gesellschaft geben, in der auch die Tiere nach ihren Möglichkeiten und in ihren Abhängigkeiten gleichberechtigt und so autonom wie möglich leben können.

Das betrifft zunächst einmal die sogenannten Nutztiere, die von ihrer Situation her am meisten von einer Befreiung profitieren sollten. In welcher Form könnten diese Tiere weiterexistieren, sodass ihre Grundrechte beachtet werden? Pferde haben in unserer Gesellschaft zwar keine Rechte, aber mit dem Einsatz von Maschinen in der Landwirtschaft haben sie ihren Nutzen großteils verloren. Dass es dennoch viele Pferde gibt, ist nicht allein auf die neue Erschließung weiterer Nutzungsmöglichkeiten zurückzuführen. Viele Menschen leben mit Pferden in einer Beziehung, die ihnen weitgehende Freiheiten lässt. In Gnaden- bzw. Lebenshöfen, wie im Tierparadies Schabenreith in Oberösterreich, haben ehemalige Nutztiere autonome Lebensmöglichkeiten gefunden. Den 26 Schweinen im Tierparadies werden 10 Hektar Wald- und Wiesenfläche geboten, zu denen sie ununterbrochen Zugang haben. Zusätzlich stehen ihnen Buchten mit ausreichend Einstreu zur Verfügung, in denen sie es sich warm und weich einrichten können. Das Platzangebot ermöglicht es, soziale Beziehungen zu pflegen und sich auch, wenn gewünscht, aus dem Weg zu gehen. Es ist davon auszugehen, dass die Tiere dort eine Lebensqualität vorfinden, die durchaus in ihrem Sinne ist und ihr Leben lebenswert macht. Sie haben so viel an Autonomie, wie unter den gegebenen Bedingungen möglich.

Doch Donaldson und Kymlicka stellen auch die Frage, ob nicht gewisse Nutzungsformen mit Tierrechten kompatibel sind. Der kategorische Imperativ schließt ja nicht aus, auch als Mittel zum Zweck zu dienen, solange das nicht ausschließlich geschieht und das Wesen nicht auch als Zweck an sich respektiert wird. Wenn ich einen Menschen frage, wie spät es ist, reduziere ich diesen Menschen für mich zu einer Uhr. Es ist im Austausch unter autonomen Wesen, die sich gegenseitig respektieren, durchaus möglich, gewisse Dienstleistungen zu geben und Zuwendungen zu nehmen. Auch die Lohnarbeit wird durch den kategorischen Imperativ nicht unmöglich gemacht. Donaldson und Kymlicka meinen, dass Schafen, denen ein Leben geboten wird, wie oben für Schweine im Tierparadies beschrieben, durchaus auch die Wolle genommen werden könnte, sofern das gewaltfrei und schonend geschieht, insbesondere weil das dichte Fell in den heißen Sommermonaten für sie zur Belastung wird. Viele Gnadenhöfe müssen ihre Schafe in jedem Fall scheren und es sei daher in deren Sinne. Ob man die Wolle auch nutzt, würde keinen Unterschied machen. Sollte es im Rahmen einer Beziehung zwischen den Schafen und ihren Bezugsmenschen möglich sein, in einer Weise Wolle zu gewinnen, die sie zumindest auch als Zwecke an sich respektiert, wäre das grundrechtskompatibel und dagegen nichts einzuwenden.

Wenn wir von der Nutzung von Tieren sprechen, und ergründen wollen, ob sie in ihrem Sinne sein kann, dürfen wir weder wirtschaftliche Ansprüche gegen die Lebensqualität der Schafe ausspielen, noch das Leben, das ihnen geboten wird, damit vergleichen, ob ihnen das nicht lieber wäre, als gar nicht zu existieren. Man kann nicht ein Kind mit dem Hintergedanken zur Welt bringen, es für eine Tätigkeit zu nützen, und das damit zu rechtfertigen, dass es sonst ja nicht auf der Welt wäre. Ab dem Zeitpunkt der Geburt ist das Kind als eigenständiges Wesen mit Grundrechten zu sehen, dem ein möglichst gutes Leben geboten werden muss. Dasselbe gilt analog für diese Schafe, ihre Lebensqualität hat absoluten Vorrang, und wenn sie mit einer kommerziellen Nutzung inkompatibel ist, gibt es eben keine. Vermutlich ist es nicht möglich, derart ganze Industriezweige zu versorgen und Wolle würde ein Randprodukt bleiben. Aber die kommerzielle Nutzung an sich kann nicht nur deshalb abgelehnt werden, weil dadurch potenziell, aber nicht zwingend faktisch, eine Ausbeutung drohe.

Am Schottenhof im Wienerwald leben einige Hühnergruppen von je etwa einem Dutzend Tieren jeweils mit einem Hahn. Sie können vollkommen frei herumlaufen, ihre Reviere reichen bis tief in den Wald. Die Hähne halten untereinander Abstand, interagieren aber sehr intensiv mit ihren Hühnern. Den Tieren wird an Lebensqualität alles geboten, sie haben einen frei zugänglichen Stallbereich und auch viel Kontakt zu Menschen, weil der Schottenhof eine pädagogische Funktion erfüllt. Die Hühner legen regelmäßig – befruchtete – Eier, um die sie sich mehrheitlich nicht kümmern. Diese werden aus den Nestern entfernt und an andere Tiere am Schottenhof verfüttert. Ähnlich gehen viele Gnaden- und Lebenshöfe mit den Eiern ihrer Mitbewohnerinnen um. Es scheint durchaus denkbar, mit Hühnern in dieser Form zusammenleben zu können und ihre Eier zu nutzen, ohne deshalb ihre Grundrechte zu verletzen.

Selbstverständlich ist es ausgeschlossen, weder die Schafe noch die Hühner in diesen Beispielen zu töten, etwa weil sie weniger Produkte liefern. Voraussetzung für einen Respekt ihres Status als Zweck an sich ist ein Leben bis zum natürlichen Tod. Wie, allerdings, könnte dann die Vermehrung stattfinden? Es würde genügen, einige der befruchteten Eier nicht zu entfernen und die Hennen sie einfach ausbrüten zu lassen. Der Eingriff in die Fortpflanzung ist damit gerechtfertigt, dass die Hühner ja in einer gewissen Abhängigkeit leben und sich deshalb nicht beliebig fortpflanzen können. Der kleinste Kompromiss wäre dann, ihnen einfach die Eier zu nehmen. Ihr Sexualleben ist davon unberührt. Da aber das Geschlechterverhältnis voraussetzt, dass jeweils ein Hahn mit mehr als 10 Hennen zusammenlebt, müsste es ein Screening der Eier nach dem Geschlecht der darin befindlichen Embryos geben.

Wäre eine grundrechtskompatible Haltung von Rindern möglich, von denen man Milch gewinnen kann, und bei der die Autonomie der Tiere maximal gewahrt bleibt? Martin Ott (2012) hat dazu ein einfühlsames Buch mit dem Titel *Kühe verstehen* geschrieben. Voraussetzung wäre zunächst einmal ausreichend Grasland ohne Kraftfutter und keine Anbindevorrichtung im Stall. Die Kühe leben dabei in der Gruppe jeweils mit einem Stier zusammen. Die Tiere dürfen keinesfalls enthornt werden. Natürlich ist dieser Aspekt selbstverständlich, wenn man die Autonomie der Tiere respektiert, doch Ott (2012) liefert zusätzlich eine Reihe von Forschungsergebnissen, die zeigen, wie wichtig Hörner für Kühe sind: sie kämpfen weniger, kommunizieren besser und benutzen die Hörner auch als Werkzeug. Wenn die Kühe Kälber gebären, müssen diese bei den Müttern bleiben können. Heutige Kühe geben so viel Milch, dass leicht noch einiges für den Menschen übrig bleibt. Zusätzlich werden die Kühe, wenn sie mit ihren Kälbern zusammenleben, viel später erst wieder fruchtbar. Abgesehen davon ist es für die mentale Entwicklung von Kälbern sehr wichtig, nicht isoliert zu werden. Gaillard und andere (2014) haben nachgewiesen, dass Kälber in sozialer Haltung sich kognitiv besser entwickeln und Denkaufgaben leichter lösen können, als von ihren Müttern getrennte Einzeltiere.

Wäre diese Form der Haltung möglich, ohne die Autonomie und Grundrechte der Kühe und Stiere zu verletzen? Das größte Problem dürfte darin bestehen, die Anzahl der Kühe in Grenzen zu halten und dabei sicher zu gehen, dass das Geschlechterverhältnis erhalten bleibt. Ob das mit einem embryonalen Screening oder mit Stierherden möglich ist, sei dahingestellt. Ott selbst hat kein Problem, die Tiere auch zu töten und zu essen, selbst wenn seine Kühe 16 Jahre und älter werden. Otts Vorbild reicht daher nicht, um eine grundrechtskompatible Milchkuhhaltung zu erreichen.

In jedem Fall würde die Gewinnung von Tierprodukten in dieser Form nur in relativ geringem Ausmaß möglich sein und sehr teuer werden. Die Mehrheit der Gesellschaft müsste sowieso vegan leben. Am ehesten wären diese Tierprodukte noch für jene Mitglieder der Multi-Spezies-Gesellschaft notwendig, die sich nicht rein pflanzlich ernähren können, wie Katzen. Aber natürlich müssen ehemalige Nutztiere nicht ihr Lebensrecht dadurch erarbeiten, indem sie Produkte liefern. Wie bei Pferden ist davon auszugehen, dass sich auch bei diesen Tieren viele Menschen finden werden, die mit ihnen gerne zusammenleben, ohne daraus einen über die soziale Beziehung hinausgehenden Nutzen zu ziehen.

Sollte es aber Tiere geben, die in einer Art Arbeitsverhältnis mit ihren Bezugsmenschen stehen, so muss diesen Wesen auch eine Gewerkschaft beigestellt werden, die ihre Interessen politisch vertritt. Tierschutzorganisationen übernehmen heute schon sozusagen ehrenamtlich diese Funktion, allerdings nur als Sprachrohr für Tierinteressen in der Öffentlichkeit. Neben einer gesetzlich anerkannten Gewerkschaft sollte es daher auch ein Verbandsklagerecht geben. Dieses könnte umfassen:

- Die Berechtigung zur Feststellungsklage: Diese umfasst das Recht, ohne die Verletzung eigener Rechte geltend machen zu müssen, Klage auf Feststellung erheben zu können, dass Rechtsvorschriften von Bund, Ländern oder Gemeinden weder dem geltenden Tierschutzgesetz, noch anderen tierschutzrechtlichen Gesetzen oder der Verfassung widersprechen.
- Die Berechtigung zur Anfechtungsklage: Diese umfasst das Recht, ohne die Verletzung eigener Rechte geltend machen zu müssen, alle Genehmigungen, Erlaubnisse und Anordnungen bzw. die Unterlassung von Anordnungen, die einen tierschutzrechtlichen Bezug haben, gerichtlich anzufechten. Der Anfechtung kommt aufschiebende Wirkung zu.
- Die Berechtigung zu Verpflichtungsklagen: Diese umfasst das Recht, auf Basis der gerichtlichen Feststellung eines Widerspruchs zwischen Rechtsvorschriften von Bund, Ländern oder Gemeinden ein Gericht anzurufen, das die Verwaltung zu einer entsprechenden Revision der Rechtsvorschriften verpflichtet.

Kuksi – Autonomie und Bürgerrechte

Was hat das alles nun für Kuksi und andere Hunde für Konsequenzen? Sie sind ebenfalls, wie die sogenannten Nutztiere, domestiziert und ihre Vorfahren haben seit vielen Jahrzehntausenden mit Menschen zusammengelebt. Autonomie und ein Leben mit hoher Qualität bedeutet für sie nicht, auf der Straße oder gar im Wald ausgesetzt zu werden. So wie auch ich, soll Kuksi das Recht haben, in dieser Gesellschaft und auch in der Stadt gut und möglichst autonom leben zu können.

Das bedeutet zunächst, dass Hunde in einer Weise aufwachsen dürfen, in der sie ihre eigene Persönlichkeit entwickeln können. Dominanz und Hierarchie verhindern das. Hunde sollen essen können, wann sie wollen, genauso ruhig knurren dürfen, wenn ihnen etwas nicht passt, und keinen Befehlen gehorchen müssen. Dass Hunde immer anständig, still, unterwürfig und gehorsam zu sein haben, entspricht dem paternalistischen Tierschutzgedanken des 19. Jahrhunderts. Der zivilisierte Mensch bezwingt den unbändigen Hund, wie er sich die Natur gefügig macht, Wälder zu Parks umformt und die Wasserkraft in elektrische Energie umwandelt. Die logische Folge ist die Verdrängung der Hunde aus dem öffentlichen Raum, sie sollen unsichtbar werden, weil sie schmutzig, laut und wild seien. Das beginnt mit einer allgemeinen Leinenpflicht und endet mit Hundeverboten in Museen, Universitäten, Kirchen, Restaurants und Bädern. Als ich noch vor 30 Jahren studiert habe, konnte ich meinen Hundefreund in die Vorlesungen mitnehmen. Heute ist das längst verboten und dieses Verbot wird nicht einmal kritisch gesehen.

Doch auch die Konditionierung nimmt dem Hund seine Autonomie. Behandle ich ihn nicht als Mittel zum Zweck, wenn ich ihn an meine Bedürfnisse anpasse? Es ist sicherlich richtig, dass vieles, was wir Menschen und Hunde tun, auf Konditionierung basiert, die ohne bewussten Einfluss stattgefunden hat. Ich esse sehr gerne Grieskoch, weil ich damit das Gefühl von Geborgenheit verbinde, das ich in der Kindheit beim Essen von Grieskoch empfunden habe. Dass ich gerne Grieskoch esse, ist eine Folge von Konditionierung.

Aufgrund irgendwelcher anderen Umstände wurde mir aber ebenfalls in der Kindheit ankonditioniert, heiße Tomaten zu hassen. Als ich mit meinem Studium begann und vom Behaviorismus erfuhr, wollte ich Konditionierung an mir ausprobieren. Ich setzte mich zunehmend heißer Tomaten aus, zuerst dem Anblick, dann dem Duft und schließlich dem Geschmack, und gab mir zeitgleich positive Reize durch Leckerlis oder einen schönen Film, der mich sehr interessierte. Es gelang ohne Schwierigkeiten: schon nach wenigen positiven Verstärkungen genoss ich heiße Tomaten und tue das bis heute.

Das ist die sogenannte Verhaltenstherapie: Verhaltensweisen, die uns selbst oder auch andere stören, entfernen wir durch Konditionierung. Dabei wird die Gefahr aber offensichtlich: durch Konditionierung kann unsere Persönlichkeit verändert werden, unter Umständen, ohne dass wir das wollen. Man nennt das Gehirnwäsche.

Durch Konditionierung können wir erreichen, dass unsere Vierbeiner lange still sitzen, nicht bellen, andere Leute nicht emotional begrüßen und nicht »betteln«. Für uns mag das tatsächlich bequemer sein, der Hund wird als »wohlerzogen« bezeichnet, aber haben wir nicht tief in die Persönlichkeit des Hundes eingegriffen? Ist er jetzt noch derselbe lustige, extrovertierte und emotionale Geselle wie vorher? Wie weit steht es uns zu, die Persönlichkeitsstruktur unserer Freunde zu verändern, ohne sie dazu zu befragen? Würden wir so mit unseren Kindern umgehen? Wenn nein, warum dann mit unseren Hunden?

Konditionierung mag unter gewissen Bedingungen, wie einer sehr problematischen Verhaltensstörung oder einer Neurose, seine verhaltenstherapeutische Berechtigung haben. Aber Konditionierung als »normales Lernen« einzusetzen, verändert die Persönlichkeit unserer Hunde einfach nach unserem Gutdünken und unterfordert ihren Verstand und ihr Bewusstsein. Konditionieren sollten wir Roboter. Ein Hund ist aber weitaus mehr. Er hat Bewusstsein und Autonomie, und ein Recht darauf, diese zu entwickeln und auszuleben.

Kuksi ist für mich natürlich ein ganz besonderer Hund, aber er hat keine besonderen Fähigkeiten, die ihn vor den meisten anderen Hunden auszeichnen würden, autonom leben zu können. Es ist sicherlich möglich, praktisch allen Hunden zu einer ähnlich weitgehenden Entwicklung ihrer Autonomie zu verhelfen. Dazu würde ich empfehlen, dem Hund beim Heranwachsen durch möglichst intensive emotionale Kommunikation und durch Stärken seines Selbstbewusstseins das Vertrauen zu geben, eigenständig Probleme anzugehen. Und je mehr er selbstständig seine eigenen Lösungswege findet, desto mehr ist er zu einem unabhängigen Leben in der Lage. Wichtig ist, dem Hund unter kontrollierten Bedingungen immer mehr Autonomie zu gewähren und ihm möglichst nie Befehle zu erteilen. Hunde haben eine große soziale Intelligenz, weshalb sie die feinen Nuancen der Kommunikation verstehen. Es ist ihnen sehr wichtig, dass sich ihre menschlichen FreundInnen wohl fühlen. Man sollte sich daher gegenseitig über die jeweiligen Bedürfnisse und Gefühle austauschen und so gemeinsam soziale Regeln erarbeiten, an die man sich hält.

Dafür wäre es wichtig, sich auf einem gleichberechtigten Territorium zu begegnen. Regelmäßig vieltägige Wanderungen in der Wildnis durchzuführen, stimmt Mensch und Hund aufeinander ab. Im täglichen Leben sollte man die

Gleichberechtigung anerkennen. Wer zuerst am Sofa sitzt, mahlt zuerst. Hunde haben dasselbe Recht auf Sicherheitsgurte im Auto. Es ist unhöflich, Essen nicht zu teilen. Niemand soll sich zurückversetzt fühlen, indem man ihm nur niedrige Sitzpositionen anbietet oder eine als störend empfundene Kommunikation einfach unterbindet. Probleme sollten nie ignoriert werden. Stattdessen geht man aufeinander ein und löst sie gemeinsam.

Hunde sollten möglichst nie an einer Leine gehen müssen. Sie können genauso mitbestimmen, was als nächstes geschieht oder wohin die Wanderung oder der Spaziergang geht. Der Hund entwickelt sich zu einem autonomen Wesen, wenn er zum Zusammenleben beitragen kann und möglichst viele Begegnungen mit anderen Menschen und Hunden eigenständig bewältigen darf. Das aktive Lehren sollte darin bestehen, das Verstehen des Hundes zu fördern. Beim freien, gemeinsamen Spiel entwickeln beide Partner die Regeln.

Autonomie bedeutet nicht eine Minimierung von Leid und Stress. Der Hund sollte möglichst immer und überall hin mitkommen dürfen. Besser Stress als Langeweile. Autonomie ist Stress, ob Kälte in der Wildnis oder Gefahren in den Bergen. Auch soziale Begegnungen können Stress bedeuten, doch das macht das Leben aus. Einsamkeit ist der Tod, Autonomie bedeutet Herausforderung und Action. Das ist viel wichtiger als dauernd frisches Wasser, ein regelmäßiges Essen und einen sauberen Schlafplatz zu bekommen.

Hundeexperte Adam Miklosi empfiehlt (Kitchenham 2014):

»Hunde, die ständig von ihren Menschen kontrolliert werden, haben größere Schwierigkeiten damit, eigenständig Lösungen für Probleme zu finden.« [...] »Das Problem ist, dass vielen Hunden nicht erlaubt wird, ihre Welt zu erleben, deshalb nehmen sie ihre Umgebung viel fragmentierter wahr. Sie verstehen dann vielleicht viel von dem, was in einem Agility-Parcours von ihnen verlangt wird, aber würden ohne ihren Menschen vor jedes Auto laufen. [...] Hunde, die im ländlichen Bereich leben oder von Menschen erzogen werden, die ihnen mehr Freiheiten lassen, gewinnen einen anderen Blick auf die Umwelt. Sie agieren autonomer, machen viele Erfahrungen – und lernen dadurch verschiedene Strategien zu entwickeln, um Ziele zu erreichen.«

Bei Spaziergängen mit Kuksi in der Stadt sind 99 % der Hunde, die uns begegnen, nicht nur angeleint, sondern müssen im Abstand zu ihren Bezugsmenschen gehen. Und wenn sie uns ohne Leine auf sie zukommen sehen, gibt's ein Geschrei, man wechselt panikartig die Straßenseite und reißt an der Leine und brüllt. Dabei hat Kuksi noch nie mit einem anderen Hund gekämpft, selbst wenn sie sich anbellen sollten. Ich plädiere mit Miklosi: Lasst Euren Hunden mehr Freiheiten, lasst sie eigenständig die Welt erleben, lasst sie selbst Erfahrungen machen, dann werden sie zu autonomen, selbstständigen Wesen, die stressfrei die Probleme meistern, die sich ihnen im Leben stellen! Ich bin absolut überzeugt davon, dass die allermeisten Hunde völlig friedlich miteinander auskämen, wenn man sie das versuchen ließe. An der Leine müssen sich Stress und emotionale Spannungen ergeben.

Doch darüber hinaus sollen Kuksi und andere Hunde ein juristisch verbrieftes Recht auf Autonomie haben. Das bedeutet für domestizierte Tiere wie ihn, ein Recht darauf, in dieser Gesellschaft ohne Leine und Betretungsverbote zu leben. Es mag dafür Ausnahmen geben, doch haben Hunde dasselbe Recht an einem Ort zu sein, wie wir Menschen. Die Gesellschaft wurde bislang für Menschen gemacht und Hunde müssen sich einfügen, möglichst ohne zu stören. In Zukunft sollte die Stadtplanung auch das Leben von Hunden berücksichtigen. Die Menschen haben sich an Hunde ebenso anzupassen wie umgekehrt. Wenn manche MitbürgerInnen damit nicht zurecht kommen, ist das nicht Kuksis Schuld und daher sind die Konsequenzen nicht von ihm zu tragen. Kuksi ist ein gleichberechtigter Staatsbürger und sollte ein Staatsbürgerschaftsrecht genießen.

Donaldson und Kymlicka (2013) orientieren sich an der Bewegung für Behindertenrechte und unterscheiden drei Funktionen von Staatsbürgerschaft. Da ist einmal das Recht darauf, überhaupt in der Gesellschaft leben zu können. Dazu kommt das Recht, dass die eigenen Interessen bei den politischen Entscheidungen berücksichtigt werden. Und zuletzt das Recht, sich aktiv am politischen Prozess beteiligen zu können. Donaldson und Kymlicka fordern nun alle drei Rechte für domestizierte Tiere ein.

Was auf den ersten Blick vielleicht absurd und widersprüchlich klingen mag, hat seine Berechtigung. Wir alle sind abhängig. Es wird in unser aller Namen Politik gemacht. Unser Einfluss darauf ist immer beschränkt. Und nicht anders geht es Kuksi. Auch wenn er nicht die politische Dimension verstehen mag, so ist er doch ein politischer Aktivist. Jedes Mal, wenn er ohne Leine Menschen und Hunde begegnet, plädiert er für seine Rechte. Durch seine aktive Beteiligung am sozialen Leben in der Gesellschaft nimmt er auch politischen Einfluss. Er ist kein Wesen zweiter Klasse, das unzulänglich agiert. Er kann sich artikulieren, für seine Interessen einstehen und zur Not durch einen Sachwalter vertreten lassen. Natürlich steht ihm nicht das Wahlrecht offen, aber die Hunde müssen eine politische Repräsentation erhalten, die für ihre Interessen eintritt, und sie sollten als echte Staatsbürger anerkannt werden. Das wäre die Vision einer Multi-Spezies-Gesellschaft.

Doch ein ernsthafter Konflikt ergibt sich dort, wenn Kuksi andere Lebewesen verletzen oder töten könnte, oder wenn die Gesellschaft für ihn zur Ernährung Tiere töten lassen müsste. Wenn Tiere in der Gesellschaft Grundrechte haben, wie hier argumentiert, ist ein solches Vorgehen ausgeschlossen. Zu seinen sozialen Regeln muss gehören, keine anderen Tiere zu schädigen, und es ist im Sinne von Immanuel Kants Moralregel, Freiheit nur dann einzuschränken, wenn sie die Freiheit anderer gefährdet, unsere Pflicht, ihn aktiv daran zu hindern.

Und das bedeutet auch, dass Kuksi vegan leben muss, wobei es ihm natürlich offensteht, gefundenes Aas zu verzehren. Kotrschal (2012) erklärt hinsichtlich der Ernährungsweise von Wölfen:

>»Wie Bären auch nehmen [Wölfe] erhebliche Mengen pflanzlicher Nahrung zu sich, sei es direkt, etwa durch süßes Obst im Herbst, wenn sie Zugang dazu haben, oder in Form von Darminhalten der von ihnen erbeuteten großen Pflanzenfresser. […] Menschen, Wölfen und Raben ist ihr breites Nahrungsspektrum gemeinsam, das von beinahe vollständig vegetarisch bis hin zu ausschließlich tierisch reicht. […] Wölfe ernähren sich zumindest zeitweise vorwiegend pflanzlich, sofern sie dazu Gelegenheit haben. Im Herbst etwa sind sie so sehr auf süßes Obst versessen, dass sie wochenlang davon leben können. Unsere Wölfe waren [… in einem Obstgarten] mit vielen alten Apfel-, Birn- und Pflaumenbäumen und reifem Obst von Juli bis November. Wochenlang nahm fast jeder Wolf mehrere Kilo Obst auf und vertrug das auch sehr gut. Das ging so weit, dass sie begannen, Obst selektiv zu pflücken.«

Im Jänner 2013 erschien in der renommierten Wissenschaftszeitschrift *Nature* ein Artikel von einer schwedischen Forschergruppe um Erik Axelsson von der Universität Uppsala, laut dem Hunde noch um Einiges mehr auf pflanzliche Kost eingestellt sind als Wölfe. Die WissenschaftlerInnen untersuchten 3,8 Millionen Genvarianten von 12 Wölfen aus Eurasien und Nordamerika und 60 Hunden verschiedener Rassen. 36 Segmente des Erbgutes mit 122 Genen weisen demnach starke Unterschiede zwischen Wölfen und Hunden auf. Darunter sind 19 Gene, die eine verschiedene Entwicklung des Gehirns mit sich bringen. In unserem Zusammenhang aber besonders interessant sind drei Gene, die bei Wolf und Hund verschieden sind, weil diese eine zentrale Rolle in der Verdauung spielen und den Hunden ermöglichen, pflanzliche Stärke wesentlich besser zu verarbeiten. Eines dieser Gene produziert ein Enzym, das die Stärke sehr effizient in einfachere Zucker aufspaltet, ein anderes ermöglicht die Aufnahme durch die Darmwand. Insbesondere der Grad der Effizienz zeige, so die AutorInnen, dass diese Gene unter starkem Selektionsdruck gestanden sein müssen. Das würde bedeuten, dass Hunde zumindest in den letzten 12.000 Jahren mit einem relativ hohen Anteil an pflanzlicher Kost in ihrer Ernährung konfrontiert waren. So haben sie sich evolutionär durch eine Änderung ihres Verdauungssystems darauf eingestellt.

Diese Veränderungen seien bei allen Hunden, aber bei keinem Wolf gefunden worden. Die WissenschaftlerInnen stellen fest, dass sich ähnliche Veränderungen in der Fähigkeit, pflanzliche Stärke zu verdauen, auch beim Menschen seit Beginn des Ackerbaus eingestellt hätten. Ein wesentlicher Schritt in der frühen Phase der Domestizierung von Hunden sei demgemäß die Anpassung an pflanzliche Ernährung gewesen.

Kuksi lebt seit bald 7 Jahren vegan, sein Vorgänger bei mir zu Hause praktizierte das ebenfalls. Wir haben immer wieder Gesundheitschecks durchgeführt und dabei wurde jedes Mal ein guter Ernährungszustand ohne Anzeichen von Mangel gefunden. Ich vermute daher, dass Hunde gesund vegan leben können. Ihrer Partizipation in der Multi-Spezies-Gesellschaft auf dieser Basis steht nichts im Weg.

Bei domestizierten Tieren aber, die entweder darauf angewiesen sind, in Käfigen oder Buchten zu bleiben, oder die aus gesundheitlichen Gründen unbedingt Fleisch essen müssen, ist die Situation viel problematischer. Möglicherweise kann man auf Tierprodukte ausweichen, die in einer grundrechtsverträglichen Form entstanden sind, wie oben beschrieben, oder auf Aas von Wildtieren oder auf künstlich hergestelltes Fleisch. Die wissenschaftliche Entwicklung zu Letzterem ist sehr vielversprechend, die ersten künstlichen Fleischburger wurden bereits unter großer medialer Aufmerksamkeit vor laufenden Kameras verkostet. Nützt das aber alles nichts, plädieren Donaldson und Kymlicka (2013) dafür, diese Tiere, sollten sie nicht ausgewildert werden können, aussterben zu lassen.

Die Vermehrung von domestizierten Tieren, die gesund vegan und frei leben können, darf aber, wie bei den ehemaligen Nutztieren, kontrolliert werden. Selbstverständlich sind Zucht und Handel mit Hunden ausgeschlossen. Doch Hunde, die mit Menschen zusammen leben, könnten sich mit anderen Hunden aus der Nachbarschaft verpaaren, ihre Kinder aufziehen und ab einem Alter von 1-2 Jahren ziehen lassen. Zumindest Donaldson und Kymlicka sehen darin eine Möglichkeit, Hunde in unserer Multi-Spezies-Gesellschaft zu erhalten.

Und für Hunde gilt, wie für die ehemaligen Nutztiere auch, dass grundrechtsverträgliche Nutzungsformen, wie als Blinden-, Therapie- oder Herdenhunde, durchaus denkbar wären. Solange sie allerdings, wie ja auch Julius und andere (2014) schreiben, jederzeit das Recht haben, aus dem Arbeitsverhältnis auszusteigen.

Hiasl – Sachwalterschaft und tierliche Person

Der Verbleib meines Schimpansenfreundes Hiasl im Wiener Tierschutzhaus ist bis auf Weiteres gesichert, die Finanzen haben sich konsolidiert. Rosi und er haben ein relativ komfortables Gehege mit Innen- und Außenbereich, den sie immer betreten können. Allerdings sind sie als soziale Wesen aufeinander und auf die wechselnden PflegerInnen angewiesen. Vielleicht wäre ein Umzug zu den Schimpansen in Gänserndorf eine Option?

Doch es besteht ein wesentlicher Unterschied darin, durch Mildtätigkeit und Benevolenz ein gutes Leben zu erhalten, oder durch Rechte. Hiasl ist ein autonomes Wesen, ein Zweck an sich, dem Grundrechte zustehen. Immanuel Kant betont zurecht, dass die Abhängigkeit vom guten Willen anderer der eigenen Freiheit widerspricht. Selbst wenn das in den praktischen Konsequenzen keinen Unterschied machen würde, fordert Kant die Anerkennung von Rechten und deren gesetzlichen Schutz.

Zunächst einmal ist Hiasl keine Sache und kann daher auch niemandes Eigentum sein. Als Zweck an sich ist er frei und darf nicht unter der Bestimmung anderer stehen. Das bedeutet allerdings nicht, dass für Hiasl die Gehegetüren aufgehen müssten. In der menschlichen Gesellschaft gibt es viel Erfahrung im praktischen Umgang mit Personen, die in verschiedenem Ausmaß nicht eigenständig lebensfähig sind. In Fällen, wie bei Hiasl, widerspricht es nicht deren Grundrecht auf Freiheit, sie zum Schutz vor sich selbst und anderen Personen daran zu hindern, zu tun und lassen, was sie wollen. Das sieht das Gesetz auch für Menschen vor.

Doch kein Mensch kann von einem anderen besessen werden. Im Gegenteil, Menschen können Eigentum besitzen, egal welche kognitiven Eigenschaften sie haben. Als autonome Wesen steht ihnen dieses Recht zu. Kant leitet es auch aus dem Schutz der Freiheit des Individuums ab. Das Eigentumsrecht ermöglicht es dem autonomen Wesen, mit Dingen, die es verwendet und damit in Besitz genommen hat, ungestört durch andere nach Willkür umgehen zu können. So ist das im Zivilrecht verankert.

Hiasl sollte Dinge besitzen können. Da wären etwa seine Kunstwerke und Malereien zu nennen. Es gibt verschiedentlich Beispiele von Kunstwerken von Tieren, die am Kunstmarkt hohe Preise erzielt haben, wie jene der Wiener Orang-Utan-Frau Nonja und von verschiedenen Elefanten (Gucwa und Ehmann 1985). Nun könnten auch Hiasls Kunstwerke verkauft werden und das Geld ihm persönlich zukommen. Für Hiasl sollte man auch ein Spendenkonto einrichten und Geld sammeln, das vielleicht für Verbesserungen im

Gehege oder auch für seine Erhaltungskosten verwendet werden kann. Hiasl würde so von allen wirtschaftlichen Schwierigkeiten des Tierheims selbst unabhängig werden.

Damit seine finanziellen Geschäfte geregelt werden, benötigt er einen Sachwalter. Wieder kann man dafür auf die langen Erfahrungen in der menschlichen Gesellschaft zurückgreifen. Das Sachwaltschaftsgericht kann SachwalterInnen für Personen bestellen, die spezifische Funktionen erfüllen. Typisch ist jedenfalls die Kontrolle der Finanzen. SachwalterInnen können Verwandte oder Bekannte sein, oder auch unabhängige RechtsanwältInnen.

Hiasls Sachwalter könnte auch in seinem Namen Gerichtsprozesse führen, gegen eine etwaige Delogierung oder um Schadensersatz für das, was ihm von der Tierversuchsindustrie angetan worden ist. Würde Hiasl Geld lukrieren, mag er sich via Sachwalter sein eigenes Heim kaufen und einrichten. Dazu stünden alle Möglichkeiten offen und er wäre jedenfalls von der Barmherzigkeit idealistischer Menschen unabhängig und im Kant'schen Sinne frei.

Voraussetzung für eine Sachwaltschaft ist aber Rechtssubjektivität und ein Personenstatus. Das Tierschutzgesetz verhindert, dass Hiasl in Österreich in Tierversuchen oder in Tierzirkussen verwendet werden kann. Es begründet damit ein sogenanntes objektives Recht, mit Hiasl als Rechtsobjekt. Doch das ist von einem subjektiven Recht grundlegend zu unterscheiden. Als Rechtssubjekt kann Hiasl rechtlich selbst aktiv werden und die Durchsetzung seiner objektiven Rechte, wie seinen Schutz durch das Tierschutzgesetz, gerichtlich erzwingen. Für Stucki (2012) ist die Anerkennung von Tieren als Rechtssubjekten die konsequente Weiterentwicklung der bestehenden Rechtsdogmatik. Wie bei Menschen darf es dabei keine Anforderungen an ihre spezifischen mentalen Fähigkeiten geben, die die Tiere zu Personen machen. Das Vorhandensein von Bewusstsein ist die einzige Voraussetzung. Stucki betont, dass es bei Menschen keine reziproke Korrelation zwischen Rechtssubjekten und Pflichtsubjekten gibt. Die Rechte der Tiere sollten sich an ihren Fähigkeiten und Interessen orientieren. Stucki schlägt im Zivilrecht eine Klausel für tierliche Rechtssubjekte vor, wie sie bereits bei juristischen Personen existiert: »Tierliche Personen sind nur zu jenen Rechten fähig, die ihnen ihrer Natur nach zustehen können.«

Raspé (2013) stellt fest, dass das (deutsche) Zivilrecht bereits Tiere als eine eigene Kategorie neben den Sachen unter die körperlichen Gegenstände reiht (ebenso wie das österreichische Rechtssystem). Tiere haben damit zwar formaljuristisch einen Sonderstatus, in der zivilrechtlichen und strafrechtlichen Praxis aber werden sie wie Sachen behandelt. Unter der Kategorie Personen – nach unserem auf dem römischen Recht fußenden System gibt es nur Gegenstände und

Personen – finden sich ebenfalls zwei Unterkategorien: natürliche und juristische Personen. Letztere sind unter anderem Vereine oder Firmen. Sie zeichnen sich dadurch aus, dass sie strafrechtlich schuldunfähig sind und trotzdem als Person Grundrechte haben. Sie haben Rechte, aber nur bedingt Pflichten – ein Hauptargument gegen die Anerkennung von Tieren als Personen, die ja ebenfalls schuldunfähig wären. Im Fall juristischer Personen haben wir es mit einer Mischung aus Rechtssubjekt (Trägerinnen von Grundrechten) und Rechtsobjekt (juristische Personen können jemandes Eigentum sein) zu tun.

Raspé plädiert daher nun dafür, die Tiere aus dem Bereich der Gegenstände zu entfernen und für sie eine neue Kategorie unter den Personen zu schaffen: neben natürlichen Personen (Menschen) und juristischen Personen (Firmen, Vereine) soll es auch »tierliche Personen« (Wirbeltiere) geben. Diese tierlichen Personen würden unverändert Eigentum von Menschen sein können, sowie strafrechtlich schuldunfähig bleiben, aber eine Reihe von Rechten erhalten, die in ihrem Namen einklagbar wären. Als wesentlichstes Recht identifiziert Raspé aus den bestehenden Schutzgütern nach der geltenden Rechtslage das Recht auf körperliche Unversehrtheit, den Schutz vor körperlichen Leiden, psychischen Leiden und Schäden der körperlichen Integrität. Alle diese Schutzgüter finden sich im heutigen Tierschutzgesetz. Zentral dabei ist, dass die Verfassungsbestimmung – mittlerweile auch in Österreich – einen pathozentrischen Wert einführt: Tiere werden aufgrund ihrer Leidensfähigkeit in ihrem eigenen Interesse geschützt, nicht als Wert für die Menschen. Die Staatszielbestimmung Tierschutz ist damit der einzige nicht anthropozentrische Wert, der sich in der Verfassung findet und der praktisch die Existenz tierlicher Interessen anerkennt. Das mache Tiere zu tierlichen Personen.

Grundsätzlich ist die Re-Kategorisierung von Tieren als tierliche Personen ein Schritt in die richtige Richtung, doch geht er nicht weit genug. Raspé orientiert sich an der momentan bestehenden Pathozentrik und sieht deshalb keine Möglichkeit, Tieren den Status als Eigentum zu nehmen und ihr Recht auf Leben zu schützen. Doch die Autonomiefähigkeit der Tiere bringt nach dem gewendeten Kant genau diese Forderungen mit sich. Tiere müssten als Personen wie Menschen anerkannt werden, wobei sie tatsächlich schuldunfähig im Sinne des Strafrechts bleiben.

Auch hier gibt es ausreichend Erfahrungen in der menschlichen Gesellschaft. Im Jahr 2013 begann ein Buttersäureattentäter gegen TierschützerInnen sein Unwesen zu treiben. Bei insgesamt vier Vorfällen bespritzte er AktivistInnen mit dieser Säure, die nicht nur die Kleidung verstinkt, sondern auch die Augen verätzt. Mir persönlich hielt er einen Elektroschocker an die Hand.

Er wurde letztlich von TierschützerInnen festgehalten und der Polizei übergeben. Die Staatsanwaltschaft Wien stellte aber alle Verfahren ein, weil es »keinen Grund zur weiteren Verfolgung« gab. Ein Blick in den mehrere hundert Seiten langen Akt erklärt wieso. Ein psychiatrisches Gutachten attestiert dem Täter:

> »Aus psychiatrischer Sicht ist davon auszugehen, dass Herr L. auch diesmal in der subjektiven Gewissheit handelte, das Richtige zu tun. Die Tathandlung erfolgte wahngeleitet, ohne Einsicht in das begangene Unrecht. Hinweise auf erhöhte Gewaltbereitschaft, Affektdurchbrüchigkeit oder Störungen der Impulskontrolle finden sich nicht.«

Dabei hat Herr L. eine bemerkenswerte Vorgeschichte. Nachdem er im Sommer 2008 aus Ungarn nach Österreich gekommen war, beging er hier zwischen Juli 2008 und Mai 2009 in mindestens 53 Fällen Sachbeschädigungen im Gesamtwert von mehr als € 81.000. Ich habe mit diesem Herrn L. persönlich gesprochen und auf den ersten Blick wirkt er wie jeder andere Mensch auch. Er ist aber nicht schuldfähig, er kann TierschützerInnen mit Buttersäure bespritzen und mich mit einem Elektroschocker verletzen, aber geht als freier Mann davon, ohne auch nur einen Euro Schadensersatz oder Schmerzensgeld zahlen zu müssen oder bestraft zu werden. Interessant dazu die Schlussbemerkung der psychiatrischen Gutachterin nach dem letzten Anschlag: Herr L. zeige keine Gewaltbereitschaft und könne seine Impulse kontrollieren.

Bei zahlreichen Diskussionen über Tierrechte hielt man mir entgegen, dass mit Rechten immer auch Pflichten einhergingen. Wieso sollten Tiere ein Recht auf Unversehrtheit haben, aber andere verletzen dürfen? Hier haben wir nun das beste Beispiel, wie das geht: Herr L. darf uns verletzen, ohne dass ihm etwas passiert, aber er genießt – zurecht! – ein volles Recht auf Unversehrtheit. Hier haben wir ein Wesen mit Sprache, das frei herumlaufen darf und alle Menschenrechte hat, und dennoch grundsätzlich nicht schuldfähig ist, denn er hat keinerlei Pflichten. An diesem Beispiel würde ich mich orientieren, wenn wir darüber sprechen, wie die tierliche Person konzipiert werden soll.

Im Mittelalter bis in die frühe Neuzeit wurden Gerichtsprozesse gegen Tiere geführt. Hier wurden Tiere als Pflichtobjekte behandelt, die für ihre Pflichtverstöße wie Menschen bestraft wurden. Sie hatten aber keinerlei Rechte, wie im Übrigen die meisten Menschen zu dieser Zeit auch nicht. Bei den Tierstrafen standen religiöse Vorstellung von Schuld und Sühne im Vordergrund, die symbolisch befriedigt werden mussten (Fischer 2005). Die einstmalige Situation ist der Forderung von Tieren als Rechtssubjekten diametral entgegengesetzt: damals hatten Tiere Pflichten, aber keine Rechte, heute sollen sie Rechte bekommen, aber keine Pflichten.

Neben grundsätzlichen Überlegungen ist einer der praktischen Gründe, dem Tier den Status eines Rechtssubjekts und einer Person zu geben, das Vollzugsdefizit im Tierschutzrecht. Nur die allerwenigsten Anzeigen werden verfolgt. Dazu kommt nicht nur, dass der Strafrahmen nach dem Tierschutzgesetz weit unter dem eines einfachen Diebstahls und nur leicht über der einer Beleidigung liegt. Statistiken aus Deutschland zeigen, dass im Vergleich zu den nach anderen Paragraphen des Strafrechts verhängten Pönalen, Strafen wegen Tierquälerei weniger als halb so häufig verhängt und doppelt so häufig zur Bewährung ausgesetzt werden (Raspé 2013). Deshalb wäre es zusätzlich wichtig, Tieranwaltschaften einzuführen, die im Namen von Tieren in Verfahren sowohl nach dem Strafrecht als auch nach dem Verwaltungsrecht eingreifen dürfen. In den Jahren 1992–2000 gab es einen Tierschutzanwalt in strafrechtlichen Prozessen im Kanton Zürich in der Schweiz. In Österreich sind in allen Bundesländern Tierschutzombudschaften eingerichtet, die in allen Verwaltungsverfahren (z. B. Genehmigungen von Veranstaltungen mit Tieren) und Verwaltungsstrafverfahren (z. B. wegen Tierquälerei nach dem Tierschutzgesetz) Akteneinsicht haben und sich auf Seiten der Tiere am Prozess beteiligen können. Sie haben die Möglichkeit, gegen ein Urteil in erster Instanz zu berufen, der Weg zum Höchstgericht ist ihnen aber verwehrt.

Diese Maßnahmen, so positiv sie sein mögen, bleiben aber Makulatur. Tiere haben das Recht darauf, als gleichwertige Personen anerkannt zu werden und dieser Schritt wäre rechtlich unbedenklich, wie man aufgrund der Erfahrungen in der menschlichen Gesellschaft konstatieren kann.

Wildtiere in Selbstorganisation

Alle Tiere mit Bewusstsein haben zumindest in irgendeiner Form eine Autonomie und sind mit Kant daher als Zwecke an sich zu behandeln. Doch Grundrechte und ein Personenstatus lassen sich nur für Tiere ableiten, die in der menschlichen Gesellschaft leben, zunächst nur für domestizierte Tiere. Wildtiere, insbesondere in einem intakten, selbstorganisierten Ökosystem, leben unabhängig von einer menschlichen Gesellschaft und daher außerhalb unseres Rechtssystems.

Zwar gibt es weltweit nur noch sehr wenige wirklich von Menschen unberührte und unbenutzte Naturlandschaften, doch für diese kann man wenigstens einmal paradigmatisch einen Rechtsstatus formulieren. Wieder können wir uns Anleihen aus der Erfahrung mit menschlichen Gesellschaften nehmen. Stucki (2012) weist darauf hin, dass internationale Organisationen im Rahmen des Völkerrechts als eigene Rechtssubjekte gelten. Raspé (2013) schlägt vor, dass Wildtierpopulationen in einem Ökosystem als Kollektiv als tierliche Person gelten könnten und so im nationalen Recht Berücksichtigung finden würden. Donaldson und Kymlicka (2013) ziehen einen rechtshistorischen Vergleich zum Verhältnis zwischen indigenen Völkern und den westlichen Zivilisationen. Wie dort nach internationalem Recht der Eingriff und die Kolonisation verboten sind, so sollte das auch für Wildtierpopulationen gelten. Sie haben das Recht, sich selbst zu organisieren. In der Wildnis gibt es eine Kultur, sie bedarf nicht der sogenannten Kultivierung durch den Menschen. Jede weitere Erschließung von Wildnisgebieten durch Menschen muss unterbleiben.

Hier zeigt sich wieder der Unterschied zwischen dem Respekt vor der Autonomie der Wildtiere und dem Versuch, Leid zu vermeiden. Bei individuellen Notsituationen oder kollektiven Katastrophen ist natürlich Hilfe geboten, allerdings sollte sie sich daran orientieren, möglichst rasch wieder zur Eigenständigkeit der Opfer zu führen. Für die normalen Probleme des Lebens sind Wildtiere gut gerüstet und sie können sie viel besser selbst bewältigen als durch einen menschlichen Eingriff von außen, der lediglich ihre Autonomie beschränkt. Er ist daher zu unterlassen, insbesondere im Zusammenhang mit Raubtieraktivitäten und natürlichen Nahrungszyklen.

Um Kants Erkenntnis von Wildtieren als Zwecken an sich gerecht zu werden, muss die Wildnis wie ein souveräner Staat behandelt werden, dem es frei steht, sich selbst in einer Weise zu organisieren, wie er das will. Wenn Wildtiere die menschliche Gesellschaft meiden, so ist das zu respektieren und sie sind in Ruhe zu lassen. Wenn, umgekehrt, Menschen in die Wildnis gehen, so ist das als Besuch zu sehen, der entsprechend respektvoll und ohne nachhaltige Änderungen vonstatten gehen muss. Eine etwaige Gefährdung der Menschen durch Wildtiere bei diesem Besuch ist als Risiko, dem man sich in der Wildnis nun einmal aussetzt, hinzunehmen.

Es wird sich sowohl die Situation ergeben, dass Menschen durch Wildnisbereiche reisen müssen, als auch umgekehrt, Wildtiere durch die zivilisierte Gesellschaft. Dabei muss mit Sorgfalt sichergestellt werden, dass diese Wanderungen möglichst ohne Schäden durchgeführt werden können. Maßnahmen können von Krötenzäunen bis zu bepflanzten Autobahnbrücken für den Wildwechsel reichen.

Viel problematischer als die Diskussion über intakte Ökosysteme ist jene über Naturgebiete, die vom Menschen genutzt und gleichzeitig von Wildtieren bewohnt werden, und natürlich die Mehrheit ihrer Reviere darstellen. Hier bedarf es einer Neuverhandlung der Nutzungsrechte und -arten, die mit einer politischen Vertretung der Wildtierpopulationen zu führen ist. Raspés Idee der Wildtierkollektive als einer tierlichen Person könnte hier hilfreich sein. Sowohl die Menschen als auch die Wildtiere haben gewisse Nutzungsrechte. Wichtig ist, dass diese möglichst gerecht aufgeteilt werden, ohne dass eine Seite ideologisch dominiert und ihre Interessen für wichtiger genommen werden. Gibt es mit Risiken verbundene Nutzungsformen, so sind diese nur zulässig, wenn die dadurch geschädigten Opfer nach Möglichkeit vermieden, und wenn unumgänglich, von der Gesellschaft kompensiert werden.

Einer der schwerwiegendsten Problemkreise im Kontakt zwischen menschlicher Gesellschaft und Wildtierpopulationen ergibt sich durch die Jagd. Da der Abschuss von Tieren zur Nahrungsmittelgewinnung oder Unterhaltung bzw. Tradition die Wildtiere als Mittel zum Zweck missbraucht, widerspricht er der moralischen Grundposition. Diese Art der Jagd ist ausgeschlossen. Doch die Jagd greift auch dahingehend massiv in die Wildtierpopulationen ein, indem sie jagdbare Wildarten füttert, in Gattern züchtet oder über den Winter einfängt und versorgt. Das Argument, dabei ginge es um Leidvermeidung, ist lediglich vorgeschoben. In Wirklichkeit will man möglichst große Abschusszahlen erreichen. Durch die Fütterung mit sehr energiereicher Nahrung werden die Trophäen spektakulärer und die Nachwuchszahlen größer. Die Wildtiere selbst leiden durch den immensen Stress der unnatürlichen Wilddichte, durch die hohe Anzahl an Unfällen mit Autos und durch das vermehrte Auftreten von Krankheiten und Parasitenbefall. Doch selbst wenn sich das Tierleid durch Winterfütterungen vermindern ließe, würde das die Wildtiere abhängig machen und ihrer Autonomie berauben. Daher ist jede Art von Fütterung, außer im Ausnahmefall einer besonderen Katastrophe, zu unterlassen.

Doch die Jagd dient auch der Populationskontrolle, wenn die Ökosysteme durch menschlichen Einfluss ihre Selbstregulationskraft verloren haben. Das gilt aber für die allermeisten Tiere nicht, mit Ausnahme vielleicht der Paarhufer, bei denen die Umstände noch nicht ausreichend geklärt sind. In Mitteleuropa wandern momentan Wölfe, Bären und Luchse ein und etablieren überall eigene Standorte. Diese Entwicklung könnte dazu beitragen, die Ökosysteme wieder zu stabilisieren und zu selbstregulierten Einheiten zu machen. Dass diese Großraubtiere ständig widerrechtlich abgeschossen werden, verhindert diese Möglichkeit. Die etwa 30 Bären, die im Grenzgebiet von Niederösterreich und der Steiermark noch in den 1990er-Jahren gelebt haben, sind alle aus reiner Jagdlust durch die Jägerschaft ausgerottet worden. Eine Abwägung der Leidensmenge, ob Paarhufer besser von Raubtieren gegessen oder menschlichen

JägerInnen getötet werden sollen, erübrigt sich. Die Autonomie der souveränen Wildtiergemeinschaft ist das höchste Gut.

Auch Paarhufer wie Wildschweine, Hirsche, Rehe und Gämsen können ihre Bestände im Normalfall selbst regulieren. Da aber fast überall in Österreich zum Teil auch ganzjährig gefüttert wird, explodieren die Tierzahlen. Ohne zusätzliche Nahrung würden bei einem Engpass im Winter entweder bereits gebildete Embryos wieder im Körper der Mütter reabsorbiert oder jene weiblichen Tiere, die die schlechteste körperliche Verfassung haben, in der jeweiligen Saison gar nicht fruchtbar. Durch die Winterfütterung wird dieser natürliche Prozess der Bestandskontrolle ausgehebelt und die Anzahl der Tiere ist für die Tragfähigkeit des Waldes zu hoch. Die weitergehenden Folgen sind (Lieckfeld 2012)

- großflächig durch Sturm entwurzelte Waldareale, weil die flachwurzelnde Fichte als einziger Baum dem Verbiss am ehesten entgehen kann,
- Überschwemmungen, weil die flachwurzelnden Fichten eine viel geringere Humusschicht halten können und dadurch die Aufnahmefähigkeit von Regenwasser durch den Boden dramatisch sinkt,
- große Lawinen, die den Wald zerstören, weil der Hochwald nicht mehr verjüngt und so Schneerutschen nicht wiedersteht, und
- eine größere Gefährdung durch die Klimaerwärmung, weil die Fichtenmonokulturen nur bei kälteren Verhältnissen die Kraft haben, den Befall durch Borkenkäfer abzuwehren.

Bisher wurden noch zu wenige Daten erhoben, um klären zu können, welche Maßnahmen hier Abhilfe schaffen. Ein allgemeines Fütterungsverbot wäre auf jeden Fall der wichtigste Schritt. Sollte darüber hinaus eine ernsthafte Gefährdung des Waldes bestehen, wäre eine Regulierung der Paarhuferbestände durch Verabreichung von Verhütungsmitteln über Luftdruckpfeile eine Möglichkeit. In jedem Fall ist die gewaltfreieste Form des Eingriffs zu wählen.

Ein derartiger Konflikt wird aber besonders schlagend, wenn es um Nutzungskonkurrenz geht. Hohe Populationsdichten von Paarhufern werden die forstwirtschaftliche Verwertung eines Waldes beeinträchtigen. Ebenso können Wildschweinrotten die landwirtschaftlichen Erträge bedrohen. Das Ausmaß der Nutzung der Natur muss, wie bereits besprochen, angesichts des geänderten Status der Tiere neu verhandelt werden. Es ist jedenfalls nicht so, dass alles, was bisher vom Menschen genutzt wurde, einfach weiterhin genutzt werden kann. Den Wildtieren müssen mehr Freiräume und mehr Ressourcen zugebilligt werden. Aber der Multi-Spezies-Gesellschaft steht ein gewisses Nutzungsrecht zu, um zu überleben, das sie zur Not auch durchsetzen darf. Die Wildtiere sind dabei ja nicht Mittel zum Zweck, sondern KonkurrentInnen.

Im Kanton Genf in der Schweiz wurde die Jagd vollständig abgeschafft. Diejenigen, die von der Regierung mit dem Schutz der Natur und der landwirtschaftlichen Erträge beauftragt sind, verhindern Schäden in erster Linie durch Elektrozäune. Erst als allerletzte Notmaßnahme sind Abschüsse vorgesehen, die aber weder mit dem üblicherweise mit der Jagd einhergehenden traditionellen Getue, noch nach Kriterien der Weidgerechtigkeit, die in erster Linie den ritterlich fairen Kampf Mensch gegen Wildtier im Auge haben, durchgeführt werden. Stattdessen wendet man Methoden an, die möglichst rasch, schmerzlos und effektiv sind. Es gibt keine Trophäenschauen und keine Streckenlegung (Aufreihung der getöteten Tiere), kein Totenblasen und keinen Zweig im Mund des toten Tiers. Diese Art der Populationskontrolle, die in der Praxis nur Wildschweine betrifft, hat mit der herkömmlichen Jagd nichts mehr gemeinsam und ist ein großer Schritt in die richtige Richtung. Die Zukunft wird weisen, in welcher Form der Konflikt um Nutzungsrechte zwischen Menschen und Wildtieren möglichst gewaltfrei gelöst werden kann.

Neben Wildtieren und domestizierten Tieren gibt es aber auch noch Kulturfolger, Tiere, die zwar unabhängig leben, aber die Zivilisation der Menschen aufsuchen. Dazu gehören Mäuse und Ratten, aber auch Tauben, Enten, Schwäne und viele Tierarten, die in der Stadt bestens zurechtkommen. Selbst Füchse, Dachse, Marder, aber auch Wildschweine teilen mit den Menschen ihren urbanen Lebensbereich.

Donaldson und Kymlicka (2013) meinen, dass diese Tiere neben den Grundrechten auf Leben, Freiheit und Unversehrtheit, auch ein Bleiberecht in der Multi-Spezies-Gesellschaft haben sollen. Zwar würden für sie nicht jene Rechte gelten, die domestizierte Tiere zu Staatsbürgern machen, aber dennoch ist ihnen in der Gesellschaft ein Existenzrecht einzuräumen. Tatsächlich sind viele dieser Tiere wenig scheu, aber gleichzeitig sehr freundlich, sodass sie praktisch keine Gefahr oder Bedrohung darstellen, weder für Menschen oder andere Mitglieder der Multi-Spezies-Gesellschaft direkt, noch für deren Ressourcen. Die Populationsdichte von Füchsen an den städtischen Peripherien ist oft höher als in der umliegenden Landschaft, obwohl sie auch dort nicht bejagt werden. Dabei bleiben sie sehr unauffällig im Hintergrund. Es gibt keinen Grund, mit diesen Tieren nicht in eine friedliche Koexistenz zu treten. Gegenüber jenen Tieren allerdings, mit denen Nutzungskonflikte bestehen, ist eine gewisse Auseinandersetzung vermutlich unvermeidbar. Sie sollte aber, wie oben für Wildtiere beschrieben, möglichst fair und gewaltfrei ablaufen, wobei auch den Bedürfnissen und dem grundsätzlichen Lebens- und Bleiberecht dieser Tiere Rechnung getragen werden muss.

Zusammenfassung

Handle so, dass Du die Tiere niemals nur als Mittel zum Zweck, sondern immer auch als Zweck an sich respektierst. Dieser kategorische Imperativ, der für alle Tiere gilt, die ein Bewusstsein haben, erfordert drastische Änderungen in unserer Gesellschaft. Bisher galten Tiere als Sachen, ihre Nutzung war kein Problem, solange sie möglichst human geschah. Der schmerzlose Tod der Tiere war moralisch mehr oder weniger irrelevant. Der neue kategorische Imperativ betrifft verschiedene Tiere in unterschiedlichem Ausmaß. Für alle gilt aber, dass sie niemandes Eigentum mehr sein können.

Domestizierte Tiere bekommen nicht nur Grundrechte auf Leben, Freiheit und Unversehrtheit, sondern auch Staatsbürgerrechte. Sie gelten als gleichberechtigte Mitglieder in unserer Multi-Spezies-Gesellschaft. Sie werden als tierliche Personen und damit als Rechtssubjekte anerkannt, für die SachwalterInnen zu bestellen sind, wenn in ihrem Namen wirtschaftliche oder juristische Schritte gesetzt werden müssen. Diese Tiere können selbst auch Eigentum besitzen.

Für die ehemaligen Nutztiere gelten dieselben Maßstäbe. Unter Umständen sind gewisse Nutzungsformen denkbar, wenn das in einer symbiotischen Beziehung möglich ist, die ihre Grundrechte respektiert.

Sollten domestizierte Tiere nicht vegan leben können, wäre es möglich, auf Tierprodukte zurückzugreifen, die in obiger grundrechtskonformer Weise hergestellt wurden, oder alternativ auf Aas von Wildtieren oder im Labor hergestellte Muskelmasse. Für alle domestizierten Tiere, die nicht, wie im Jahr 2014 Rinder im Nationalpark Retezat in den rumänischen Südkarpaten, ausgewildert werden können, für die aber ein autonomes Leben unter den neuen Bedingungen in der Gesellschaft nicht möglich ist, scheint kein anderer Ausweg, als sie aussterben zu lassen, indem ihre Vermehrung unterbunden wird.

Wildtierkollektive und ihre Ökosysteme gelten als souveräne Territorien, die vom Menschen unangetastet bleiben müssen. Sie können sich selbst organisieren, für Interaktionen mit den westlichen Zivilisationen stehen die Mittel des Völkerrechts zur Verfügung. Bei Nutzungskonflikten mit den Menschen ist auf Basis dieses neuen Verständnisses von Tieren der jeweilige Bereich der Nutzung neu auszuverhandeln. Grundsätzlich kann der Mensch aber seine Versorgung sichern und Tiere verdrängen, die ihn davon abhalten wollen. Die Nutzungskonflikte müssen möglichst gewaltfrei und fair ablaufen.

Für die Menschen bedeutet das Leben in dieser neuen Multi-Spezies-Gesellschaft im Wesentlichen ein veganes Leben. Dazu gehört nicht nur eine Ernährung auf rein pflanzlicher Basis, sondern auch für Kleidung, Unterhaltung und medizinische Versorgung dürfen Tiere nicht lediglich als Mittel zum Zweck missbraucht werden. Diese Lebensform ist nicht nur praktisch möglich, sondern den Menschen auch zumutbar, zumal damit im Großen und Ganzen gesehen nur sehr geringfügige Änderungen verbunden sind.

EPILOG

Viele Wochen habe ich jetzt an diesem Buch geschrieben. Kuksi stupst mich mit der Nase an, er will spazieren gehen. Ich habe ihn sehr vernachlässigt und wenig Zeit für uns gehabt. Erstaunlich, wie verständnisvoll er ist. Aber ich habe ihm versprochen, dass jetzt alles ganz anders wird. Morgen schon werden wir auf eine große Wanderung gehen.

Dass Kuksi eine Person ist, ein Zweck an sich im Sinne von Immanuel Kant, und eine Autonomie besitzt, war mir immer selbstverständlich. Heute früh haben wir wieder ein Verhaltensexperiment gemacht. Kuksi saß auf einer Seite einer Wand am Dachboden, ich auf der anderen, ohne direkten Sichtkontakt. Uns gegenüber habe ich einen großen Spiegel aufgebaut, durch den er mich sehen konnte. Ich zeigte Kuksi ein Leckerli. Um mich standen einige Gegenstände. Ich hob einen Schuh auf, hielt ihn in den Spiegel und legte das Leckerli hinein. Kuksi betrachtete mich durch den Spiegel aufmerksam. Dann rief ich »hoppi« und Kuksi schoss um die Ecke, direkt auf den Schuh zu, und holte sich das Leckerli heraus. Ich habe dasselbe Experiment wiederholt, indem ich das Leckerli in anderen Gegenständen versteckte. Immer fand Kuksi es auf Anhieb.

Kuksi kann Spiegel zur Problemlösung benutzen. Er versteht, dass sie die Wirklichkeit reflektieren. Er sucht weder mich noch das Leckerli hinter dem Spiegel, sondern um die Ecke hinter der Wand. Kuksi sieht auch sich im Spiegel. Er reagiert nicht, als würde er einen fremden Hund sehen. Er ignoriert sich. Das Spiegelbild riecht ja auch nach nichts. Was denkt er also, wenn er sich sieht? Er kennt die Reflexionseigenschaft des Spiegels und sieht einen Hund, der ihm egal ist. Kuksi interessiert sich auch nicht für das Aussehen seiner engen FreundInnen. Einmal wurde eine seiner Freundinnen von einer Wespe ins Gesicht gestochen und die Schwellung nahm solche Ausmaße an, dass ich sie selbst nicht mehr wieder erkannte. Kuksi verhielt sich, als ob nichts geschehen wäre. Er erkannte seine Freundin sofort. Das entstellte Gesicht war für ihn nicht relevant. Weist das nicht alles darauf hin, dass sich Kuksi sehr wohl im Spiegel erkennt? Mittlerweile hat man das ja auch bei Krähen und Elstern nachgewiesen.

Aber egal, damit steht und fällt mein Argument nicht, auch wenn ich die Frage interessant finde. Da passt schon unser Erlebnis heute Nacht besser dazu. Momentan sind die männlichen Füchse der Umgebung offenbar auf Partnerinnensuche. Immer wieder taucht einer auf, setzt sich deutlich sichtbar hin und schreit furchtbar laut. Heute Nacht um 2 Uhr erschien dieser Fuchs wieder, diesmal im Garten unseres Hauses. Kuksi und ich schliefen gemeinsam in einem Bett, neben uns eine offene Tür hinaus auf den Balkon im ersten Stock über dem Garten. Kuksi steht auf und geht durch die Tür. Der Fuchs ist deutlich sichtbar, aber Kuksi gibt keinen Laut von sich. Er weiß, welche Konflikte wir uns mit den NachbarInnen einhandeln können, wenn er mitten in der Nacht laut draußen bellt. Also macht er das nur, wenn in seinen Augen ein ganz dringender und gefährlicher Notfall vorliegt. Kuksi kommt zu mir zurück und sagt, er möchte unten das Haus verlassen. Ich stehe auf, gehe die Stiegen hinunter und mit ihm zur Tür. Sofort läuft er hinaus, in einem Bogen ums Haus und in den Garten unter dem Balkon, wo gerade noch der Fuchs gesessen ist.

Wer Kuksi nicht kennt, meint vielleicht, ich würde ein Tier auf ein anderes hetzen. Aber ich bin mir ganz sicher, dass Kuksi diesem Fuchs oder auch anderen Tieren dieser Größe nichts zuleide tut. Ich habe oft genug gesehen, wie er Kaninchen begegnete, frei im Garten eines anderen Hauses, oder Katzen. Dabei hat er nach dem Rechten sehen wollen, wahrscheinlich ärgerte es ihn, dass dieser Fuchs in sein Revier eingedrungen war. Aber der hatte bereits das Weite gesucht. Alles blieb ruhig, Kuksi gab keinen Laut von sich. Wir gingen wieder zu Bett.

Diese Episode spiegelt für mich das große Verständnis wider, das Kuksi von der Welt, von unseren sozialen Regeln und von meinen Gefühlen hat. Ich bin immer wieder erstaunt, dass es Menschen gibt, die meinen, man könne ja nicht wissen, was Hunde wollen oder empfinden. Für mich gibt es in meiner Beziehung zu Kuksi keinen solchen weißen Fleck, ein unbekanntes Land, im Verständnis voneinander. Wäre das so, würden wir uns doch immer wieder missverstehen, falsche Erwartungen haben und in unseren Bedürfnissen aneinander krachen. Aber dem ist nicht so. Wir verstehen uns großartig. Besser, als ich mich zumindest mit den meisten anderen Menschen verstehe. Insbesondere jene, die für die Natur und die Wildnis nichts übrig haben, werden mir immer ein Rätsel bleiben. Da habe ich mit Kuksi sicher viel mehr gemeinsam.

Ausgehend von unserem gemeinsamen Leben habe ich mich in die Philosophie von Immanuel Kant vertieft und dabei letztlich herausgefunden, dass Kuksi staatsbürgerliche Rechte haben soll, wie wir Menschen auch. Seine Autonomie ist das höchste Gut, an dem sich die Moral zu orientieren hat. Diese Werthaltung sehe ich auch in der Geschichte der Menschen verwirklicht. Waren die letzten Jahrhunderte nicht ein ständiger Kampf um Selbstbestimmung? Von den Konflikten zwischen Parlament und König in England angefangen, über die Französische Revolution bis zu 1848 und die Folgejahre haben Menschen für mehr Autonomie und Mitbestimmung gekämpft und sind dafür gestorben. Das Bürgertum der freien Städte wählte sich schon im Mittelalter seine eigenen Bürgermeister und musste der Vereinnahmung durch Adel und Herrscherhäuser widerstehen. Und den ersten Demokraten in Österreich knüpfte man am Wiener Schottentor an den Galgen.

Anfang des 18. Jahrhunderts saßen in Österreich die staatstragenden Klassen Adel und Klerus noch fest im Sattel. Mit der Aufklärung wurde an dieser Hierarchie gerüttelt. Die religiösen Gebote sollten durch vernünftige Regeln ersetzt werden, im Zentrum sollte der Mensch und seine grundsätzliche Gleichheit stehen – nicht mehr Kaiser, König oder Gott. Bald spürten die Mächtigen die ersten gesellschaftlichen Folgen der neuen Denkströmung und versuchten sie zu unterdrücken. Die FreidenkerInnen mussten in den Untergrund und trafen sich etwa in Freimaurerlogen. Die Kaiser Joseph II. und Leopold II. akzeptierten die Freimaurerei, weil sie sich dadurch Verbündete gegen die Allmacht des Adels und der Kirche erhofften. Bis Ende der 1780er-Jahre waren viele hohe Militärs, Minister und Staatsfunktionäre im Freimaurerbund. Doch mit Kaiser Franz II. sollte alles anders werden.

Franz Hebenstreit kam aus dem Militär, als er 1782 an der neugegründeten Veterinäruni in Wien zu studieren begann. Zu dieser Zeit trat auch er einer Freimaurerloge bei und beteiligte sich an ihren Diskussionen, deren Hauptthema die großen Ungerechtigkeiten in der Gesellschaft waren. Als es zur Französischen Revolution kam, beobachtete man aus der Distanz mit viel Sympathie das Geschehen. Plötzlich starb Joseph II. und mit Leopold II. wurde ein Mann Kaiser, der als Herzog der Toskana zahlreiche revolutionäre Umwälzungen durchgesetzt hatte, so die Abschaffung der Armee, das Ende der Todesstrafe (weltweit einzigartig und zum ersten Mal), aber auch die Abschaffung vieler Adelsprivilegien. In seiner (kurzen) Zeit als Kaiser war er zwar wesentlich zurückhaltender als sein Vorgänger, doch holte er radikale Demokraten, wie Andreas Riedel, zu sich an den Hof und ließ sie eine neue Verfassung für eine konstitutionelle Monarchie ausarbeiten und seine Kinder unterrichten.

Nach seinem baldigen Tod 1792 kam aber Franz II. an die Macht, der die Reformen im Namen der Aufklärung seiner beiden Vorgänger rückgängig machte. Sein Lehrer Andreas Riedel wurde vom Hof verwiesen. Dieser gründete daraufhin einen »Demokratenzirkel«, in den auch bald Hebenstreit eintrat, und in dessen Rahmen sich 5-10 Personen regelmäßig trafen und diskutierten. Man wälzte Ideen und sinniert auch über so etwas wie Kommunismus, wenn Hebenstreit schreibt: »…daß [es] von dem Krieg zum Prozesse, vom Prozesse zum Raub und zur Plünderei keinen anderen Grund als das Mein und Dein habe. […] Dagegen in einer Gesellschaft, worinnen all Natur- und Kunstprodukte nach jedem Bedürfnis gemeinnützig sind, folglich der Erwerb sowie der Genuß gemeinschaftlich, in einer solchen Gesellschaft ist jedes Laster unmöglich.« Die Aufrührer verfassten Gedichte, wie das *Eipeldauerlied*, schrieben Gebete mit revolutionär-demokratischem, antiaristokratischem und antikirchlichem Inhalt und legten diese auf den Bänken in Kirchen, wie dem Stephansdom, aus. Seit 1792 waren solche Äußerungen aber verboten.

Eine politische Polizei unter Franz Saurau wurde gegen die Querdenker in Bewegung gesetzt, der Kaiser wollte, dass man sie ausforscht und ein Exempel statuiert. Zahlreiche Spitzel wurden ausgeschickt, von denen einer, Josef Degen, mehr oder weniger zufällig in den Demokratenzirkel vordrang. Freimaurer gab es praktisch nicht mehr, sie waren durch das Wohlwollen von Joseph II. in die Gesellschaft aufgesogen und ihre Aktivitäten unnötig gemacht worden. Deshalb nannte man die Demokraten »Jakobiner«, in Anlehnung an jene Personengruppe, die zu dieser Zeit die Französische Revolution in ein Blutbad verwandelte. Im Juli 1794 wurde zugeschlagen, die Polizei brach mit Gewalt in zahlreiche bürgerliche Privatwohnungen ein. 50 Personen, darunter Hebenstreit und Riedel, wurden festgenommen. Den einzigen Adeligen unter den Verdächtigen, sowie die Frauen, verschonte man, der Rest kam in Untersuchungshaft.

Der Kaiser wünschte sich einen Schauprozess, nach dem die wichtigsten Protagonisten, darunter sein ehemaliger Lehrer Riedel, hingerichtet werden sollten. Er wollte politische Sondergerichte dafür einsetzen. Doch der – dank Joseph II. – unabhängige Oberste Gerichtshof wies das Ansinnen zurück, legte mildernde Umstände nahe und verhinderte die Todesstrafe. Nur Franz Hebenstreit und Kajetan Gilowsky sollten hingerichtet werden, weil sie als Angehörige der Armee galten. Gilowsky beging lieber Selbstmord in seiner Zelle, Hebenstreit wurde am 8. Jänner 1795 am Schottentor vor den Stadtmauern Wiens gehängt. Angeblich sahen sich 100.000 Schaulustige das Spektakel an. Andreas Riedel, damals 47 Jahre alt, wurde drei Tage »Am Hof« in Wien an den Pranger gestellt und zu 60 Jahren schwerem Kerker verurteilt. Eine Reihe von Mitgefangenen starb an den Haftbedingungen, Riedel überlebte nur, weil ihm der Gefängniskommandant Erleichterungen ermöglichte, und wurde 1809 von der französischen Armee befreit.

Aus dem Urteil:

> »[Die Angeklagten haben unaufhörlich darauf gesonnen,] die Abstufungen der verschiedenen Stände zu zerrütten, alle Verhältnisse zu zerreissen, und die bürgerliche Ordnung, Ruhe und Sicherheit […] aufzuopfern. Schuldig des **Landesverraths**.«

Ein bisschen ähnlich wie die Anklageschrift im sogenannten Tierschutzprozess gegen mich. Hier wie dort riecht man Umsturz, einen Wandel der sozialen Verhältnisse, einen Paradigmenwechsel der Werte. Hier wie dort geht es um Autonomie und Selbstbestimmung und Gleichberechtigung. Hier wie dort geht es um Ausbeutung, Kapitalismus und Profitdenken. Der Kampf, der vor 250 Jahren begann, ist noch lange nicht abgeschlossen.

In den Industrienationen dominiert die Tierindustrie, wirtschaftlich, politisch und sozial. Trotzdem in den letzten 10 Jahren in Österreich der Fleischkonsum um 3 % zurückgegangen ist (von 68,3 Kilogramm pro Person und Jahr auf 66,3), stieg die Fleischproduktion um 11 % auf 974.957 Tonnen pro Jahr an. Des Rätsels Lösung: die Fleischberge gehen ins Ausland. In denselben letzten 10 Jahren wuchs der Fleischexport nämlich um sage und schreibe 125 % auf 491.827 Tonnen pro Jahr. Über 50 % des in Österreich produzierten Fleisches wird bereits exportiert! Wie das geht? Mittels Exportsubventionen! Zuerst werden die großen Tierfabriken subventioniert, um möglichst viel billiges Fleisch zu produzieren, und dann wird dieses viel zu viel an Fleisch an die Entwicklungsländer zum Billigpreis verscherbelt und so deren Landwirtschaft nachhaltig zerstört.

Diese Landwirtschaftspolitik führt auch im Inland zu dem bekannten Bauernsterben, subventioniert werden nämlich hauptsächlich die großen Tierfabriken, so Österreichs größte Schweinefabrik mit rund 1 Million Euro pro Jahr. Auch die großen Schlachthöfe werden massiv gefördert. Gewinner dieser Landwirtschaftspolitik sind die Agrarmultis und die Supermarktketten, die so im Jahr bis zu 70 % Gewinnzuwächse erwirtschaften.

Erschreckende Zahlen finden sich auch im *Schwarzbuch Landwirtschaft* von Hans Weiss (2010). Darin steht – mit Bezug auf 2008 – dass alle PolitikerInnen, die außerdem in der Landwirtschaft tätig sind, zusammen auf insgesamt 100 Millionen Euro pro Jahr an Subventionen kommen. 2,5 Milliarden Euro werden jährlich in die Agrarindustrie in Österreich gesteckt – aber nicht zur Erhaltung der kleinbäuerlichen Struktur. Im Burgenland bekommen die Kleinbetriebe (50 %) im Mittel 1986 Euro pro Jahr, die Großbetriebe (2 %) aber durchschnittlich 122.452 Euro pro Jahr! Sechs der reichsten zehn ÖsterreicherInnen kassieren Subventionen. Der Bankier Julius Meinl V., der 100 Millionen Euro an Kaution hinlegen kann, um aus seiner U-Haft entlassen zu werden, bekommt laut Schwarzbuch, zumindest zur Zeit der Erhebung der Zahlen, 35.000 Euro pro Jahr zur »Stabilisierung seines Einkommens«. Auch Alfons Mennsdorff-Pouilly wird durch unsere Steuern gefördert. Die größte Grundbesitzerin Österreichs, die Familie Esterhazy, erhält sogar mehr als 600.000

Euro pro Jahr! Der Großgrundkauf durch landwirtschaftliche Betriebe wurde in den letzten 10 Jahren insgesamt mit mehr als 2 Milliarden Euro gefördert. Dazu gibt es eigene Fördertöpfe für Jagdschutz, Rinderzucht, Schafzucht und Schweinezucht, als ob ein allgemeines Interesse an diesen Tätigkeiten bestünde.

Das Schwarzbuch Landwirtschaft zeigt, dass die Agrarindustrie mit ihrem Schwerpunkt Tierproduktion, ihrer Massentierhaltung und ihren Fleischüberschüssen fast ausschließlich von der Allgemeinheit finanziert wird. Gegen dieses Machtkartell mit seinem ungeheuerlichen politischen Einfluss müssen idealistische Menschen und ihre ethischen Tierschutzforderungen erst ankommen!

Ein Umdenken im Umgang mit Tieren und Natur ist aber auch aus anderen Gründen nötig. Nicht nur die menschliche Bevölkerung steigt weltweit rasant, von 10 Millionen vor 5000 Jahren auf 1 Milliarde 1804, 1,65 Milliarden um 1900, 6 Milliarden 1999 und über 7 Milliarden heute. Noch rascher entwickelt sich der Fleischkonsum durch Menschen weltweit, von 10 kg/Person/Jahr noch 1800 auf 23 kg/Person/Jahr 1961 und 40 kg/Person/Jahr im Durchschnitt 2000, wobei in den Industrieländern etwa zweieinhalb Mal so viel Fleisch wie in den Entwicklungsländern konsumiert wird. In China stieg der Fleischkonsum von 13,7 kg/Person/Jahr 1980 auf 59,5 kg/Person/Jahr 2005 an. Mehr Wohlstand bedeutet statistisch nicht nur mehr verarbeitete Nahrung und mehr Konsum von Zucker, Fett und Alkohol, sondern auch insbesondere mehr Tierprodukte. In den Jahren von 1980–2004 hat sich entsprechend die Anzahl der Rinder auf der Erde verdoppelt und die Anzahl der Schweine und Hühner vervierfacht. 66 Milliarden Nutztiere werden jedes Jahr für die Fleischproduktion getötet.

Der Klimawandel wird durch Treibhausgase ausgelöst, von denen heute 1,3-mal so viel Kohlendioxid, 2,5-mal so viel Methan und 1,17-mal so viel Stickoxid in der Erdatmosphäre vorhanden ist, als in vorindustrieller Zeit. Zweidrittel des Stickoxidzuwachses, fast die Hälfte des Methanzuwachses und ein Teil des Kohlendioxidzuwachses ist direkt auf die Tierproduktion zurückzuführen. Dadurch sind Tierprodukte nach konservativen Schätzungen der UNO für 18 % aller Treibhausgaszuwächse verantwortlich, etwa so viel wie die gesamte Industrie der Erde mit 19 % und deutlich mehr als der gesamte Verkehr mit 13 %.

Das Problem der Tierindustrie ist nämlich ihre ungeheuerliche Ressourcenverschwendung. Die 13 Milliarden Hektar Landfläche, die es auf der Erde gibt, sind zu 32 % nicht nutzbar (beispielsweise antarktisches Eis), der Rest teilt sich in 30 % Wald (der Treibhausgase in großem Ausmaß der Atmosphäre entzieht) und 38 % landwirtschaftlich genutzte Fläche. Letztere wird zu 68 % direkt für die Tierproduktion und zu 32 % für den Ackerbau verwendet, wobei Zweidrittel der Ackerbaufläche der Futtermittelproduktion für die Tierindustrie dient. Das heißt, dass 80 % der landwirtschaftlich genutzten Fläche der Erde bzw. 30 % der Landoberfläche der Erde ausschließlich für die Herstellung von Tierprodukten verwendet wird. Allein 90 % des weltweiten Sojaanbaus (hauptsächlich in Entwicklungsländern) wird zu Kraftfutter für Nutztiere (in den Industrieländern). Würde sich die Menschheit rein pflanzlich ernähren, ließe sich die benötigte Ackerfläche auf 1/4-1/6 der heute benutzten Ackerfläche reduzieren. Die gleiche Menge tierliches Protein braucht 17-mal mehr Land, 26-mal mehr Wasser und 20-mal mehr Energie als pflanzliches Protein.

Die Biofleischproduktion bietet keine Abhilfe. Die Umstellung von konventionell auf »Bio« reduziert den Ausstoß von Treibhausgasen in der Schweineproduktion lediglich um 5 % und in der Rindfleischproduktion um 15 %. Die Klimaauswirkung der Produktion tierlicher und pflanzlicher Produkte unterscheidet sich dagegen um ein Vielfaches. Auch die unterschiedliche Auswirkung von vegetarischer (mit Eiern und Milchprodukten, aber ohne Fleisch und Fisch) im Vergleich zu veganer Ernährung auf das Klima ist immens. Ein Mensch mit hohem Fleischkonsum verursacht 33-mal so viele Treibhausgase wie einE VeganerIn, ein vegetarisch lebender Mensch immer noch 6,5-mal so viel.

Da die Lebensdauer von Methan in der Erdatmosphäre mit nur 15 Jahren viel kürzer ist als jene von Kohlendioxid, wäre als kurzfristige Hilfe gegen den Klimawandel eine Reduktion des Methanausstoßes besonders effektiv. Hier würde ein Ende der Tierproduktion besonders gut greifen. Doch die von der Tierindustrie stark beeinflusste Politik geht in die gegenteilige Richtung: 80 % der weltweit 165 Milliarden US-Dollar an Agrarsubventionen pro Jahr fließen direkt in die Produktion von Fleisch, Milch und Eiern, weniger als 1 % in die Produktion von Obst und Gemüse. Schlatzer (2010) fordert daher ganz sachlich und unemotional ein Ende der Subventionen für Tierprodukte und stattdessen eine Steuer auf Fleisch, Milchprodukte und Eier, die Kostenwirklichkeit schafft. Ohne Maßnahmen dieser Art wird die Menschheit – und mit ihr ein Gutteil aller Tierarten – das 21. Jahrhundert nicht lange überleben.

Tierschutz entstand als Tischmanier anständiger BürgerInnen im 19. Jahrhundert. Mit der Entwicklung der Zivilisation ging eine ständige Verschärfung der Tischsitten einher. Die ersten Benimm-Bücher sprachen noch davon, man solle nicht öffentlich Wasser lassen, flatulieren oder nackt herumlaufen. Das war zu einer Zeit, in der die erste Kritik an öffentlichen Hinrichtungen von Menschen und an Hetztheatern mit Tieren aufkam. Dann wurden die Tischsitten verfeinert, man musste eine gewisse Reihenfolge der Bestecknutzung einhalten und durfte nicht mit den Ellenbogen den Tisch berühren. Gleichzeitig begann man die Todesstrafe und den Schlachtvorgang hinter Mauern zu verlagern. Tierschutz als Tischsitte. Eine so handfeste moralische Entwicklung, wie die Reduktion von »unnötigem« Tierleid, nichts anderes als das oberflächliche, kleinbügerliche Anstoßnehmen an »schlechten« Tischmanieren? In einer öffentlichen Diskussion habe ich einmal gesagt, dass Fleisch ja nicht moralisch akzeptabel sein kann, wenn man seine Herstellung vor allem vor Kindern verstecken muss. Die Antwort der Vertreterin der Fleischindustrie war, dass man ja auch nicht öffentlich zeige, was man auf der Toilette tut. Tiere zu schlachten wäre so eklig, wie Fäkalien im Klo zu deponieren?

Tischsitten dienen sicherlich auch dazu, sich von »den Tieren« abzugrenzen. Fressen wird durch Tischsitten zum Essen, Menschen zu etwas ganz anderem als Tiere, die Kluft öffnet sich. Und diese Kluft erlaubt vielleicht gerade, das Tierleid zu einer schlechten Tischsitte zu reduzieren, anstelle es persönlich zu spüren und mit dem eigenen Leid, mit Menschenleid, zu vergleichen. Tischsitten bieten in diesem Bild einerseits die moralische Basis dafür, Schlachthöfe überhaupt zu erlauben, andererseits die Schlachtung selbst zur Ekelvermeidung aus dem öffentlichen Blickfeld zu nehmen. Und das nennt sich Zivilisation.

Wir müssen einen ganz anderen Weg gehen. Tiere sind Lebewesen mit Autonomie, nicht nur fühlende Biomaschinen. Sie müssen ebenso von Unterdrückung und Ausbeutung befreit werden, wie das Hebenstreit und all die anderen RevolutionärInnen seinerzeit für uns Menschen forderten. Die Zeit ist reif. Nie war es leichter, auf eine rein pflanzliche Ernährungsform und Lebensweise umzusteigen. Und nie war es notwendiger. Ohne diese Beteiligung am Tiermissbrauch werden die Menschen in der Lage sein, ihre Spiegelneuronen zu aktivieren, um die Empfindungen der Tiere mitzufühlen und ihre Autonomie zu respektieren. Von da ist es nur ein kleiner Schritt zu einer Multi-Spezies-Gesellschaft, wie sie in diesem Buch vorgeschlagen wird.

Literatur

Ammann, E. (2014): Omega-3, Neurology, in press.

Anderson, J.R., Gillies, A., Lock, L.C. (2010): Pan thanatology, Current Biology 20, R349-R351.

Andrews, K. (2013): Ape Autonomy?, in Petrus und Wild: Animal Minds and Animal Ethics. Connecting two seperate fields, transcript Verlag: Bielefeld.

Aristoteles (1981): Politik (Politea), übersetzt und mit klärenden Anmerkungen und Registern versehen Eugen Rolfes, 4. Auflage, Meiner: Hamburg.

Augustinus, A. (1979): Der Gottesstaat (De civitate die), 1. Band, Buch I-XIV, in deutscher Sprache von Carl Johann Perl, Schöningh: Paderborn.

Balcombe, J. (2010): Second Nature. The Inner Lives of Animals, Palgrave Macmillan: New York.

Balluch, M. (2005): Die Kontinuität von Bewusstsein. Das naturwissenschaftliche Argument für Tierrechte, Guthmann Peterson Verlag: Wien.

Balluch, M. (2006): Tiere haben ein Recht auf Leben, ALTEX 4/2006, 259.

Balluch, M. und Theuer, E. (2007): Trial on personhood for chimp „Hiasl", ALTEX 24 (4), 335-342.

Balluch, M. (2011): Tierschützer. Staatsfeind. In den Fängen von Polizei und Justiz, Promedia: Wien.

Bekoff, M. (1998): Encyclopedia of Animal Rights and Animal Welfare, Greenwood Press.

Bekoff, M. (2007): The Emotional Lives of Animals. A leading scientist explores animal joy, sorrow and empathy – and why they matter, New World Library: California.

Bekoff, M. und Pierce, J. (2009): Wild Justice: The Moral Lives of Animals, University of Chicago Press.

Bermudez, J.L. (2003): Thinking without words, Oxford University Press: Oxford.

Berns, G. (2013): How dogs love us. A neuroscientist and his adopted dog decode the canine brain, Lake Union Publishing.

Bilewicz, M., Imhoff, R. und Drogosz, M. (2010): The humanity of what we eat: Conceptions of human uniqueness among vegetarians and omnivores, European Journal of Social Psychology (2010), DOI: 10.1002/ejsp.766.

Birnbacher, D. (2006): Bioethik zwischen Natur und Interesse, suhrkamp taschenbuch wissenschaft: Frankfurt am Main.

Bloch, G. (2008): Die Pizza-Hunde, Dokumentarfilm Kosmos Verlag.

Boesch, C. (2012): Wild Cultures. A Comparison between Chimpanzee and Human Cultures, Cambridge University Press.

Brensing, K. (2013): Persönlichkeitsrechte für Tiere. Die nächste Stufe der moralischen Evolution, Herder: Freiburg im Breisgau.

Camp, E. (2009): A language of baboon thought?, in Lurz: The Philosophy of Animal Minds, Cambridge University Press: Cambridge.

Carruthers, P. (2008): Meta-cognition in animals: a skeptical look, Mind & Language, 23, 58-89.

Cass, A. (2000): Hunde – die besseren Jäger. Rassen, Ausbildung, Jagd, Österreichischer Jagd- und Fischerei-Verlag.

Coren, S. (2013): Können Hunde träumen? 72 Alltagsfragen rund um unsere Vierbeiner, Kynos Verlag: Nerdlen.

Costello, K. und Hodson, G. (2014): Explaining dehumanization among children: The interspecies model of prejudice, British Journal of Social Psychology (2014), 53, 175-197.

Custance, D. und Mayer, J. (2012): Empathic-like responding by domestic dogs (Canis familiaris) to distress in humans: an explanatory study, Animal Cognition, September 2012, Vol 15, Issue 5, 851-859.

Damasio, A. (2000a): Descartes' Error. Emotion, Reason and the Human Brain, Quill.

Damasio, A. (2000b): The Feeling of What Happens. Body, Emotion and the Making of Consciousness, Vintage.

Darwin, C. (1871/2002): Die Abstammung des Menschen, Kröner: Stuttgart.

Dawkins, R. (1976): The selfish Gene, Oxford University Press: Oxford.

DeGrazia, D. (2009): Self-awareness in animals, in Lurz: The Philosophy of Animal Minds, Cambridge University Press: Cambridge.

DePauli-Schimanovich, W. (2005): Kurt Gödel und die mathematische Logik, Universitätsverlag Rudolf Trauner: Linz.

Descartes, R. (1637/1988): Discourse on the method, in Cottinham, Stoothoff und Murdoch: Descartes: Selected Philosophical Writings, Cambridge University Press: Cambridge.

Dhont, K. und Hodson, G. (2014): Why do right-wing adherents engage in more animal exploitation and meat consumption?, Personality and Individual Differences 64 (2014), 12-17.

Dhont, K., Hodson, G., Costello, K. und MacInnis, C.C. (2014): Social dominance orientation connects prejudicial human-human and human-animal relations, Personality and Individual Differences (2014), http://dx.doi.org/10.1016/j.paid.2013.12.020

Diamond, J. (2013): Vermächtnis. Was wir von traditionellen Gesellschaften lernen können, S. Fischer: Frankfurt am Main.

Ditfurth, H.v. und Arzt, V. (1977): Dimensionen des Lebens. Reportagen aus der Naturwissenschaft, dtv.

Donaldson, S. und Kymlicka, W. (2013): Zoopolis. A political theory of animal rights, Oxford University Press.

Elango, N. et al. (2006): Variable molecular clocks in hominoids, Proceedings of the National Academy of Sciences of the United States of America 103 (5), 1370-1375.

Fischer, M. (2005): Tierstrafen und Tierprozesse. Zur sozialen Rekonstruktion von Rechtssubjekten, LIT Verlag: Münster.

Fitzpatrick, S. (2009): The primate mindreading controversy: a case study in simplicity and methodology in animal psychology, in Lurz: The Philosophy of Animal Minds, Cambridge University Press: Cambridge.

Foote, L.A. und Crystal, J.D. 2007: Metacognition in the rat, Current Biology 17 (2007): 551-555.

Fothergill, A. und Linfield, M. (2012): Chimpanzee, Dokumentarfilm Disneynature.

Freud, S. (1917): Eine Schwierigkeit der Psychoanalyse, Imago. Zeitschrift für Anwendung der Psychoanalyse auf die Geisteswissenschaften V (1), 1-7, Hg 1919 von S. Freud, redigiert von O. Rank und H. Sachs, Internationaler Psychoanalytischer Verlag: Leipzig, Wien.

Gaillard C., Meagher RK, von Keyserlingk MAG, Weary DM (2014) Social Housing Improves Dairy Calves' Performance in Two Cognitive Tests. PLoS ONE 9(2): e90205. doi:10.1371/journal.pone.0090205.

Gennaro, R.J. (2009): Animals, Consciousness and I-thoughts, in Lurz: The Philosophy of Animal Minds, Cambridge University Press: Cambridge.

Gewirth, A. (1978): Reason and Morality, University of Chicago Press.

Goodman, M. et al. (1998): Toward a phylogenetic classification of primates based on DNA evidence complemented by fossil evidence, Molecular Phylogenetics and Evolution, 585-594.

Griffin, D.R. (1976): The Question of Animal Awareness: Evolutionary Continuity of Mental Experience, Rockefeller University Press: New York.

Gucwa, D. und Ehmann, J. (1985): To whom it may concern. An investigation of the art of elephants, W.W. Norton & Company: New York, London.

Hodson, G. und Costello, K. (2012): The human cost of devaluing animals, New Scientist 15. Dezember 2012, 34-35.

Horkheimer, M. und Adorno, T.W. (1947/1986): Dialektik der Aufklärung, Neupublikation: Frankfurt am Main.

Ingold, T. (1994): From Trust to Domination: An alternative history of human-animal relations, in Manning und Serpell: Animals and Human Society, Routledge.

Julius, H., Beetz, A., Kotrschal, K., Turner, D.C. und Uvnäs-Moberg, K. (2014): Bindung zu Tieren. Psychologische und neurobiologische Grundlagen tiergestützter Interventionen, Hogrefe Verlag.

Kant, I. (1785/1788/1982): Kritik der praktischen Vernunft. Grundlegung zur Metaphysik der Sitten, herausgegeben von W. Weischedel, suhrkamp taschenbuch wissenschaft.

Kenny, A. (1970): Descartes: Philosophical Letters, Oxford University Press.

Kitchenham, K. (2014): Wissen Hunde, dass sie Hunde sind? Wie Hunde denken und fühlen, Kosmos Verlag.

Knight, A. (2011): The costs and benefits of animal experiments, Palgrave MacMillan.

Korsgaard, C. (2012): A Kantian Case for Animal Rights, in Michel, Kühne und Hänni: Animal Law – Tier und Recht. Entwicklungen und Perspektiven im 21. Jahrhundert, DIKE Berliner Wissenschaftsverlag.

Kotrschal, K. (2012): Wolf Hund Mensch. Die Geschichte einer jahrtausendealten Beziehung, Christian Brandstätter Verlag: Wien.

Lieckfeld, C.-P. (2012): Tatort Wald, Westend Verlag: Frankfurt am Main.

Lorenz, K. (1998): So kam der Mensch auf den Hund, dtv.

Louv, R. (2008): Last child in the woods: saving our children from nature-deficit disorder, Chapel Hill, NC; Algonquin Books of Chapel Hill, Workman Publishing: New York.

Lurz, R. (2007): In defence of wordless thoughts about thoughts, Mind & Language, 22, 270-296.

Masson, J. und McCarthy, S. (1994): When elephants weep. The emotional lives of animals, Jonathan Cape: London.

Mayr, P. (2003): Das pathozentrische Argument als Grundlage einer Tierethik, Verlagshaus Monsenstein und Vannerdat.

McRae, F. (2008): „I'm the chimpion!" Ape trounces the best of the human world in memory competition, Daily Mail (UK), 26. Jänner 2008.

Neitz, J., Geist, T. und Jacobs, G.S. (1989): Color Vision in the Dog, in: Visual Neuroscience 3, 119-125.

Nelson, L. (1932): System der philosophischen Ethik und Pädagogik, in Vorlesungen über Grundlagen der Ethik, Göttingen.

Ott, M. (2012): Kühe verstehen. Eine neue Partnerschaft beginnt, Faro im Fona Verlag: Lenzburg.

Outtara, K. et al. (2009): Campbell's monkeys concatenate vocalizations into context-specific call sequences, Proceedings of the National Academy of Sciences of the United States of America 106 (51), 22026-22031.

Patterson, N., Richter, D., Gnerre, S., Lander, E. und Reich, D. (2006): Genetic evidence for complex speciation of humans and chimpanzees, Nature, 441, 1103-1108.

Penrose, R. (1994): Shadows of the Mind. A Search for the Missing Science of Consciousness, Oxford University Press.

Pluhar, E. (2013): The Nonhuman Roots of Morality, in Petrus und Wild: Animal Minds and Animal Ethics. Connecting two seperate fields, transcript Verlag: Bielefeld.

Radner, D. und Radner, M. (1996): Animal Consciousness, Prometheus Books.

Range, F., Horn, L., Viranyi, Z. und Huber L. (2008): The absence of reward induces inequity aversion in dogs, Proceedings oft he National Academy of Sciences of the United States of America 106, 340-345.

Raspé, C. (2013): Die tierliche Person. Vorschlag einer auf der Analyse der Tier-Mensch-Beziehung in Gesellschaft, Ethik und Recht basierenden Neupositionierung des Tieres im deutschen Rechtssystem, Duncker & Humblot: Berlin.

Regan, T. (1988): The case for Animal Rights, Routledge: London und New York.

Roberts, R.C. (2009): The sophistication of non-human emotion, in Lurz: The Philosophy of Animal Minds, Cambridge University Press: Cambridge.

Rollin, B. (2013): Animal Mind. Science, Philosophy and Ethics, in Petrus und Wild: Animal Minds and Animal Ethics. Connecting two seperate fields, transcript Verlag: Bielefeld.

Rooney, N. und Bradshaw, J.W.S. (2006): Social cognition in the domestic dog: Behaviour of spectators towards participants in interspecific games, Animal Behaviour 72 (2006), 343-352.

Rost, C. und Strigel, C. (2012): Unter Menschen, Denkmal Film.

Schlatzer, M. (2010): Tierproduktion und Klimawandel. Ein wissenschaftlicher Diskurs zum Einfluss der Ernährung auf Umwelt und Klima, LIT Verlag: Wien.

Schönberger, A. (2006): Die einzigartige Intelligenz der Hunde, Piper Verlag: München.

Schweitzer, A. (1923/1971): Kultur und Ethik, Band 2 aus Ausgewählte Werke in 5 Bänden, Union Verlag: Berlin.

Sezgin, H. (2014): Artgerecht ist nur die Freiheit. Eine Ethik für Tiere oder Warum wir umdenken müssen, C.H. Beck: München.

Singer, P. (2013): Praktische Ethik, Reclam.

Steiner, G. (2013): Cognition and Community, in Petrus und Wild: Animal Minds and Animal Ethics. Connecting two seperate fields, tanscript Verlag: Bielefeld.

Stringer, C. (2012): Lone Survivors. How we came to be the only humans on Earth, Times Books: New York.

Stucki, S. (2012): Rechtstheoretische Reflexionen zur Begründung eines tierlichen Rechtssubjekts, in Michel, Kühne und Hänni: Animal Law – Tier und Recht. Entwicklungen und Perspektiven im 21. Jahrhundert, DIKE Berliner Wissenschaftsverlag.

Vanier, N. (2006): Das Schneekind. Eine Familie unterwegs durch die Schneewüsten Kanadas, Piper: München.

Waal, F.d. (2006): Primates and Philosophers. How Morality evolved, Princeton University Press.

Waal, F.d. (2013): The Bonobo and the Atheist. In search of humanism among the primates, W. W. Norton & Company: New York.

Warren, J.E., Sauter, D.A., Eisner, F., Wiland, J., Dresner, M.A., Wise, R.J., Rosen, S. und Scott, S.K. (2006): Positive emotions preferentially engage an auditory-motor „mirror" system, in: The Journal of Neuroscience, Band 26, 13067-13075 (http://www.jneurosci.org/cgi/content/short/26/50/13067).

Weiskrantz, L. (1999): Consciousness Lost and Found, Oxford Universits Press.

Weiss, H. (2010): Schwarzbuch Landwirtschaft. Die Machenschaften der Agrarpolitik, Deuticke im Paul Zsolnay Verlag: Wien.

Whiten, A., McGuigan, N., Marshall-Pescini, S. und Hopper, L. (2009): Emulation, imitation, over-imitation and the scope of culture for child and chimpanzee, Philosophical Transactions of the Royal Society B, 364: 2417-2428.

Wildman, D.E. et al. (2003): Implication of natural selection in shaping 99,4 % nonsynonymous DNA identity between humans and chimpanzees: enlarging genus Homo, Proceedings of the National Academy of Sciences of the United States of America 100 (12), 7181-7188.

Index

Personenregister

Sachregister

»Balluch stand im Zentrum der Untersuchung der Behörden. Man mag zu Pelz- und Nutztierhaltung sowie zur Jagd stehen, wie man mag. Seine Schilderung des Umgangs mit ihm und seinen Gesinnungsgenossen wird niemanden kaltlassen.«

ORF.at

Martin Balluch

Tierschützer. Staatsfeind

In den Fängen von Polizei und Justiz

ISBN 978-3-85371-331-0, br.,
272 Seiten, 15,90 €

auch als E-Book erhältlich:
ISBN 978-3-85371-803-2, 12,99 €